普通高等教育“十三五”规划教材

土地资源管理应用型转型发展试点专业系列教材

房地产开发理论与实务

孔凡文　王　玥　主　编

王英华　王　闯　副主编

中国农业大学出版社

·北京·

图书在版编目(CIP)数据

房地产开发理论与实务/孔凡文,王玥主编.—北京:中国农业大学出版社,2018.1
ISBN 978-7-5655-1927-7

Ⅰ.①房… Ⅱ.①孔…②王… Ⅲ.①房地产开发-高等学校-教材 Ⅳ.①F293.34

中国版本图书馆 CIP 数据核字(2017)第 265469 号

书　　名 房地产开发理论与实务
作　　者 孔凡文　王　玥　主编

策划编辑 王笃利　孙　勇　　**责任编辑** 王笃利
封面设计 郑　川
出版发行 中国农业大学出版社
社　　址 北京市海淀区圆明园西路 2 号　　**邮政编码** 100193
电　　话 发行部 010-62731190,2620　　读者服务部 010-62732336
编辑部 010-62732617,2618　　出 版 部 010-62733440
网　　址 http://www.cau.edu.cn/caup　　**e-mail** cbsszs@cau.edu.cn
经　　销 新华书店
印　　刷 北京鑫丰华彩印有限公司
版　　次 2018 年 1 月第 1 版　2018 年 1 月第 1 次印刷
规　　格 787×1 092　16 开本　14.75 印张　362 千字
定　　价 47.50 元

总　　序

2015年10月21日，教育部、国家发展改革委、财政部联合发布了《关于引导部分地方普通本科高校向应用型转变的指导意见》(教发〔2015〕7号)，该《指导意见》要求，各地各高校要从适应和引领经济发展新常态、服务创新驱动发展的大局出发，切实增强对转型发展工作重要性、紧迫性的认识，摆在当前工作的重要位置，以改革创新的精神，推动部分普通本科高校转型发展。推动转型发展高校把办学思路真正转到服务地方经济社会发展上来，转到产教融合校企合作上来，转到培养应用型技术技能型人才上来，转到增强学生就业创业能力上来，全面提高学校服务区域经济社会发展和创新驱动发展的能力。

辽宁省本科高校向应用型转变试点工作自2015年启动，首批支持了10所高校、116个专业开展学校和专业向应用型转变试点工作，2016年又有11所高校、84个专业遴选确定为第二批转型试点学校和专业。沈阳建筑大学土地资源管理专业则作为辽宁省第二批转型发展试点专业于2016年开始进行建设。

土地资源管理专业是一个实践性、应用性很强的专业，其人才培养必须适应社会和市场实际需求，既要掌握专业理论知识，又要具有实际操作能力，该专业本身的特点特别适合于向应用型转变。但真正实现向应用型转变，需要在专业培养方案制定、师资队伍建设、教学资源保障、校企合作发展、教学模式改革、创新创业教育等多方面进行调整、改革和转变。其中应用型教材建设是专业转型发展的重要基础和保证。为此，我们联合了辽宁省土地整理中心、辽宁省国土资源调查规划局、辽宁省建设用地事务局、沈阳市地产咨询评估中心等单位策划编写了这套土地资源管理应用型转型发展试点专业系列教材。

本系列教材编写团队成员具有较强的专业理论知识和实践经验，充分结合了高校教师的强理论与行业单位的强实践的优势，教材内容在全面介绍专业基本知识和理论的同时，特别重视方法应用、案例分析和实践能力的培养。本系列教材作为土地资源管理转型发展试点专业建设的重要成果，希望能为应用型土地资源管理人才培养发挥重要作用。

孔凡文

2017年9月

前　言

当前,我国经济进入了一个新的转型期,房地产行业发展的着力点不在于追求高增速,而在于正确处理好增长速度与结构、质量、效益、环境保护等的重大关系,改善和提升产业整体素质,着力提高技术创新能力、国际竞争力和可持续发展能力。传统房地产在新形势下也面临着转型的需求。互联网经济、智慧城市、产业地产等新兴技术和概念的提出,促使房地产企业要抓住当前有利时机,培育发展新方向,创新商业模式和企业机制等。

面对房地产企业转型的需要,房地产专业人才也由传统住宅开发经营管理人才需求转变为住宅地产、商业地产、复合地产等多种类型开发经营管理人才需求;由早期对房地产经营管理通才的需求转向更强调实操能力的专业化、细分化人才需求。在这种行业转型背景下,恰逢教育部提出应用型普通本科院校的新思路,因此,我们编写了这本专注于房地产开发全过程的应用型教材。本教材以房地产项目开发过程为主线,系统介绍了房地产开发的基本理论和操作实务。教材设计了案例分析导入、知识内容、延伸阅读、实训任务等模块,由案例导入,再由案例扩展。除阐述基本理论外,充实了大量的图表和案例,材料的编写既注重了本科材料的理论深度和广度,又注意了实操能力的训练。本书可供普通高等院校和高职院校房地产、工程管理、土地管理等专业的学生使用,同时可供房地产领域实际从业人员、相关行业管理人员等作为自学或参考书使用。

全书共分八章,各章编写分工如下:第1章由孔凡文编写,第2章由孔凡文、毕月编写,第3章由王英华、王闯编写,第4章由孔凡文、王英华编写,第5章由王闯、袁晓静编写,第6章由王玥、孔凡文编写,第7章由王玥、孔凡文编写,第8章由张沈生、王玥编写。

本书在编写过程中,除参考引用了最新的房地产法规、规范和政策等外,还参阅了大量专业教材、著作和论文,在此仅向作者表示深深的谢意!由于编著者水平有限,书中纰漏和不妥之处在所难免,恳请广大读者和同行赐教指正。

编　者

2017年8月

目　　录

Chapter 1

第1章 绪　论

【导入案例】

华润置地战略规划

华润置地有限公司是华润集团旗下的地产业务旗舰，是中国内地最具实力的综合型地产开发商之一。截至2009年年底，华润置地资产960亿港元，净资产390亿港元。2010年度华润置地营业收入259.27亿港元，净利润60.26亿港元。在中国房地产测评中心发布的《2010年中国房地产上市公司排行榜》中名列第四。在2005—2009年期间先后进行了两次战略调整。

1. 横向全价值链战略实施

2005年，华润置地经过研究发现顾客和市场对商业地产的需求呈上升趋势，并且商业地产较住宅地产能够积累更多的顾客，财务分析表明商业地产的利润率达到70%，而住宅地产的利润率只有20%。在多重因素影响下，同年华润置地接受母公司华润集团的商业地产注入，开始发展投资物业，由此实现了第一次经营模式的转型——初步形成“住宅开发+投资物业”的双重经营模式。租售并举的模式有效实现了华润置地长短期回报平衡及现金流的持续稳定增长，让华润的快速扩张能够基于稳定现金流，实现稳健式发展。

2. 纵向全价值链战略实施

2009年9月10日，华润置地在北京水立方正式提出独创性的“住宅开发+持有物业+增值服务”的商业模式和战略，确立了其“住宅开发+持有物业+增值服务”的全新经营模式和战略，如表1-1所示。

表 1-1 华润置地差异化商业模式

项目	商业模式
业务定位	住宅开发＋持有物业＋增值服务
利润结构	开发利润＋租金收入＋资本增值
增长方式	物业开发带来近期增长动力，收租物业增值的资本增值带来长期回报
经营风险	通过租金收入带来相对稳定利润，降低利润风险，抵御市场风险的能力提高

2007 年华润置地收购华润建筑，正式进入房地产施工环节，有力地确保了高品质品牌战略的实施。此后，在顾客价值维持和增值方面，华润置地从战略的高度将增值服务确定为公司的三大主要业务之一。同年，华润置地收购母公司的优高雅装修，开始筹备房屋设计、精装修、样板间装修、成本控制、提升装修质量等增值服务。2008 年，更是以 1.97 亿港元将励致洋行家私有限公司(励致家具)收入麾下，从而进入家具、办公用品领域，同时华润置地在各城市公司成立自有品牌的物业公司，创造性地提出悉心情感服务体系。2009 年，华润置地战略并购我国建筑、土木学科综合实力最强的同济大学建筑设计院(同济设计院)，成为国内首个有自主设计能力的地产品牌。至此华润置地从顾客需求的识别、顾客价值的创造、维持和增值全过程初步完成了纵向全价值链战略布局，形成了如图 1-1 所示的混合全价值链战略布局。

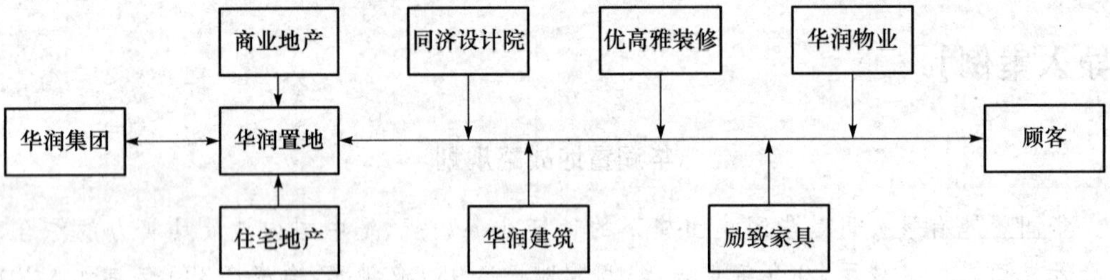

图 1-1 华润置地混合全价值链战略布局

【知识讨论】

1. 房地产业含义和特点。
2. 房地产企业经营现状与转型发展前景。
3. 房地产企业与行业的关系。

【知识内容】

1.1 房地产业

1.1.1 房地产概念

一般认为，房地产是地产和房产的合称。但其内涵可有狭义和广义之分。狭义房地产是指房屋和房屋所占用的土地，即只有土地和房屋结合在一起时，才能称为房地产，未建有房屋的土地，只能叫地产，不能叫房地产。广义房地产包括地产和房产，但并不是说，只有房产和地产合为一体时，才能称为房地产，单纯的土地也可以称为房地产，是房地产的一种存在形态。

需要说明的是，房地产是我国独有的概念，国际上一般称之为不动产(real estate)。所谓不动产是指不能移动的物，移动后会改变原来的性质、形状和失去原有的价值，如土地、建筑物和构筑物等。其法律意义在于，不动产产权转移时，必须到国家指定的机关进行登记，其转移才具有法律效力。

在我国香港，房地产又称为物业，香港人对物业的解释是"物业是单元性不动产，一住宅单位是一物业，一工厂楼宇是一物业，一农庄也是一物业，故物业可大可小，大物业可分割为小物业。"香港的物业这个词是从英国的 property 一词翻译过来的，在英国 property 就是指房地产。

1.1.2 房地产的特性

1. 位置固定性

土地具有不可移动性，房屋定着于土地之上，也不可移动。房地产位置固定性派生出房地产的个别性，即没有两宗完全相同的房地产。该特性决定了房地产供给和需求的地方性和区域性，而且，房地产不存在统一的市场价格。

2. 使用长期性

土地具有不可毁灭性，具有永恒的使用价值(尤其是建筑用地)，房屋一经建成，其使用年限一般可达数十年至上百年。因此，房地产可长期为人们使用。

3. 投资大量性

房地产开发建设需巨额投资，在我国大城市，一平方米地价少则数百元，多则数千元，上万元，房屋的建筑安装工程造价也很昂贵。

4. 保值增值性

随着社会经济的发展和人口的不断增加，房地产需求不断增长，而房地产供给量(特别是土地供给量)是有限的。因此，从长期看，房地产价格总体上呈上升趋势，因而在正常情况下，房地产具有保值增值性。

5. 价格易受周围环境影响

房地产价格除与其自身质量有关外，主要取决于其位置和周围环境，受邻近房地产用途和功能等多方面的影响。

1.1.3 房地产的分类

1. 按房地产用途分类

房地产按其用途分类，主要可分为如下类型。

(1)居住类房地产。主要是指各种为居住使用的房地产，如普通住宅、高档住宅、别墅、廉价租屋、集体宿舍等。

(2)商业类房地产。主要包括各种商店、市场、超级市场、购物中心、商业店铺、批发市场等。

(3)旅店类房地产。主要包括各类宾馆、饭店、酒店、餐馆、度假村、招待所等。

(4)餐饮类房地产。主要包括酒楼、美食城、快餐店、火锅城、烧烤店等。

(5)金融用房地产。主要包括银行、储蓄所、信用社、信托公司、证券公司、保险公司、财务公司等。

(6)信息用房地产。主要包括各种邮电、电讯部门、信息产业用房地产。

(7)办公用房地产。主要包括商务写字楼、政府办公楼等。

(8)娱乐用房地产。主要包括影剧院、游乐场、娱乐城、夜总会、公园、高尔夫球场等。

(9)工业和仓储用房地产。包括各类工厂、车间、手工作坊、发电厂、仓库、油库等。

(10)农业用房地产。包括农地、菜地、农场、林场、牧场、果园等。

(11)特殊用房地产。包括机场、车站、码头、学校、医院、体育、科研、社会福利、市政、绿化、涉外、宗教、墓地等。

(12)军用房地产。

(13)综合房地产。是指具有上述两种或两种以上用途的房地产。

2. 按房地产实物形态分类

按房地产实物形态,房地产可有如下分类。

(1)按所处的区位和地段的不同。可分为:城市中心、城市边缘、城市郊区、农村房地产。

(2)按建筑结构。可分为:钢结构、钢筋混凝土结构、混合结构、砖结构、木结构和其他结构的房屋建筑。

(3)按建筑层数划分。以住宅为例,可分为:低层(1～3 层),多层(4～6 层),小高层(7～9层),高层(住宅大于等于 10 层、公用建筑高于等于 24 m),超高层(住宅大于等于 30 层、公共建筑高于 100 m)。

(4)按建筑物的建筑标准。可分为:高级豪华、中等、普通标准的房地产。

(5)按建筑物的新旧程度。主要可分为:新建造的房地产和旧有房地产。

3. 按房地产开发程度分类

按房地产开发程度,一般可分为如下类型。

(1)生地。即不具有城市基础设施的土地,如荒地、农地。

(2)毛地。即具有一定的城市基础设施,但地上有待房屋征收安置的旧房屋的土地。

(3)熟地。即具有完善的城市基础设施,进行过平整,能直接在其上面进行房屋建造的土地。

(4)在建工程。即地上建筑物尚未完全建成,还没有达到交付使用条件的房地产。

(5)现房(含土地)。即地上建筑物已建成,可直接使用的房地产。它可能是新的,也可能是旧的或经过装修改造的。

4. 按房地产权属分类

按房地产的权属关系划分,房地产可分为如下类型。

(1)国有房产。是指归国家所有的房产,包括由政府接管、国家经租、收购、新建以及由国有单位用自筹资金建设或购买的房产。对其进一步划分,还可分为直管房、自管房和军产等。

(2)集体所有房产。是指城市集体所有制单位所有的房产,即集体所有制单位投资建造、购买的房产。

(3)私有房产。是指私人所有的房产,包括中国公民和外国公民以及中国公民投资的私营企业所投资建造、购买的房产。

(4)联营企业房产。是指不同所有制性质的单位之间共同组成新的法人型经济实体所投资建造、购买的房产。

(5)股份制公司房产。是指由股份制公司投资建造、购买的房产。

(6)港、澳、台投资建造、购买的房产。

(7)涉外房产。是指外商投资企业、外国政府、社会团体、国际性机构所投资建造或购买的房产等。

同时,目前我国对于住宅而言,按其产权性质,又有商品房、经济适用住房、廉租住房、限价商品住房、公共租赁房、房改房、集资房等分类。

(1)商品房。商品房是指在市场经济条件下,房地产开发商通过出让方式取得土地使用权后开发建设,按市场价出售的房屋。商品房购买者拥有房屋的完全产权。

(2)经济适用住房。根据2007年11月19日建设部等部门发布的《经济适用住房管理办法》规定,经济适用住房是指政府提供政策优惠,限定套型面积和销售价格,按照合理标准建设,面向城市低收入住房困难家庭供应,具有保障性质的政策性住房。经济适用住房建设用地以划拨方式供应。经济适用住房的价格确定应当以保本微利为原则。其销售基准价格及浮动幅度,由有定价权的价格主管部门会同经济适用住房主管部门,依据经济适用住房价格管理的有关规定,在综合考虑建设、管理成本和利润的基础上确定并向社会公布。房地产开发企业实施的经济适用住房项目利润率按不高于3%核定;市、县人民政府直接组织建设的经济适用住房只能按成本价销售,不得有利润。

经济适用住房购房人拥有有限产权。购买经济适用住房不满5年,不得直接上市交易,购房人因特殊原因确需转让经济适用住房的,由政府按照原价格并考虑折旧和物价水平等因素进行回购。购买经济适用住房满5年,购房人上市转让经济适用住房的,应按照届时同地段普通商品住房与经济适用住房差价的一定比例向政府交纳土地收益等相关价款,具体交纳比例由市、县人民政府确定,政府可优先回购;购房人也可以按照政府所定的标准向政府交纳土地收益等相关价款后,取得完全产权。经济适用住房上市交易,必须符合有关政策规定并取得完全产权。在取得完全产权前,经济适用住房购房人只能用于自住,不得出售、出租、闲置、出借,也不得擅自改变住房用途。

(3)廉租住房。廉租住房是指政府以货币补贴或实物配租的方式,向城市低收入住房困难家庭提供的社会保障性质的住房。根据2007年11月8日建设部等部门发布的《廉租住房保障办法》,城市低收入住房困难家庭,是指城市和县人民政府所在地的镇范围内,家庭收入、住房状况等符合市、县人民政府规定条件的家庭。廉租住房保障方式实行货币补贴和实物配租等相结合。货币补贴是指县级以上地方人民政府向申请廉租住房保障的城市低收入住房困难家庭发放租赁住房补贴，由其自行承租住房。实物配租是指县级以上地方人民政府向申请廉租住房保障的城市低收入住房困难家庭提供住房，并按照规定标准收取租金。廉租住房建设用地采取划拨方式，保证供应。

(4)限价商品住房。限价商品住房是指采取限套型、限房价、竞地价、竞房价的办法，以公开出让方式确定开发建设单位而建设的普通商品住房。限价商品住房的销售价格实行政府指导价管理。《北京市限价商品住房管理办法(试行)》规定，限价商品住房供应对象为本市中等收入住房困难的城镇居民家庭、土地和房屋征收过程中涉及的农民家庭及市政府规定的其他家庭。限价商品住房购房人进行房屋权属登记时，房屋行政主管部门应在房屋权属证书上注明“限价商品住房”字样。购房人取得房屋权属证书后5年内不得转让所购住房。确需转让的，可向户口所在区县住房保障管理部门申请回购，回购价格按购买价格并考虑折旧和物价水平等因素确定。回购的房屋继续作为限价商品住房向符合条件家庭出售。购房人在取得房屋权属证书5年后转让所购住房的，应按届时同地段普通商品住房和限价商品住房差价的一定比例交纳土地收益等价款。

(5)公共租赁房。公共租赁住房是指由政府、企业或其他机构投资建设和经营，限定户型面积、供应对象和租赁水平，面向“夹心层”群体出租的政策性、公共性社会保障住房。根据2010年6月8日国家住房和城乡建设部等七部门联合发布的《关于加快发展公共租赁住房的指导意见》(建保〔2010〕87号)的规定，公共租赁住房供应对象主要是城市中等偏下收入住房困难家庭。有条件的地区，可以将新就业职工和有稳定职业并在城市居住一定年限的外来务工人员纳入供应范围。公共租赁住房的供应范围和供应对象的收入线标准、住房困难条件，由市、县人民政府确定。已享受廉租住房实物配租和经济适用住房政策的家庭，不得承租公共租赁住房。公共租赁房产权实行“谁投资、谁所有”的原则，投资者权益可依法转让。

(6)房改房。房改房是单位、机关、企业等部门分配给职工的住房，房改后由职工按规定购买。房改住房包括以标准价和成本价购买的公房。房改房在符合规定的条件下，可以在市场上进行交易。

(7)集资房。集资房是指由政府、单位、个人三方面共同承担，通过筹集资金而建造的一种住房。职工个人可按房价全额或部分出资，政府及相关部门在用地、信贷、建材供应、税费等方面给予部分减免。

5. 按房地产开发经营内容分类

按开发经营内容，房地产可分为如下类型。

(1)建筑地块。是指与房地产开发和经营活动相关的部分土地，有具体的地号、面积、形状、四至、用途等。在现代城市房地产的经济活动中，建筑地块的含义已发生了较大的变化。首先，它不仅是房地产企业直接开发和经营的对象，而且也是城市各类房屋建筑不可缺少的基础载体，同时，还是房地产企业产品主体即房屋的直接的物质构成部分。其次，它是城市经济形成和发展的物质基础和制约因素，是促进城市经济繁荣和现代化的重要因素。再次，建筑地块的商品化经营，还是国家财政和市政建设的重要资金来源，是调整城市经济结构和提高城市土地使用效益的重要经济杠杆。

(2)房屋。是房地产企业开发建设过程的最终产品，是房地产经营活动的主体对象。

房屋商品具有不动产的性质，主要由房屋建筑结构、地基、房屋装修与设备以及房屋外部环境等四个物质构成要素组成。另外，对房屋还可以作进一步的分类，可将其分为住宅房屋和非住宅房屋等。

(3)房地产服务。是指房地产企业在其开发建设和经营管理过程中，为人们提供的一系列经营性服务活动的总和。房地产服务活动贯穿于房地产业全部经济活动过程的始终，既包括开发前的服务，也包括买卖、租赁、租售后的服务。

1.1.4 房地产业的内涵

房地产业是指从事房地产开发、经营、管理和服务的产业。其中，房地产开发包括土地开发和房屋开发，土地开发和房屋开发一体化，通常称之为房地产综合开发。房地产经营广义上包括从房地产开发开始一直到消费为止的整个过程；狭义上则仅指房地产交易，包括房地产出售和租赁等形式。房地产管理包括房地产产业管理和产权产籍管理。房地产服务包括内容十分广泛，如房地产估价、信息咨询、经纪公司、经纪人等中介机构和中介人提供的中介服务以及房地产售(租)后的维修保养、清洁绿化、治安保卫和商业服务等。

1.1.5 房地产业的作用

房地产业对我国国民经济和社会发展具有以下几方面的重要作用。

1. 促进了我国国民经济的快速增长

随着住房商品化、社会化改革的实施，我国房地产开发投资不断增长。1990 年，房地产开发投资额仅为 253.25 亿元，2008 年达到 31 203.2 亿元。近年来，房地产开发投资额每年以 20%～30%的速度增加，房地产开发投资占全社会固定资产投资比重达 18%左右。房地产投资的大幅增加为我国国民经济的快速增长做出了重要贡献。房地产业增加值占 GDP 比重由 1980 年的 2.12%增加到 2007 年的 4.77%。房地产业对 GDP 增长贡献率由 1980 年的 1.27%增加到 2007 年的 5.15%。1980 年，我国 GDP 增长速度为 7.8%，其中由房地产业拉动为 0.1 个百分点，2007 年我国 GDP 增长速度为 13%，其中由房地产业拉动为 0.67 个百分点。由此看出，我国房地产业对国民经济的增长起到了主要作用(表 1-2)。

表 1-2 房地产业增加值占 GDP 比重、贡献率、对 GDP 增长的拉动

年份	GDP/亿元	GDP 增长速度/%	房地产业增加值/亿元	房地产业增加值占 GDP 比重/%	房地产业贡献率/%	房地产业对 GDP 增长的拉动/百分点
1980	4 588	7.8	96.4	2.12	1.27	0.10
1985	9 099	13.5	215.2	2.39	2.24	0.30
1990	18 873	3.9	662.2	3.55	3.27	0.13
1995	61 340	11	2 354.0	3.87	2.32	0.25
2000	100 280	8.5	4 149.1	4.18	1.54	0.13

续表 1-2

年份	GDP/亿元	GDP 增长速度/%	房地产业增加值/亿元	房地产业增加值占 GDP 比重/%	房地产业贡献率/%	房地产业对 GDP 增长的拉动/百分点
2005	183 219	11.4	8 243.8	4.50	3.47	0.36
2006	219 439	12.7	9 664.0	4.56	4.29	0.50
2007	270 232	14.2	12 277.5	4.77	5.15	0.67
2008	319 516	9.7	14 738.7	4.6	5.0	0.49
2009	349 081	9.4	18 966.9	5.4	14.3	0.51
2010	413 030	10.6	23 569.9	5.7	7.2	0.60
2011	489 301	9.5	28 167.6	5.8	6.0	0.55
2012	540 367	7.9	31 248.3	5.8	6.0	0.46
2013	595 244	7.8	35 987.6	6.0	8.6	0.47
2014	643 974	7.3	38 000.8	5.9	4.1	0.43
2015	689 052	6.9	41 701.0	6.1	8.2	0.42

资料来源：根据《中国统计年鉴 2016》计算整理。

2. 为政府提供了巨大的财政收入

政府从房地产业中取得的财政收入主要包括国有建设用地使用权出让金收入和各项房地产税收收入。我国国有土地使用权的有偿出让，为城市建设提供了稳定的财政来源。据调查，我国来自土地的收益，一般的城市为财政收入的 25%左右。随着我国房地产业的快速发展，房地产业的相关税收也在快速增长。

3. 促进了相关产业的发展

房地产业具有导向产业的功能，其发展能够直接或间接引导和促进相关产业的发展。据投入产出模型测算，每 100 亿元房地产投资（或称销售 100 亿元住宅的产出）可以诱发国民经济各部门的产出 286 亿元，其中诱发建筑业产出 90.76 亿元。有资料介绍，美国建筑业约每年消费冶金工业产品的 16%以上，水泥玻璃砖瓦的 70%，木材的 40%，油漆的 50%。我国用于建筑工程的材料消耗为：钢材约占钢材总消耗量的 25%，木材约占 40%，水泥 70%，玻璃 70%，塑料制品 25%。

房地产业与制造业也有着密切的关系。在住宅与非住宅建筑中，要涉及 40 多个产业部门，据投入产出模型测算，每 100 亿元房地产投资可以诱发制造业的产出 123.61 亿元。其中最高的是非金属矿物制品业 31.45 亿元，其次是金属冶炼及压延加工业 18.81 亿元，再次是化学工业 14.98 亿元，然后是金属制品业（9.82 亿元）。机械工业（8.79 亿元）、电器机械及器材制造业（7.58 亿元）等。

房地产业诱发相关部门的产出除了建筑业、制造业之外，依次为采矿业（16.64 亿元）、商业（11.16 亿元）、房地产业自身（10.98 亿元）、电力煤气自来水供应业（6.59 亿元）、货物运输及仓储业（5.86 亿元）、社会服务业（4.98 亿元）、农业（4.55 亿元）、金融保险业（4.08 亿元）、邮电业（3.05 亿元）、饮食业（1.57 亿元）、综合技术服务业（1.18 亿元）等。

4. 增加了大量就业岗位

房地产业不仅可以促进相关产业的发展，而且可以提供大量的就业机会。例如，房地产业发展直接带动了房地产中介和物业管理等房地产服务行业的发展，创造了大量房地产服务行业的就业岗位。根据中国房地产估价师和中国房地产经纪人网上资料整理，目前我国有房地产估价机构5 100多家，房地产经纪机构4 800多家。2008年，我国房地产中介服务单位就业人员数8.5万人，是15年前1993年0.8万人的10.6倍，物业管理服务单位就业人员数71.1万人，是15年前1993年33.7万人的2.1倍。

5. 提高城镇居民居住水平

改革开放以来，随着我国住房制度改革和房地产业的快速发展，我国城镇居民居住条件不断改善，居住水平不断提高，1978年全国城市人均住房建筑面积只有6.7 m^2，1985年为10 m^2，1990年13.7 m^2，1995年16.3 m^2，2000年20.3 m^2，2005年26.1 m^2，2006年28.5 m^2，2007年30.1 m^2，2008年30.6 m^2，2009年31.3 m^2，2010年31.6 m^2，2011年32.7 m^2，2012年32.9 m^2。近年来，我国城市人均住房建筑面积每年增加约1 m^2。

1.2 房地产开发概述

1.2.1 房地产开发的含义

房地产开发是房地产业中的物质生产过程，是房地产业中最基本、最主要的经济活动内容。简单地讲，房地产开发就是通过土地、建筑材料、劳动力、资金和专业人员经验等多种资源的组合使用而为人类提供工作、生活空间的一种活动。广义上的房地产开发跨越生产和流通两个领域，其活动内容包括规划设计、集体土地征收和国有土地上房屋征收、土地开发、各类房屋建造、工程验收、经营销售、交付使用、售后管理和维修服务等。狭义上的房地产开发是指具有开发资质的房地产开发企业对房地产项目进行投资、建设和管理，形成房地产产品的物质生产过程。

1.2.2 房地产开发特征

1. 综合性

这是房地产开发最本质的特征。房地产开发要求在开发过程中不仅要对建筑地块或房屋进行有目的的建设，而且要对被开发地区的一些必要公用设施、公共建筑进行统一规划，协调建设。尤其是住宅开发，更要以综合的思想来对居住用房、服务用房、文教卫生用房、福利及娱乐设施用房等实行配套建设。另外，房地产开发过程中涉及的部门与关系很多，不仅要涉及规划、设计、施工、供电、供水、电讯、交通、教育、卫生、消防、环境和园林等部门，而且还通过集体土地征收和国有土地上房屋征收、安置等工作与居民的生活密切联系。每一个开发项目所涉及的土地条件、融资方式、建筑设计与施工技术的要求、市场竞争情况等都不一样，需要开发商全面地进行综合分析，统筹安排，制定最佳的开发方案。

2. 长期性

房地产开发从投入资本到资本回收，从破土动工到形成产品，需要经过准备、施工、管理等几个阶段的工作，尤其是在建筑施工阶段，需要集中大量的人力、物力，通过一砖一石、一管一线的建造才能最终形成产品，并且这一过程与资金是否及时到位关系重大，因此整个过程往往需要较长的时间。一般来说，普通的开发项目需要2～3年时间，规模较大的要4～5年，而一些成片开发的大型项目往往需要更长的时间。

3. 地域性

房地产是不可移动的，由此而使房地产的开发建设过程带有强烈的地域性特征，房地产开发受地域的限制很大。从微观上看，开发项目要受区位或者说是地段条件的影响，包括交通、购物、环境、升值潜力等很多与项目有关的因素，因此开发商对项目的选址尤为谨慎。从宏观上看，房地产开发的地域性主要表现在项目所在地区的社会经济条件对项目的影响。每一个地区的投资开发政策、市场供需状况、消费者的支付能力都不一样，这就需要认真研究当地市场，制定相应的开发方案。

4. 风险性

房地产开发需要巨额资金，而且由于开发周期长，很多因素有可能变化，会给开发项目带来一定的风险。房地产这种产品具有很强的刚性，也就是说在相当长的时间里几乎没有重新建造的可能性。因此，项目一旦失败，开发商将蒙受巨大的损失。此外，房地产开发受宏观经济形势和经济政策的影响也较大，还存在一定的政治风险。因此，房地产开发是一项高风险的投资。当然，与风险呈正相关，房地产开发收益也较高。

1.2.3 房地产开发的形式

从不同的角度，房地产开发的形式可以有不同的划分。

1. 按开发的对象划分

根据开发的对象，房地产开发可以划分为土地开发、房屋开发和综合开发三种形式。

(1)土地开发。土地开发是指房地产开发企业在获得土地使用权以后，对土地进行平整和基础设施建设，通常要进行“三通一平”(通水、通路、通电和土地平整)或“七通一平”(通给水、通排水、通道路、通电力、通热、通气、通电信和土地平整)等开发建设，使之达到一定的建设利用条件，然后将土地使用权转让给其他房地产开发企业进行房屋建设的一种开发形式。

土地开发是房地产投资开发的起点，投资开发者向土地投资的目的在于获得土地增值部分的收益。土地增值主要有两种形式，一种是直接增值，另一种是间接增值。直接增值是指通过投资开发者的投资建设，将无法直接用于建筑的土地改造成可以直接利用的土地，从而导致的土地价值增加。如对土地进行“三通一平”或“七通一平”后，“生地”变成“熟地”，投资开发者为此投入的资金和劳动转化为地价的增量。土地的间接增值则是指土地的价值在一系列因素，如政治形势、经济政策、城市规划方案等的影响下发生变化。这种变化主要是因为土地在外界因素的作用下，其使用性质、商业地理环境等条件产生了变化。一般而言，土地市场上的投资开发者主要是希望通过土地的间接增值获得利益。土地的直接增值是有限的，而其间接增值却具有相当大的弹性，给土地市场投资者带来利益的潜力也很大。土地间接增值的特殊弹性使土地投资成为房地产投资中最有吸引力的一种投资。

(2)房屋开发。房屋开发是指房地产开发企业以一定的方式获得具备建设条件的土地使用权后，按照规划要求，建造各类房地产商品，如住宅、写字楼、商业用房、工业厂房、娱乐用房等，然后进行房屋出售或出租的一种开发形式。

①住宅开发。普通住宅和小型公寓是人类生产和生活中不可缺少的消费品和生活资料，是房地产业中最重要的组成部分之一。在经济处于发展中的国家和地区，住宅具有极大的市场需求。住宅的需求比较稳定，不易受市场波动影响，是房地产投资开发者最容易参与的一种投资项目类型。在住宅市场中，主要的经营方式是出售和出租两类。目前在中国，住宅在市场中相对能比较顺利地出售，对投资开发者来说，这种投资开发便是一种短期投资行为，与其他类型房地产相比，它具有投资回收快、投资过程简单的特点。

②写字楼开发。写字楼的主要功能是为商务活动和政府机关办公提供工作场所。绝大部分写字楼都是由投资开发者自己特有物业所有权，而以出租等形式将使用权让渡给使用者来获取利润。因而，写字楼投资者一般不是一次性地收回投资，而是以收取租金和管理费的形式，获得稳定的现金流量。

③商业用房开发。商业用房的种类很多，包括专业商店、商场、百货商店、门市部、批发商店、商品交易会、超级市场、购物中心、地下商业街等。商业用房市场的主要活动是从事生产和交易各种商业用房，交易的主要形式是租赁方式。绝大部分商业用房使用权以多种形式在市场上进行交易，以获取利润。例如，商业用房的所有者将全部商铺或柜台租赁出去，从中收取租金和管理费。商业用房的租金一般都比住宅楼和写字楼高。

④工业厂房开发。工业厂房是作为直接的生产要素投入到物质生产过程中。工业厂房分专业化和标准化厂房。专业化工业厂房的专业化程度是影响工业厂房投资回报最重要的因素。因此，投资兴建的工业厂房必须充分考虑到使用对象的要求，尽量满足用户的条件。对于标准工业厂房其所处的地理位置对投资风险具有重要影响。工业厂房的投资回报一般也具有两种形式。一种是建成后销售，投资者一次性收回投资并取得回报；另一种是投资者出租工业厂房，逐年获得现金流量。

(3)综合开发。综合开发是指将土地、房屋和有关的市政、公建配套设施结合起来进行建设的开发形式，即房地产开发企业根据城市规划等要求，在选定的区域内，对建设用地、房屋建筑、配套设施和基础设施等建设项目进行统一规划、统一设计、统一施工、统一配套、统一管理的房地产开发活动和房地产商品生产方式。综合开发从项目投资决策、土地使用权的获取、前期工作，直到施工建设、竣工验收等全过程都由一个开发企业统一负责。这种开发方式也是目前我国绝大多数房地产开发企业采取的一种开发方式。

2. 按开发的规模划分

根据房地产开发的规模可以划分为单项开发和成片开发。

(1)单项开发。单项开发是指规模小、占地少、功能比较单一，配套设施简单的开发形式。单项开发在国内的房地产开发中是比较常见的，它往往是作为新区总体开发或老城区改造中的一个相对独立的项目。无论是工商业园区、商住小区内，还是一般的城市开发地段、旧城区等，都会见到有零星的物业开发；一些写字楼项目通常也以单项目开发的形式出现。单项开发中,房地产开发商只负责建一二幢房屋出售,不管小区配套。正常的情况下,单项开发都会被纳入园区开发或小区开发之中,成为城市成片统一开发的一部分,但也有地方政府规划管理不当,而出现纯粹的零星物业开发。

(2)成片开发。成片开发规模较大、占地多、功能比较齐全,无论是在新区开发还是旧区改造中都表现为成街成片地建造多个工程项目,是一种投资额高、建设周期长的综合性开发。

成片开发是我国经济发展的产物。一些地方政府为使地块开发能够有效地纳入科学的规划管理,采用统一规划、统一征地、统一开发、统一管理的原则进行成片开发,将待开发的土地统一交给一家企业进行集体土地征收和国有土地上房屋征收、规划、配套建设,然后或自行开发单个项目,或将地块出让给其他企业开发规划限制范围内的项目。成片开发的好处是:便于进行规划控制,便于进行城市综合配套,可以一揽子解决集体土地征收和国有土地上房屋征收问题,节约开发成本。成片开发在国内通常由政府组建的官办企业来承担,如上海的陆家嘴金融贸易区、广州的天河新城区、北京的上地信息产业基地等,有些是直接由政府机构来承担,如天津开发区、广州经济技术开发区等;也有一些是由实力雄厚的中外企业独资或合资承揽的,如苏州的新加坡工业园区、福建的元洪开发区、广州的南沙开发区等。成片开发商实际上是房地产一级开发商。对成片开发商的要求是:要有较强的经济实力,要有较强的项目策划及项目组织能力,要有很强的招商能力。

1.2.4 房地产开发程序

房地产开发自开发商有投资意向开始至项目建设完毕进行租售和物业管理的全过程中,基本上经过投资决策分析、前期准备工作、建设实施和租售及物业管理四个阶段,各阶段又包含一些具体工作。当然,房地产开发的阶段划分并不是绝对的,某些情况下各阶段的工作可能交叉进行,如在项目建设中可进行预售或预租等。

1. 投资决策分析阶段

投资决策分析阶段是整个房地产开发过程中最为重要的一个环节。在这个阶段中,投资者首先提出投资开发设想,选定投资开发的地块、投资的时机、投资的房地产种类等,并通过可行性研究来做出是否投资开发的决策。

2. 前期准备工作阶段

前期准备工作主要目的是为开工建设做好准备,包括集体土地征收、获取土地使用权、国有土地上房屋征收、工程勘察与设计、资金筹措、施工现场的"三通一平"或"七通一平"、工程招标等一系列工作,通过全面的准备工作为项目的开工建设创造必要条件。

3. 建设实施阶段

建设实施阶段是房地产商品的生产过程,是最终实现项目开发、完成开发任务的关键环节。在建设实施阶段,主要完成组织施工、工程监理和竣工验收等工作。

4. 租售及物业管理阶段

房地产开发项目竣工验收后,就进入了租售及物业管理阶段,通过房屋租售和物业管理,开发商回收投资,实现利润。

【延伸阅读】

曹妃甸国际生态城融资模式研究(政企合作)

一、项目基本情况与融资问题

曹妃甸国际生态城(即曹妃甸新区—唐山湾生态城)雄踞环勃海经济圈的核心位置，位于唐山市的南部沿海，西距曹妃甸工业区5 km，东距京唐港区10 km。与日本和朝鲜半岛隔海相望，直接面向东北亚和迅速崛起的亚太经济圈。根据规划，曹妃甸国际生态城和现在的城市将成为唐山的"双核"，重点放在科学和技术的研究、会展娱乐、技术服务、教育培训、金融、商易，六大城市服务产业。生态城施工将分为三个阶段进行：(2008—2010年)近期，施工阶段的起步区建设，重点为建设基础设施，规划了12 km^2 起步区面积，坚持建设港口城市，以促进城市的港口基础设施建设的快速发展，初步形成人口规模约1万人；(2011—2020年)中期，完成74.3 km^2 在建面积，属于加快施工阶段，在唐山南部建立一个80万人口规模的核心城市原型，作为生态城市建设的示范样板；(2020年后)长期，城市功能进一步完善，形成拥有200万人口的一个城市，曹妃甸新城在150 km^2 范围内完成规划建设内容的城市规模。

二、融资解决方案

为方便生态城的市场化运作，曹妃甸生态城通过设立曹妃甸生态城投资集团有限公司(简称曹城投集团)和与外来企业进行合作，由企业通过市场化的运作从资本市场上获取资金，支持生态城项目的开发建设。

(一)自设城市开发运营公司

曹城投集团成立于2008年9月，是在"十一五"期间，国家构建经济增长第三极——环渤海经济圈，加快曹妃甸区域建设的大背景下，按照"管委会+公司"的管理模式，成立的国有独资公司，公司注册资金15亿元，管委会与投资集团为生态城建设的"一体两翼"，投资集团为城市开发主体。主要职能为：①完成曹妃甸生态城150 km^2 土地的收购、整理和储备。②负责融资和投资建设曹妃甸生态城区域内的市政基础设施建设。③相关设施的建设、营运、维护，均要根据生态城管委会的计划要求进行，并享有相应的投资权、经营权和受益权。④独立、合作开发曹妃甸生态城区域内的住宅商业与科研产业用地。⑤曹妃甸生态城区域内税收与土地出让金中的政府收益部分返还主体。在这种模式下，资金的来源主要有以下几条途径。

1. 银行贷款

为确保生态城项目的顺利启动和运作，银行就曹妃甸生态城项目根据唐山市财政收入担保条件提供了10年期50亿元的贷款，这笔资金主要是为解决生态城项目前期启动阶段的城市基础设施建设投入。

2. 项目融资

为保证生态城项目后续建设的顺利开展，曹城投集团积极创新投融资机制，采取BT、BOT等多元化融资模式。例如，水上餐厅工程采用BT融资模式进行建设、信息大厦采用BOT融资模式模式进行开发建设、钻石大厦采用BT承包建设等。

3. 合作开发

为加快生态城二级开发项目的开发建设进度，曹城投集团与众多企业进行合作，引进企业资金。例如：与上海文化广播影视集团合作开发英伦小镇。

（二）与外来企业进行合作

与外来的企业进行合作主要指的是与国内大的综合开发商共同开发，其中就有国内地产巨头中包括万年基业、华侨城、万科、金隅等开发企业。由双方出资设立项目公司，由项目公司作为融资和建设主体，对合作区域进行开发建设。最初是由项目公司对合作区域地块启动区域先期进行一级开发，完成之后由项目公司获得二级开发建设权，进行二级开发，之后使用获取的收益再对下一期较大地块进行一级开发，通过部分的融资和操作由项目公司获取土地二级开发权，最终通过土地开发权的转让和二级开发项目的资金回流弥补前期资金投入。

2009年6月5日，为了给“政企合作”搭桥铺路而开展了“央企走进曹妃甸”的活动，曹妃甸生态城这个“投资价值洼地”逐渐形成，由此，后续资金将源源不断地流入其中。2011年6月，曹妃甸生态城管委会与唐山万科房地产开发有限公司、华润置地（唐山）有限公司、北京新华联置地有限公司、亿城集团有限公司为代表的开发商联盟签署合作协议——《“明日之城”项目战略合作框架协议》，将主要进行二级开发项目的合作。

【实训任务】

1. 从互联网上了解我国房地产行业情况，写一份区域房地产企业概况报告，并详细了解项目开发流程。

2. 从土地市场交易网 http://landchina.mlr.gov.cn/选取正在出让的住宅开发地块，进行项目地块背景描述。项目地块的背景，包括地块拍卖公告、规划要求、区位特点等；应包含该项目地块的地理位置图。

Chapter 2

第2章 房地产市场调查分析

【导入案例】

北京"凤凰城"房地产市场调研成功案例

2000年在北京CBD商圈内闪亮登场的"凤凰城"项目之所以在短短几个月时间内取得了销售几万平方米的骄人业绩，就是其充分利用市场调研这一有利工具辅助设计的结果。

该项目的开发商在规划设计之前就进行了有重点的市场调研工作，通过对大量购房潜在客户进行详细的需求调查后，发现对高档公寓项目的潜在客户而言，小区环境是除价格、位置、户型、交通、周边环境等因素外，对其购买影响最大的因素之一。因此，在社区整体规划设计中充分考虑了小区内的环境，特别聘请德国规划师进行园林景观的规划设计，方案如下。

精心保留了现有的杨树林，其间有椭圆形林间漫步道穿越。小区主入口设计了以喷泉为主题的庭院广场，小溪及弧形水道流向园中树林及喷泉，整体环境自然、宁静、优雅，使"凤凰城"成为少有的入住时即为住户提供良好生活环境的项目，大大提升了该项目的品质。户型设计时的需求调查显示，客户对朝向有强烈的偏好，而朝向是塔楼设计中一个比较难解决的问题。经过仔细推敲，设计时甚至不惜牺牲塔楼西南角可以建设的面积，而尽可能保证所有户型的良好朝向。正是充分考虑了市场调研的结果，其设计符合客户的心理需求，且具有超前特性，使得该项目在周边众多楼盘中脱颖而出，立刻受到市场的欢迎，成为京城最热卖楼盘之一。

【知识讨论】

1. 房地产市场调查的作用。
2. 你认为针对特定项目的房地产市场调查应注意的问题。

【知识内容】

2.1 房地产市场调查

2.1.1 房地产市场调查的概念、特点及作用

1. 房地产市场调查的概念

市场调查是运用科学的方法，有目的、有计划地收集、整理和分析与企业市场营销有关的各种情报、信息和资料，为企业营销决策提供依据的信息管理活动。市场调查的目的是为管理决策部门提供参考依据。调查的服务对象可以是任何企事业单位的管理决策层或个人。市场调查的目的可能是为了制定长远战略规划，也可能是为制定某阶段或某问题的具体政策或策略提供参考依据。

市场调查分广义与狭义两种：广义的市场调查把房地产市场运作的机制、功能，各个阶段和相关要素都作为调查、分析的对象；狭义的市场调查是仅以顾客作为调查对象，探究其购买动机、消费习惯、意愿等因素，并对同行的营销动态作估计、研究和判断。

房地产市场调查不同于一般耐用消费品的调查，它是以房地产为对象，对相关市场信息进行系统的收集、整理、记录和分析，对房地产市场进行研究与预测，并最终为营销决策服务的专业方法。

2. 房地产市场调查的特点

(1)房地产市场调查内容广泛。房地产市场调查既包括很简单的内容，如被调查者的性别、年龄、文化程度等基本情况，也包括态度或爱好之类的复杂问题。有些问题被调查者可能不会回答，或不知道该如何回答，也可能是因为问题太敏感而不愿回答。例如，消费者的户型和空间布局偏好调查，消费者如不面对实际户型空间，一般很难回答调查者的问题。要得到这些方面的信息必须靠相当的专业知识、努力和智慧。

(2)房地产市场调查针对性很强。房地产市场调查侧重消费者的生活模式、行为模式等研究分析，且在营销的不同阶段的内容不同，实施调查需要具体问题具体分析，如在房地产定位阶段，市场调查主要调查竞争项目的基本数据和消费者的生活模式。房地产项目调查对时效性要求也很高，如销售率、价格等动态营销信息的调查，时间发生变化，动态营销信息也会发生改变。

(3)房地产市场调查方法多样。房地产市场调查的方案设计是多样的，收集数据可以采用实地调查、座谈会、面访、电话访谈或邮寄调查等方法。房地产市场调查开展的程度是有伸缩性的，所收集数据的多少和复杂程度是可以选择的，这取决于所需要的信息和所拥有的经费。

(4)房地产市场调查结果具有一定的局限性。房地产市场调查的结论不是完美无缺的，有时可能会有一些细小的错误、误差和疏忽，但不能对调查信息的价值有严重损害。

当出现错误时，应根据错误的具体情况进行修正处理。房地产市场调查结果不能直接指示决定。即使没有发现错误或疏忽，调查完全按所设计的方案进行，结果也不是完全确定的，不能指示或决定最终答案。调查结果必须参考一般经验、普通的道理和其他信息来对其进行评价。

3. 房地产市场调查的作用

(1)市场调查可以使企业获得大量信息，增强房地产企业对市场动态的感应并做出相应的反应，增强房地产企业的市场竞争能力。

(2)通过市场调查，企业可以了解、把握市场需求，确定企业的目标市场，生产符合市场需求的房地产产品来满足市场的需求。

(3)通过市场调查对房地产产品进行分析，对其地段、价格、楼型、户型、绿化、配套设施、物业管理等内容进行调查归纳和研究，也可使房地产企业的营销决策具有针对性、超前性。

房地产市场调查研究的初期阶段主要是要通过市场供求状况、竞争状况的研究，了解市场的现状。通过市场的细分，掌握不同细分市场上的供求特征和客户的需求状况，最后确定市场营销的目标市场。

2.1.2 房地产市场调查的程序

1. 确定调查目的

市场调查首先应明确调查目的，即调查人员应明确为什么要进行市场调查？通过调查要解决哪些问题？有关调查结果对于企业来说有什么作用等。一般来说，确定调查目的要有一个过程，一时确定不下来的可以采用探测性调查、描述性调查、因果性调查和预测性调查来确定。探测性调查主要是当企业对需要研究的问题和范围不明确、无法确定应该调查哪些内容时，可以采用探测性调查来找出症结所在，然后再做进一步研究；描述性调查只是从外部联系上找出各种相关因素，并不回答因果关系问题；因果性调查是要找出事情的原因和结果；预测性调查是通过收集、分析研究过去和现在的各种市场情报资料，运用数学方法，估计未来一定时期内市场对某种产品的需求量及其变化趋势。

2. 初步调查

初步调查的目的是了解产生问题的一些原因，通常有如下三个过程：一是研究收集的信息材料，包括研究企业外部材料和分析企业内部资料；二是与企业有关领导进行非正式谈话，从这些领导人的谈话中，寻找市场占有率变化的原因；三是了解市场情况，分析消费者对本公司所开发经营的房产态度等。

3. 调查设计

根据前面信息资料收集以及上面初步调查的结果，可以提出调查的命题，确定调查方式和方法，制订并实施调查计划。

在收集原始资料时，一般需要被调查者填写或回答各种调查表格或问卷。调查表及问卷是整个调查工作的核心，其设计的好坏将直接影响调查结果。调查表和问卷的设计既要具有科学性又要具有艺术性。

房地产市场调查中普通采用抽样调查，即从被调查总体中选择部分样本进行调查，并用样本特性推断总体特性。在实地调查前，调查人员应该选择决定抽查的对象、方法和样本的大小。一旦明确下来，调查人员必须严格按照抽样设计的要求进行工作，以保证调查质量。

4. 现场调查

现场调查是按调查计划通过各种方式到调查现场获取原始资料和收集由他人整理过的二手资料。现场调查工作的好坏，直接影响到调查结果的正确性。为此，必须重视现场调查人员的选拔和培训工作，确保调查人员能按规定进度和方法取得所需资料。

5. 资料整理、统计和分析

首先，要进行编辑整理。就是把零碎的、杂乱的、分散的资料加以筛选，去粗取精，去伪存真，以保证资料的系统性、完整性和可靠性。在资料编辑整理过程中，要检查调查资料的误差，剔除那些错误的资料；其次，要进行分类编号，就是把调查资料编入适当的类别并编上号码，以便于查找、归档和使用；再次，要进行统计，将已经分类的资料进行统计计算，有系统地制成各种计算表、统计表、统计图；最后，对各项资料中的数据和事实进行比较分析，得出一些可以说明有关问题的统计数据，直至得出必要的结论。

6. 撰写和提交调查报告

通过资料整理、统计和分析，做出结论以后，市场营销调查部门必须提出若干建议方案，写出书面报告，提供给决策者。在编写调查报告时，要指出所采用的调查方法、调查目的、调查对象，处理调查资料手段，通过调查得出结论，并以此提出一些合理建议。

2.1.3 房地产市场调查的内容

房地产市场调查的内容非常广泛，涉及房地产市场需求和供给的各个方面。通常，房地产市场调查主要包括房地产市场环境调查、房地产市场需求调查、房地产市场供给调查和房地产市场营销活动调查四个方面的内容。

1. 房地产市场环境调查

房地产市场环境调查包括政治法律环境调查、经济环境调查、社会文化环境调查和社区环境调查等。

(1)政治法律环境调查。政治法律环境调研主要是了解对房地产市场起影响和制约作用的政治形势、国家对房地产行业管理的有关方针政策、有关法律法规，包括：①各级政府有关房地产开发经营的方针政策。如房改政策、开发区政策、房地产价格政策、房地产税收政策、房地产金融政策、土地定级及地价政策、人口政策和产业发展政策等。②各级政府有关国民经济社会发展计划、发展规划、土地利用规划、城市规划和区域规划等。③政府有关法律法规，如环境保护法、土地管理法、城市房地产管理法、广告法、反不正当竞争法等。④政府有关方针和政策，如产业政策、金融政策、税收政策、财政政策、物价政策、就业政策等。⑤政局的变化，包括国际和国内政治形势、政府的重大人事变动等。

(2)经济环境调查。经济环境调查主要是了解财政、金融、经济发展状况和趋势等因素，具体包括：①国家、地区或城市的经济特性，包括经济发展规模、趋势、速度和效益。②项目所在地区的经济结构、人口及其就业状况、就学条件、基础设施情况、地区内的重点开发区域、同类竞争物业的供给情况。③一般利率水平、获取贷款的可能性以及预期的通货膨胀率。④国民经济产业结构和主导产业。⑤居民收入水平、消费结构和消费水平。⑥物价水平及通货膨胀。⑦项目所在地区的对外开放程度和国际经济合作的情况，对外贸易和外商投资的发展情况。⑧与特定房地产开发类型和开发地点相关因素的调查。

(3)社会文化环境调查。社会文化环境主要是居民的生活习惯、生活方式、消费观念、消费心理乃至对生活的态度、对人生的价值取向等。文化环境调查的内容主要包括：①居民职业构成、教育程度、文化水平等。②家庭人口规模及构成。③居民家庭生活习惯、审美观念及价值取向等。④消费者民族与宗教信仰、社会风俗等。

(4)社区环境调查。社区环境调查内容包括社区繁荣程度、购物条件、文化氛围、居民素质、交通和教育的便利、安全保障程度、卫生、空气和水源质量及景观等方面，社区环境直接影响着房地产产品的价格。

2. 房地产市场需求调查

房地产市场需求既可以是特定房地产市场需求的总和，也可以是专指对某一房地产企业房地产产品的需求数量。房地产市场需求调查主要包括如下方面。

(1)房地产消费者调查。房地产消费市场容量调查，主要是调查房地产消费者的数量及其构成。主要包括：①消费者对某类房地产的总需求量及其饱和点、房地产市场需求发展趋势。②调查房地产现实与潜在消费者数量与结构，如地区、年龄、民族特征、性别、文化背景、职业、宗教信仰等。③消费者的经济来源和经济收入水平。④消费者的实际支付能力。⑤消费者对房地产产品质量、价格、服务等方面的要求和意见等。

(2)房地产消费动机调查。房地产消费动机就是为满足一定的需要，而引起人们购买房地产产品的愿望和意念。房地产消费动机是激励房地产消费者产生房地产消费行为的内在原因。主要包括消费者的购买意向，影响消费者购买动机的因素，消费者购买动机的类型等。

(3)房地产消费行为调查。房地产消费行为是房地产消费者在实际房地产消费过程中的具体表现。房地产消费行为的调查主要包括：①消费者购买房地产商品的数量及种类。②消费者对房屋设计、价格、质量及位置的要求。③消费者对本企业房地产商品的信赖程度和印象。④房地产商品购买行为的主要决策者和影响者情况等。

3. 房地产市场供给调查

房地产市场的供给是指在某一时期内为房地产市场提供房地产产品的总量。它主要调查以下几个方面。

(1)行情调查。即整个地区市场，房地产市场现有产品的供给总量、供给结构、供给变化趋势、市场占有率，房地产市场的销售状况与销售潜力，房地产市场产品的市场生命周期，房地产产品供给的充足程度，房地产企业的种类和数量，是否存在着市场空隙，有关同类房地产企业的生产经营成本、价格、利润的比较，整个房地产产品价格水平的现状和趋势，最适合于客户接受的价格策略，新产品定价及价格变动幅度等。

(2)现有房地产租售客户和业主对房地产的环境、功能、格局、售后服务的意见及对某种房地产产品的接受程度。

(3)新技术、新产品、新工艺、新材料的出现及其在房地产产品上的应用情况。

(4)建筑设计及施工企业的有关情况。

4. *房地产市场营销活动调查*

房地产市场营销活动是一系列活动的组合,包括房地产产品、价格、促销、广告等活动。因此,房地产市场营销活动调查应围绕这些营销组合要素展开。

(1)房地产市场竞争情况调查。房地产市场竞争情况的调查主要包括竞争企业和竞争产品两方面内容。

对竞争企业的调查主要包括:①竞争企业的数量、规模、实力状况。②竞争企业的生产能力、技术装备水平和社会信誉。③竞争企业所采用的市场营销策略以及新产品的开发情况。④对房地产企业未来市场竞争情况的分析、预测等。

对竞争产品的调查主要包括:①竞争产品的设计、结构、质量、服务状况。②竞争产品的市场定价及反应状况。③竞争产品的市场占有率。④消费者对竞争产品的态度和接受情况等。

(2)房地产价格调查。价格调查的内容包括:①影响房地产价格变化的因素,特别是国家价格政策对房地产企业定价的影响。②房地产市场供求情况的变化趋势。③房地产商品价格需求弹性和供给弹性的大小。④开发商各种不同的价格策略和定价方法对房地产租售量的影响。⑤国际、国内相关房地产市场的价格。⑥开发个案所在城市及街区房地产市场价格。

(3)房地产促销调查。促销调查的主要内容包括:①房地产企业促销方式,广告媒介的比较、选择。②房地产广告的时空分布及广告效果测定。③房地产广告媒体使用情况的调查。④房地产商品广告计划和预算的拟定。⑤房地产广告代理公司的选择。⑥人员促销的配备状况。⑦各种营业推广活动的租售绩效。

(4)房地产营销渠道调查。主要包括:①房地产营销渠道的选择、控制与调整情况。②房地产市场营销方式的采用情况、发展趋势及其原因。③租售代理商的数量、素质及其租售代理的情况。④房地产租售客户对租售代理商的评价。

2.1.4 市场调查实务表格

1. *房地产市场环境调研表格*

制表人:　　　　　　　　　　　　　　时间:

	分析要素	
宏观经济分析	房地产开发在 GDP 中的比重	
	房地产投资占全国总投资的比重	
	消费者购房支出占总消费支出的比重	
	房地产融资投资政策	
	房地产开发、销售宏观政策	
	房地产开发景气指数	
	消费者购房信心指数	

续表

	分析要素	
微观经济分析	当地可支配收入状况	
	当地金融环境	
	当地经济发展水平	
	当地房地产总体发展水平	
	当地基础设施匹配程度	
	当地房价走势	

2. 项目自身状况调研表格

(1)地块基本情况表。

制表人：　　　　　　　　　　　　　时间：

项目	内容	备注
地块名称		
地块编号		
位置		
用地性质		
规划指标用地面积		
容积率		
建筑密度		
使用年限/年		
土地使用权出让金额		

(2)项目现状调查要素表。

制表人：　　　　　　　　　　　　　时间：

	调查要素	
项目土地性质	地理位置	
	地质地貌状况	
	土地面积及红线图	
	土地规划使用性质	
	“七通一平”现状	
项目用地周边环境	地块周边建筑物	
	绿化景观	
	自然景观	
	历史人文景观	
	环境污染状况	

续表

	调查要素	
地块交通条件	地块周边市政路网	
	地块周边公交现状	
	地块周边远景规划	
	项目周边水、陆、空交通状况	
	地块周边市政道路进入项目前地块直入交通网现状	
周边市政配套设施	购物场所	
	文化教育	
	医疗教育	
	金融服务	
	邮政服务	
	娱乐、餐饮、运动	
	生活服务	
	娱乐休息设施	
	不利干扰因素	
	历史人文区位影响	

3. 区域市场调研表格

(1)房地产板块对比情况表。

制表人：　　　　　　　　时间：

板块差异	板块 1	板块 2	板块 3	板块 4
地理范围				
划分依据				
商品住宅平均价 多层 小高层 高层 别墅				
商品住宅供求状况 多层 小高层 高层 别墅				
热销区域				

4．房地产需求调研实操表格

(1)消费背景调研表。

制表人：　　　　　　　　　　时间：

项目	指标	比例/%	总额/%	备注
家庭结构	三代同堂 三口之家 二人世界 单身 其他		100	
职业特性	经商老板 高级白领 普通白领 国企高级干部 国企普通干部 文艺界 政府及事业单位 其他 外销		100	
买主年龄结构	20 岁以下 20～30 岁 31～45 岁 46～55 岁 55 岁以上		100	
客户家庭月收入状况	2 000 元以下 2 000～4 000 元 4 000～6 000 元 6 000～8 000 元 8 000～10 000 元 10 000 元以上		100	
客户地理半径集中率	1 km 半径 2 km 半径 3 km 半径 4 km 半径 4 km 以上半径		100	

(2)购房动机统计表。

制表人： 时间：

购房目的	人数	比例/%	备注
刚需，基本居住			
二次置业，改善居住条件			
投资保值和增值			
办公			
为父母或子女购房			
度假			
结婚			
本地拆迁			
其他			

(3)购房单价能力统计表。

制表人： 时间：

单价接受范围	人数	比例/%	备注
5 000 元/m^2 以下			
5 001～7 000 元/m^2			
7 001～9 000 元/m^2			
9 001～11 000 元/m^2			
⋮			
合计		100	
买房最高价位			
买房最低价位			

(4)购房总价能力统计表。

制表人： 时间：

总价接受房价范围/元	人数	比例/%	备注
50 万以下			
51 万～65 万			
66 万～80 万			
81 万～95 万			
95 万～110 万			
⋮			
合计		100	

(5)购房面积偏好统计表。

制表人：　　　　　　　　　　　　　时间：

面积偏好范围	人数	比例/%	备注
50 m^2 以下			
51～70 m^2			
71～90 m^2			
91～110 m^2			
111～144 m^2			
⋮			
合计		100	

(6)楼型户型偏好统计表。

制表人：　　　　　　　　　　　　　时间：

楼型、户型偏好		人数	比例/%	备注
楼型偏好	高层			
	小高层			
	多层			
	别墅			
	合计		100	
楼型结构偏好	平层			
	错层			
	跃层			
	复式			
	合计		100	
户型偏好	1 房 1 厅			
	2 房 1 厅			
	2 房 2 厅			
	3 房 1 厅			
	3 房 2 厅			
	4 房 2 厅			
	4 房 3 厅			
	5 房 2 厅或 3 房 4 厅			
	6 房及以上			
	合计		100	

(7)购买决策重要性分析。

制表人：　　　　　　　　　　　　时间：

影响决策因素	人数	比例/%	备注
建筑质量			
物业管理			
价格			
区位			
户型			
交通			
区内配套			
区内景观			
教育			
楼型			
区外配套			
品牌			
合计			

(8)个性配套设施要求表。

制表人：　　　　　　　　　　　　时间：

个性配套设施	人数	比例/%	备注
运动器械			
草地			
大树			
特色路灯			
背景音乐			
儿童乐园			
其他			
城市雕塑街灯、喷泉			
瀑布			
水池			
花坛			
座椅			
特色地面铺装			
凉亭			
合计		100	

5. 房地产供给市场调研实操表格

(1)土地拍卖交易及开发登记表。

制表人：　　　　　　　　　　　　时间：

地域名及位置	用地面积	容积率	总建筑面积	用地性质	起拍价	付款方式	成交价	中标单位	时间	开发追踪

(2)区域市场供应量分析表。

制表人：　　　　　　　　　　　　时间：

批地时间	合同号	地点	开发商	面积	已出售面积	待出售面积
年						
年						
年						

(3)空置商品房结构情况表。

制表人：　　　　　　　　　　　　时间：

年份	总量	住宅	写字楼	商业
年				
年				
年				
年				

(4)商品房供求平衡比较表。

制表人：　　　　　　　　　　　　时间：

年份	商品房竣工面积	平均增长速度/%	商品房销售面积	平均增长速度/%	商品房空置面积	平均增长速度/%
年						
年						
年						
年						

6. 营销结果和满意度调研表格

（1）客户满意度调查表。

制表人：　　　　　　　　　　　时间：

编号	姓名	电话	满意项目							
			规划	设计	价格	环境	交通	配套	管理	其他

（2）促销效果评估表。

制表人：　　　　　　　　　　　时间：

促销日期	媒体选择	投放力度	重点诉求	来访来电	销售情况

（3）客户特征统计表。

制表人：　　　　　　　　　　　时间：

客户区域	____区	____区	____区	____区	____区	____区	____区	____区	其他
人数									
比例/%									
客户职业	个体户	私企职员	国企职员	外企职员	公务员				其他
人数									
比例/%									
客户年龄	20岁以下	20～24岁	25～29岁	30～34岁	35～39岁	40～44岁	45～49岁	50岁以上	其他
人数									
比例/%									
客户学历	小学	初中	高中	中专	大专	本科	硕士	博士	其他
人数									
比例/%									
客户付款方式	一次性	分期	轻松按揭	十年按揭	十五年按揭	二十年按揭	三十年按揭		其他
人数									
比例/%									

7. 调研管理表格

（1）日常踩盘计划安排表。

制表人：　　　　　　　　　时间：

楼盘名称	地理位置	本周广告

(2)调研人员每周工作计划表。

制表人：　　　　　　　　　时间：

<table>
<tr><td rowspan="2">本周工作事项</td><td colspan="7">时间安排</td><td rowspan="2">备注</td></tr>
<tr><td>周一</td><td>周二</td><td>周三</td><td>周四</td><td>周五</td><td>周六</td><td>周日</td></tr>
<tr><td></td><td></td><td></td><td></td><td></td><td></td><td></td><td></td><td></td></tr>
<tr><td></td><td></td><td></td><td></td><td></td><td></td><td></td><td></td><td></td></tr>
<tr><td colspan="9">上周工作事项</td></tr>
<tr><td colspan="4">上周工作内容</td><td colspan="5">完成情况</td></tr>
<tr><td colspan="4"></td><td colspan="5"></td></tr>
<tr><td colspan="4"></td><td colspan="5"></td></tr>
<tr><td colspan="9">工作难点及问题</td></tr>
<tr><td colspan="9">工作建议</td></tr>
</table>

(3)调研执行计划表。

制表人：　　　　　　　　　时间：

调研明细	开始时间	完成时间	调查方式	调研要求	注意事项

2.2 房地产市场细分

2.2.1 房地产市场细分的概念

市场细分是指营销者在市场调研的基础上，从消费者需求的差别出发，以消费者的需求为立足点，根据消费者购买行为的差异性，把消费者市场划分为具有类似性的若干不同的购买群体——子市场，使企业可以从中认定目标市场的过程和策略。这一过程和策略在房地产市场营销中的具体应用，则称之为房地产市场细分。

市场是一个庞大的整体，任何一个企业或任何一种产品和服务，都不可能满足所有消费者的需求,而只能满足其中一部分消费者的需求。尤其是近年来随着居民收入的增加,居民消费发生了很大的变化,消费者的需求和欲望日趋异质化。为了满足消费者的不同需求和欲望,企业往往根据一定标准将整个市场划分为若干子市场,并在对自己的优劣势以及面临的市场机会和威胁进行分析的基础上,选择自己产品的目标市场。房地产开发商在进行产品定位之前,也同样需要对企业本身和整个市场环境进行分析,对整个房地产市场进行细分,选择自己产品的目标市场。

因此,房地产市场细分是发现和了解市场机会,制定与执行有效的营销方案的关键和核心。房地产市场营销者通过房地产市场细分能针对目标市场制定适当的营销组合方案,从而把有限的资源集中投入到目标市场上来,及时觉察和正确估计客户的反应,适时调整营销策略,实现企业房地产开发经营的可持续发展。

2.2.2 房地产市场细分的原则

房地产市场细分应该遵循以下原则。

1. 可测量性

可测量性是指各个细分市场的现实或潜在购买力和市场规模大小是可以识别、可以衡量的。也就是说,细分市场的划分应该有明确的界限,而且市场的规模大小和购买力是可以判断的。

2. 可进入性

可进入性是指房地产企业可能进入所选定细分市场的程度。主要从三方面判断细分市场对于企业是否具有可进入性:企业是否具有进入细分市场的条件,企业是否能将产品推广到细分市场的消费者面前,产品是否能够进入市场。

3. 可盈利性

可盈利性是指市场规模足以使企业有利可图。也就是说,一个细分市场应该具有一定的规模,并且具有相当程度的发展潜力,足以满足企业销售和利润的要求。

4. 可行性

可行性是指房地产企业选择的细分市场,能否制定和实施相应有效的市场营销计划,包括产品、价格、渠道以及促销等计划。

2.2.3 房地产市场细分的依据

对房地产市场进行细分的依据主要有以下几方面。

1. 地理细分

地理细分是按照消费者所在的地理位置、地形、气候等因素来细分市场。房地产市场是一个区域性市场,但是其购买者并不一定完全是本区域的人群,因此,在房地产市场的地理细分方面,可以考虑将房地产购买者划分为本区域购买者和非本区域购买者。其中非本区域购买者还可以分为:本市其他区域购买者、省内购买者、大陆其他省市购买者、港台购买者和国外购买者等。

2. 人口细分

人口细分是按照人口的一系列性质因素所造成的需求上的差异来细分市场。在人口细分中通常考虑的因素有:年龄、性别、职业、收入水平、教育程度、宗教信仰、家庭规模、家庭类型、家庭代际数等。

(1)家庭规模。家庭规模主要是指家庭人口数量多少以及家庭组织范围大小。我国城市家庭规模一直呈现出下降的趋势。根据统计资料显示,我国城市家庭平均人数从1982年的4.54人下降到2002年的3.10人。随着家庭规模的下降,对住房的需求即使在人口总量不变的情况下,也表现出上升的趋势。

(2)家庭类型。家庭类型是指家庭成员之间的关系。根据家庭成员之间的血缘关系,一般分为6种类型:单身家庭、夫妻家庭、核心家庭、主干家庭、联合家庭和其他家庭。由于家庭类型的不同,表现为家庭人口数量以及家庭辈数和人员关系的不同,对于住宅的居住面积、附属面积以及公共活动空间面积所占比重会有不同的需求。

(3)家庭代际数。家庭代际数是指家庭成员由几代人构成。按照家庭代际数可以把家庭划分为一代家庭(包括单身家庭和夫妻家庭)、二代家庭(核心家庭)和多代家庭(三代以及三代以上家庭)。随着社会的进步和人们观念的变化,年轻人离开父母单独居住使得家庭代际数逐渐减少,增加了住宅的需求。同时由于家庭代际数的差异,不同家庭对住房的房间数有不同的需求。

3. 心理细分

心理细分是按照消费者的生活方式和个性进行市场细分。生活方式是指一个人或群体对消费、工作和娱乐的特定习惯和倾向性方式。为了进行生活方式细分,可以从三个尺度来测量消费者的生活方式,即:①活动,如消费者的工作、业余消遣、运动、公共关系等活动。②兴趣,如消费者对家庭娱乐、家庭设备、色彩等的兴趣。③意见,如消费者对社会、经济、文化、环境的意见。此外,企业还可以按照消费者不同的个性来细分房地产市场,如企业可以赋予房地产产品与某些消费者个性相似的高档住宅的品牌个性,树立品牌形象。

4. 行为细分

行为细分是按照消费者购买或使用某种产品的时机、追求的利益、使用者情况、使用程度、信赖情况、消费者待购阶段等行为变量来细分房地产市场。

在现代市场营销实践中,企业往往通过时机对市场进行细分,及时捕捉消费者购房时机,向市场提供与需求相似的产品或服务,取得成功。

2.2.4 房地产市场细分的方法

市场细分方法主要有单维因素法、三维因素法和多维因素法等几种。

1. 单维因素法

单维因素法是以某一个变量划分细分市场。以下根据房地产用途、客户身份、客户购买力、地理区域及销售方式等变量细分市场,则可产生房地产市场细分的基本类型,见表2-1。

表 2-1　房地产市场细分的基本类型

细分因素	细分市场	
用途	住宅	低档住宅、中档住宅、高档住宅、别墅等
		一室一厅、两室一厅、三室一厅、三室两厅等
	商业用房	商店、餐馆、购物中心、超市等
	写字楼	A 级、B 级、C 级
	厂房	标准厂房、专用厂房
	其他	商住楼、综合楼等
消费者职业	公务员、教师、公司职员、企业工人、个体工商业者、外籍民工等	
购买力	高收入者、中等收入者、低收入者	
地理区域	当地开发市场	旧城区、新区、城郊接合部、郊区
	异地开发市场	旧城区、新区、城郊接合部、郊区
销售方式	出售	预售、现售
	租赁	长期、短期
消费者偏好	低层建筑、小高层建筑、高层建筑	
	绿化、物业管理、建筑风格、建筑名称	
	其他	

2. 三维因素法

三维因素法就是选择三个细分变量划分细分市场。如选择住宅面积(套)、经济收入和消费者年龄三个变量组合,就可划分成若干个细分市场。见三维市场细分图 2-1。

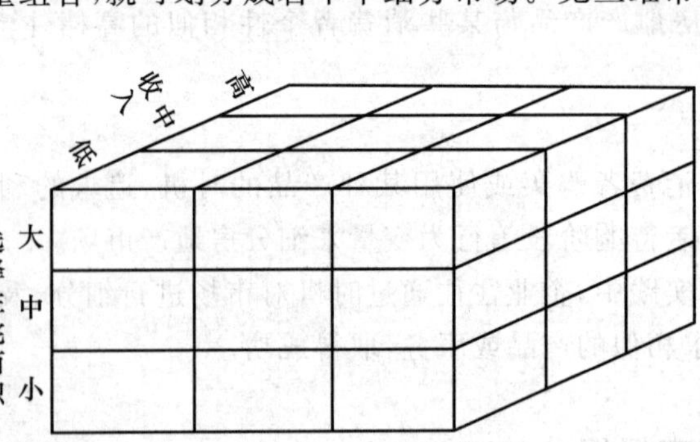

图 2-1　三维市场细分

3. 变量组合法

变量组合法是综合考虑多个变量细分市场。房地产企业变量组合法细分市场将房地产产品、消费者等相关变量列出进行综合分析,细分出房地产企业能够达到的目标市场,见表 2-2。

表 2-2 细分市场的诸多变量

变量	目标市场	变量	目标市场
地理区域	市中心区域,市郊结合部,新开发区域,城镇	文化程度	文盲,小学,中学,大学
建筑类别	多层建筑,小高层建筑,高层建筑	职业	学生,公务员,医生,农民,个体户
功能	商业用房,写字楼,厂房,住宅	收入	低,中,中上,高
租售方式	出售,租赁	婚姻	无,已,未,鳏寡,离异
付款方式	优惠折扣,分期付款,组合贷款	住地	大城市,中城市,小城市,郊区,农村
价格	昂贵,高,中,低	兴趣	运动,艺术,文学,园艺,其他
年龄	10～20,20～30,30～40,40～50,50以上	利益	改善,工作,保值,投资,实用
性别	男,女		

表 2-2 所表示细分市场的诸多变量,是选取年龄、性别、文化程度、职业、收入、住地等十五个变量组合划分的细分市场,其中任何一个变量的改变,都能够形成一个新的细分市场。房地产企业为有效地满足客户的需求,细分市场标准和方法是动态的、综合的,伴随着房地产市场需求的变化而变化,而市场变化的信息必须通过市场调查获得。

2.2.5 房地产市场细分的程序

房地产市场细分一般遵循以下程序。

(1)选择确定房地产市场产品范围,依据市场调查的资料进行分析,把握房地产市场需求供给状况和发展趋势,选择和确定一个市场范围。

(2)依据市场细分变量排列出消费者的需求(包括潜在需求)。

(3)依据消费者需求的具体因素,初步确定细分市场的数量。

(4)对初步确定的细分市场进行研究,从中选择有利于企业经营的细分市场作为目标市场。

(5)考虑可供利用的广告媒体、销售渠道、运输等费用的高低、目标市场的特征和企业期望利润大小。

(6)计算目标市场给企业带来的效益,从而确定企业产品投向目标市场的风险程度。

(7)针对确定的目标市场特性,制定进入目标市场的营销策略。

2.3 房地产市场调查方法

2.3.1 房地产市场调查的方法分类

市场调查方法可分为两大类,一类是按选择调查对象来划分,有普查、重点调查、抽样调查等；另一类是按调查对象所采用的具体方法来划分，有访问法、观察法、实验法。

1. 按调查对象划分

普查。普查是对调查对象总体所包含的全部单位进行调查。如果把一个城市人口的年龄、家庭结构、职业分布、收入分布等情况系统调查了解后，对房地产开发将是十分有利的。普查工作量很大，要耗费大量人力、物力、财力，调查周期较长，一般只在较小范围内采用。当然，有些资料可以借用国家权威部门的普查结果。

重点调查。重点调查是以有代表性的单位或消费者作为调查对象，进而推断出一般结论。采用这种调查方式，由于重点被调查的对象数目不多、企业可以用较少的人力、物力、财力，在很短时期内完成。如调查高档住宅需求情况，可选择一些购买大户作为调查对象，往往这些大户对住宅需求量、对住宅功能要求占整个高档商品住宅需求量的绝大多数，从而推断出整个市场对高档住宅的需求量。

抽样调查。抽样调查就是从调查对象全体（总体）中选择若干个具有代表性的个体组成样本，对样本进行调查，然后根据调查结束可推断总体特征的方法。抽样调查大体上可以分成两类：一是随机抽样，二是非随机抽样。

随机抽样最主要的特征是从母体中任意抽取样本，每一样本有相等的机会，这样的事件发生的概率是相等的，这样可以根据调研的样本空间的结果来推断母体的情况。它又可以分为三种：①随机抽样，即整体中所有个体都有同等的机会被选作样本。②分层随机抽样，即对总体按某种特征（如年龄、性别、职业等）分组（分层），然后从各组中随机抽取一定数量的样本。③分群随机抽样，即将总体按一定特征分成若干群体，随机抽取其中一部分作为样本。分群抽样与分层抽样的区别是：分群抽样是将样本总体划分为若干不同群体，这些群体间的性质相同，再将每个群体进行随机抽样，这样每个群体内部存在性质不同的样本。而分层抽样是将样本总体划分为几大类，这几大类之间是有差别的，而每一类则是由性质相同的样本所构成。

非随机抽样是指市场调查人员在选取样本时并不是随机选取，而是先确定某个标准，然后再选取样本数。这样每个样本被选择的机会并不是相等的，非随机抽样也分为三种具体方法：①就便抽样。也称为随意抽样调查法，即市场调查人员根据最方便的时间、地点任意选择样本，如在街头上任意找一些行人询问其对某产品的看法和印象。这在商圈调查中是常用的方法。②判断抽样。即通过市场调查人员，根据自己的以往经验来判断由哪些个体来作为样本的一种方法；当样本数目不多，样本间差异又较为明显时，采用此法能起到一定效果。③配额抽样。即市场调查人员通过确定一些控制特征，将样本空间进行分类，然后由调查人员从各组中任意抽取一定数量的样本。

2. 按调查对象所采用的方法

(1)访问法。访问法是最常用的市场调查方法。访问法成功的关键是科学设计调查问卷和有效地运用个人访问技巧。设计调查问卷。调查问卷一般有开头、正文和结尾三部分组成。问卷的开头主要包括问候语、填表说明和问卷编号。问候语应亲切、诚恳、有礼貌，并说明调查目的、调查者身份、保密原则以及奖励措施，以消除被调查者的疑虑，激发他们的参与意识。填表说明主要在于规范和帮助受访者对问卷的回答，可以集中放在问卷前面，也可以分散到各有关问题之前。问卷编号主要用于识别问卷、访问员、被访者地址等，可用于检查访问员的工作，防止舞弊行为，便于校对检查、更正错误等。问卷的正文一般包括资料收集、被调查者的基本情况两个部分。首先，收集资料部分是问卷的主体，也是使用问卷的目的所在。其内容主要包括调查所要了解的问题和备选答案。显然，这部分内容是问卷设计的重点。其次，被调查者的有关背景资料也是问卷正文的重要内容之一。尽管被调查者往往对这部分问题比较敏感，但这些问题与研究目的密切相关，必不可少，如个人的年龄、性别、文化程度、职业、职务、收入等，家庭的类型、人口数、经济情况等，单位的性质、规模、行业、所在地等。问卷的结尾可以设置开放题，征询被调查者的意见、感受，或是记录调查情况、感谢语以及其他补充说明等。

设计调查问卷的步骤：一是根据整个研究计划的目的，明确列出调查问卷所需收集的信息是什么。二是按照所需收集的信息，写出一连串问题，并确定每个问题的类型。三是按照问题的类型和难易程度选择题型（单选填充，多选填充，是非判断，多项选择题等），并安排好询问问题的次序。四是选择一些调查者做调查问卷的初步测试。五是按照测试结果，再对调查问卷做必要修改，最后得出正式调查问卷。

设计调查问卷应注意的问题。设计调查问卷应注意下列事项：一是问题要短，因为较长的问题容易被调查者混淆。二是调查问卷上每一个问题只能包含一项内容。三是问题中不要使用太专业的术语，因为一般的消费者不理解这些专业术语。四是问题答案不宜过多，问题的含义不要模棱两可。一个问题只代表一件事，只有一种答案。五是要注意提问的方式，如直接提问或间接提问等。

（2）观察法。观察法是指调查人员不与被调查者正面接触，而是在旁边观察的调查方法。这样被调查者无压力，表现得自然，因此调查效果也较理想。观察法有下列三种形式。

直接观察法。派人到现场对调查对象进行观察。例如，可派人到房地产交易所或工地观察消费者选购房产的行为和要求，调查消费者对本公司的信赖程度。

实际痕迹测量法。调查人员不是亲自观察购买者的行为，而是观察行为发生后的痕迹。例如，要比较在不同报刊杂志上刊登广告的效果，可在广告下面附一个条子，请客户剪下来回寄，根据这些回条，便可以知道在哪一家报刊杂志上刊登广告的效果较好。

行为记录法。在取得被调查者同意之后，用一定装置记录调查对象的某一行为。

（3）实验法。实验法是指将调查范围缩小到一个比较小的规模上，进行试验后得出一定结果，然后再推断出样本总体可能的结果的调查方法。例如，调查广告效果时，可选定一些消费者作为调查对象，对他们进行广告宣传，然后根据接受的效果来改进广告词语、声调等。

2.3.2 房地产调查资料的收集

资料收集是房地产市场调查的主要工作，也是房地产开发投资决策依据的基础。房地产市场调查资料收集内容包括基础资料、土地使用法规资料、项目基地现状资料、交通流量资料、人文社会经济资料、公共设施资料、商圈资料、房地产市场景气资料、销售资料、竞争项目资料、租金资料等。

1. 基本资料

基本资料可分为一手资料及二手资料两类。一手资料系为特定目的而直接收集的资料,二手资料则为公司内部或外部现成的资料。研究策划人员在考虑是否有必要耗用资源,进行一手资料收集前,应先评估是否有现成的二手资料可资利用,并尽可能优先利用二手资料,因为利用二手资料有成本低廉、取得容易的特点。

二手资料。包括内部二手资料和外部二手资料。内部二手资料如初期的土地购买评估报告、产品定位报告、销售检讨报告、结案统计报告等,通常都是极有参考价值的资料来源。由这些资料可整理出项目个案的来人、来电及购买客户群体的状况,对项目策划时的目标客户群的研究及产品策划构想时很有帮助。外部二手资料来源主要包括官方、学术单位、产业三大部分。官方资料以统计类居多,学术单位以研究报告或论文居多,产业资料以房地产市场资料居多。

一手资料。一手资料的收集是依据特定目的,遵循完整的研究设计及调研设计,并通过调研执行、资料处理与分析,以得到所需的资料。如潜在客户购买力、选择区位评估因素、客户满意度、商业圈类型等一手资料的使用性高、目的明确,若配合二手资料使用,可使开发商做出更正确的判断。

2. 房地产法规资料的收集

房地产法规资料包括房地产法律、行政法规和部门规章等。其中,房地产法律主要有《城市房地产管理法》《土地管理法》《城乡规划法》等;国务院令颁布的房地产的行政法规主要有《城市房地产开发经营管理条例》《国有土地上房屋征收与补偿条例》《土地管理法实施条例》《城镇国有土地使用权出让和转让暂行条例》《城市私有房屋管理条例》《住房公积金管理条例》《物业管理条例》等;以建设部部长令颁布的房地产的部门规章主要有《城市房地产开发管理暂行办法》《房地产开发企业资质管理办法》《国有土地上房屋征收评估办法》《商品房销售管理办法》《城市房地产转让管理规定》《城市房屋租赁管理办法》《城市房地产抵押管理办法》《城市房地产中介服务管理规定》《房地产估价师注册管理办法》《房产测绘管理办法》《城市房屋产权产籍管理暂行办法》《城市房屋权属登记管理办法》《城市新建住宅小区管理办法》《城市房屋修缮管理规定》《城市危险房屋管理规定》《城市异产毗连房屋管理规定》《建筑装饰装修管理规定》《城市公有房屋管理规定》《公有住宅售后维修养护管理暂行办法》《已购公有住房和经济适用住房上市出售管理暂行办法》《城市廉租住房管理办法》等。

3. 项目基地现状资料的收集

不论是住宅、商业或工业用地,都可从下列的土地、建筑物及坐落环境的状况,掌握土地的开发条件:①地形状况。②地上物状况。③邻地状况。④基地四周道路、给排水状况。⑤附近公共设施及交通状况等。

4. 交通流量资料的收集

交通流量资料主要包括机车流量、小客车流量、大客车流量、货车流量、双向行人道流量,以及这些流量的路线及其可到达的区域等。每一种不同类型的道路,其交通工具的种类、比率、流量以及大众运输工具的便利性,都对道路沿线商业发展造成不同的影响。

常见的交通流量资料收集的方式可由调研人员用计数器在道路旁测算,但因为车种、行人等内容都要调研，调研员常常需要2～3人或以上，因此也可利用摄影机在基地两侧做定点定时拍摄，再由录像带计算各种车辆的流量，这种方式较省钱省力，而且可以重复观察现场交通状况。此外，交通流量调研时段的选择应注意假日、非假日、上班前、下班后，及一日中的特定时段的区分，分别调研取样，才能代表所有时段的交通流量状况。

5. 人文社会经济资料的收集

人口。区域内的人口与户数及其增长，对当地房地产的供求有重要的影响，一般说来，人口增长率较高的区域，其房地产单价涨幅及销售量也较高。

职业或行业类别比例。区域居住人口从事的职业或行业，直接影响了房地产产品价格及特性。白领阶层人口比例最高的区域，反映在房地产产品的价格也是最高。而普通工薪阶层较密集的区域，其产品价格相比而言就要低多了。

产业结构。产业结构与职业或行业类别比例是相辅相成的。区域的产业结构不断优化升级，第三产业比重的增加，会造成该区域对金融、服务等产业的需求，房地产产品品质和性能也因而不同。

流动人口。区域内流动人口的多少及特性，对项目定位有绝对影响。一般而言，流动人潮多，商息自然产生，适合规划商业用途的空间。

除了以上几项因素外，区域内人口的年龄、教育程度、家庭收入等都是进行房地产项目定位时可供参考的资料。

人文社会经济资料收集的方法虽因资料种类不同而有差异，但大部分资料都可由二手资料获得，但在运用这些二手资料时，最重要的是要以收集5～10年长期资料为基础，才能掌握发展的趋势。

6. 公共设施资料的收集

公共设施的多少及完善与否直接影响房地产的品质及价格。例如公园、绿地、学校、广场、儿童游乐场、市场等公共设施对房地产都有正面的影响价值，因此上述的公共设施若已建设，则需收集现状资料，但如果是属于尚未进行的计划，则应深入调研该项公共设施的性质，并尽可能在进行产品定位时，设法结合已建设及未建设的公共设施，使产品更具超前性。

在面对带来负面影响的公共设施时，在规划上应注意其影响及克服的方式，如噪声，可以通过设计双层窗户或设计时让建筑退缩以减少干扰，对区域景观有较大影响的，如变电所、基地排水沟等属较难规避的设施，也应尽量掌握其位置、高度等细节，以事先确定各种因应措施。

7. 商圈资料的收集

所谓的“商圈”，是指从事购买行为及选择到某处购物其所分布的地区范围，在此商圈内所需考虑的条件包括：家庭户数、人口特性、生活型态、消费行为等。针对商圈内的人口密度、消费能力高低，以及人潮、交通流量等可将商圈区分为下列几种类型。

邻里中心型：半径在1 km^2左右，一般称为“生活商圈”。

大地区中心型：通常指公交路线可能延伸到达的地区，其覆盖面则比生活商圈更广，一般称为“地域商圈”。

副城市中心型：通常指公交路线集结的地区，可以转换而形成交通辐射地区。

城市中心型：又可以称为中央商务区(CBD)，其覆盖范围包括整个都市四周，车潮或人潮流量的层面来自四面八方。

商圈资料一般而言都没有二手资料可供参考，主要通过调查、访问或观测等方式来获得。

8. 房地产市场景气资料的收集

反映房地产市场景气状况的资料包括房地产开发投资额、房地产开发面积、房地产销售量和房地产销售价格等方面的有关资料。目前中国公布的房地产综合景气指数的典型代表是“国房景气指数”。“国房景气指数”是国家统计局1997年研制建立的“全国房地产开发业综合景气指数”的简称。它是对房地产业发展变化趋势和变化程度的综合量化反映，由8个分类指数合成运算出综合指数，是房地产市场景气变化的综合反映，用百分制表示。其数据资料来源于国家统计局房地产统计机构进行的调查，数据资料月月更新。“国房景气指数”的编制方法是根据经济周期波动理论和景气指数原理，采用合成指数的计算方法，从房地产业发展必须同时具备的土地、资金和市场需要三个基本条件出发，选择房地产开发投资、资金来源、土地转让收入、土地开发面积、新开工面积、竣工面积、空置面积、商品房销售价格等8个具有代表性的统计指标进行分类指数测算，再以1995年3月为基期对比计算出的综合指数体系。

9. 销售资料的收集

销售资料的收集主要是了解市场上产品供求情形、销售成败的原因，以及客源特征等。销售资料主要包括如下方面。

销售海报及广告：海报提供的重要信息在于该项目的特色、地点及交通、平面规划配置及建材设备等。广告通常配合销售策略而制作，因此常能反映各预售项目主要的诉求重点及对象。

销售工地现场资料：销售现场是接触业务的第一线，客户反应资料是最直接最真实资料。来人、来电及购买客户的区域分析、媒体分析、询问内容分析、购买或未购原因分析等，都是极有价值的参考资料。预订与购买现户的客户数量的比例、客户对价格认同程度等，都可反映广告促销方向的正确性、定价及产品的适合性。另外，售价表也常能透露销售的状况，例如，报价与底价的差异、价差原则，以及调价状况等。这些资料常要到现场观察、扮演客户，或由非正式渠道才能取得。

其他销售资料：专业杂志都会定期披露市场上已公开或即将公开的项目个案的产品及销售情况。这类资料虽较易收集，但在运用时应查证其正确性，避免因被误导而导致决策偏差。

10. 竞争项目资料的收集

由竞争项目个案中需要收集的资料包括产品定位、房型组合、公共设施分摊方式、规划特色、定价方式、付款方式、销售技巧、销售状况等。竞争项目所在的区域范围可大可小，视资料收集的目的而定。在同一区域内除了同类型产品是主要竞争项目外，其他类型不同的产品，因会吸收同区域内的客源，有时也需特别注意其发展方向。项目推出前及推出期间须掌握竞争项目个案的状况及动态。由于竞争项目个案必须深入了解，所以除了要与各开发公司、代理公司的项目人员维持良好关系以探询资料外，还要对公开的项目个案定期追踪其销售、广告等资料。进行产品定位时,必须充分掌握竞争个案的相关资料,这从消极意义上讲可避免竞争,积极而言则可由竞争对手的资料中,发掘潜在的竞争优势、机会及创意,以塑造本身产品的特色及竞争力。

11. 租金资料的收集

租金资料主要根据房屋种类、新旧程度、地段、环境等情况不同进行收集。收集租金资料时,除了掌握租金水平外,还要了解租金支付方式、家具等设备和附属设施情况等。

2.4 撰写市场调查报告

2.4.1 市场调查报告内容

(1)说明调查目的及所要解决的问题。调查目的是指调查所要达到的具体目标,市场调查的目的是为了收集足够的、真实的和有效的信息为企事业单位等的其他活动和策略所服务,为管理部门提供参考依据。利用市场调查的部门可以是企业、公司、团体以及任何一切企事业单位的管理决策层或个人。市场调查的目的可能是为了制定长远性的战略性规划,也可能是为制定某阶段或针对某问题的具体政策或策略,提供参考依据。研究可以是学术性的,也可以是实用性的。

(2)介绍市场背景资料。市场背景分析,借助于历史背景资料等信息,侧重于现在和过去的历史沿革,以及市场大环境、政策面分析。市场背景分析是包括在市场分析之内的,市场分析是总标题,其中包括很多小项,如市场背景分析、各个行业分析等。

(3)分析的方法。这里所说的研究方法是指为了达到调研目的所使用的程序。描述研究方法时至少应包括以下几方面。

简要介绍调查研究的方法。介绍调查研究的方法,有助于使人确信调查结果的可靠性,因此对所用方法要进行简短叙述,并说明选用方法的原因。例如,是用抽样调查法还是用典型调查法,是用实地调查法还是文案调查法,这些一般是在调查过程中使用的方法。另外,在分析中使用的方法,如指数平滑分析、回归分析、聚类分析等方法都应做简要说明。

(4)调研数据及其分析。数据分析报告是通过对项目数据全方位的科学分析来评估项目的可行性,为投资方决策项目提供科学、严谨的依据,降低项目投资的风险。构建数据分析报告的具体目标应可以描述为以下三方面。

①进行总体分析。从项目需求出发,对被项目的财务、业务数据进行总量分析,把握全局,形成对被分析的项目财务、业务状况的总体印象。

②确定项目重点,合理配置项目资源。在对被分析的项目总体掌握的基础上,根据被分析项目特点,通过具体的趋势分析、对比分析等手段,合理地确定分析的重点,协助分析人员作为正确的项目分析决策,调整人力、物力等资源达到最佳状态。

③总结经验,建立模型。通过选取指标,针对不同的分析事项建立具体的分析模型,将主观的经验固化为客观的分析模型,从而指导以后项目实践中的数据分析。

以上三个具体目标的联系是紧密的，不是孤立的，只有在进行总体分析的基础上，才能进一步确定项目重点，并在对重点内容的分析中得出结果，进而实现评价的过程。如果单单实现其中一个目标，最终得出的报告将是不完整的，对制订项目实施方案也没有可靠的支撑作用。

(5)提出论点。论点是作者对客观事物、社会现象做出的判断。作为论点的判断句，应该简短明白，高度概括。

(6)论证所提观点的基本理由。

(7)提出解决问题可供选择的建议、方案和步骤。

结论与建议是撰写综合分析报告的主要目的。这部分包括对引言和正文部分所提出的主要内容的总结，提出如何利用已证明为有效的措施和解决某一具体问题可供选择的方案与建议。这层内容是市场调查报告写作目的和宗旨的体现，要在上文调查情况和分析预测的基础上，提出具体的建议。结论和建议与正文部分的论述要紧密对应，不可以提出无论据的结论，也不要没有结论性意见的论证。

(8)预测可能遇到的风险、对策。

2.4.2 市场调查报告注意事项

(1)掌握分析研究三部曲，提示事物的客观规律。分析研究贯穿于调查报告写作的全过程。首先，调查本身就伴随着分析研究。没有分析研究，就不可能选准调查对象；没有分析研究，调查的内容、方法、提纲也不能事先确定。其次，面对调查获取的大量原始材料，要进行去粗取精、去伪存真、由此及彼、由表及里地分析研究。再次，只有经过认真地分析研究，才能真实地反映由材料分析到提出观点得出结论、提出建议办法的必然性。这一步分析研究与前两步的分析研究有所不同，它是前面两步分析研究的集中体现，因而更深入、更完整、更系统，更具有理论价值。

(2)用事实说话，把观点和材料统一起来。应该注意两点：一是要善于选择运用具体、典型的材料说明观点，其中包括典型事例、综合性材料、对比性材料和数据等。二是善于综合运用叙述、说明、议论的表达方式，把观点和材料紧密结合起来。

2.4.3 市场调查报告案例

沈阳市养老地产市场需求调研报告

一、调查背景和意义

(一)调查背景

辽宁是全国最早进入老年型人口社会的省份之一。据第六次全国人口普查统计，2010 年，全省 60 岁及以上人口占总人口的 15.43%，比全国平均水平(13.32%)高出 2.11 个百分点，位居全国第 4。沈阳市现有 60 岁及以上的老年人口为 12 398 62 人，占总人口的 15.30%。按国际标准，60 岁以上老年人比例占总人口在 10%以上的就是老龄社会，这意味着沈阳已成为我国率先进入老龄化社会的城市之一。如按照 60 岁以上人口的口径算，占 15.30%，相当于每 5 个沈阳人中就有 1 个老人，老龄人口的规模十分庞大。

根据沈阳市统计局发布的《沈阳市 2010 年第六次人口普查主要数据公报》，沈阳市人口老少比发生质的变化，年龄中位数大幅度后移。数据显示，1982 年，沈阳老年人仅为 39 万人，2010 年为 123 万人。沈阳老龄人口从 1982 年占总人口的 7.63%上升到 2010 年占总人口的 15.30%，二十多年的时间增长了近两倍，足以说明沈阳人口老龄化发展的速度十分迅猛。

随着老龄化的加剧，老龄化给社会保障制度带来巨大压力。现有养老资源紧张，无法满足目前老年人对养老院的需求量。据沈阳市民政局统计，全市城乡养老机构达 153 家，床位近 3.5 万张，供给缺口较大；另外，现存养老机构服务模式单一，不能根据不同层次的需求提供相应的产品和服务，盈利能力较差。

（二）调查意义

（1）近年来老龄化程度不断上升，养老地产的需求也快速增加，部分类型的养老地产空置率依然很高。通过调查分析老年人消费者群体对养老地产的需求偏好，促使养老机构开发商提供与之匹配的产品，从而使养老地产市场向更均衡方向发展。

（2）深入理解老人对于养老地产的需求偏好，可为政府制定相关政策提供依据，对建立适合中国国情和市场需求的养老地产模式，具有重大的现实意义。

二、沈阳市养老机构概况

沈阳市养老机构建设得到了较快发展，但在发展进程中也存在一些亟待解决的问题。主要表现为：养老床位总量不足，现有床位数占老年人拥有床位数的 2.2%，管理和服务水平与国家养老服务基本规范的要求存在一定差距，民办养老机构的硬件设施参差不齐，特别是一些未注册登记的养老机构存在着管理服务安全、消防安全、饮食安全等方面的问题。

表 2-3　沈阳市各区养老机构分布状况

沈阳市各区区域	养老机构类型(数量)	床位数
东陵区	国营(14)民办(6)	3 389
沈河区	国营(5)民办(7)	1 537
和平区	国营(1)	120
皇姑区	国营(4)民办(5)企业(1)	1 154
大东区	国营(1)民办(6)企业(3)	1 807
铁西区	国营(16)民办(4)	984
于洪区	国营(14)民办(16)	1 534
沈北新区	国营(10)民办(4)	12 790
苏家屯区	国营(1)民办(1)	214
合计	国营(66)民办(49)企业(4)	23 529

三、数据采集

（一）问卷设计的前期工作

初期，大量查阅养老地产市场相关文件资料，获得感性认识，为下一步调查分析工作打好基础。同时通过与实际老年人的沟通,了解他们在养老地产消费中的诉求点,为问卷的设计积累知识和收集素材。

(二)问卷设计

第一,对沈阳市的养老地产状况及价格的调查。了解沈阳市各养老地产的营销价格水平或已购买养老地产的消费者当时所付出的购买价格。

第二,老年人购买(租赁)决策调查。此项中的各个问题都围绕老年人消费者购买(租赁)决策展开,基本包括了老年人在决策时所要考虑的主要问题,以及哪些因素对其决策将产生何种程度的影响,目的是了解老年消费群体决策时的决定性因素和决策形成的成因。

第三,老年人对养老地产的偏好细节调查。其中包括对养老地产配套设施的要求,包括老年人所青睐的养老环境、户型和居住面积等。

最后是个人信息的调查,通过年龄与性别、家庭收入及身体状况、家庭人口数和学历等对不同老年人进行分类统计,便于后期分析研究。

(三)问卷调查

本次调查的问卷采集时间从 2015 年 3 月 8 日开始,至 4 月 8 日结束,有效采集时间耗时 30 天。发出问卷 350 份,回收问卷 350 份,有效样本容量为 330 份。调查所有问卷的回答全部是被调查者独立回答的结果,没有受到调查者的影响。

四、调查结果及分析

(一)老年人的健康状况

在人口老龄化、老年人口的迅速增长的基本社会现状下,老年人自身的健康状况同样影响着他们对于机构养老模式的需求程度。在调查样本 330 位老年人中,有 47 位老人表示健康状况很好,有 82 位老人表示自身的健康状况较好。身体健康状况“很好”和“较好”的老人占了样本总量的 39%。而表示自己身体健康状况“一般”的老人有 75 位,健康状况“较差”的有 82 位,健康状况“很差”的有 44 位,分别占了调查样本总量的 22.7%、24.8% 和 13.3%。可见,健康状况一般或是差的老人也接近了调查样本总量的一半。老人的这种健康状况不乐观具体表现在身体不灵活、行动迟缓、各种慢性疾病缠身等。

(二)老年人的自理能力

在调查对象中,有 193 位老人表示自己能够独立完成穿衣、洗澡、看病、购物等日常生活活动,在调查样本总量中所占的比重为 58.5%。表示自己无法独立完成日常生活活动,需要借助家人、邻里或其他社会成员协助完成的老人有 137 位,占了样本总量的 41.5%,已不能完全自理日常生活,需求他人协助的老人接近老年人口的一半。

(三)养老地产需求偏好主要影响因素的对比分析

首先对养老地产需求偏好的主要影响因素进行整体的对比分析,其次分析消费者养老地产需求偏好的总体特点,再次进一步细化分析使用性消费的这些特点,从细节着手力争更全面地分析了解,总结出沈阳市老年人对养老地产需求偏好。

(四)老人对养老地产需求偏好总体特点

从以上统计数据和分析可以总结出沈阳市老年人在养老地产需求偏好呈现以下一些特点。

1. 对饮食医疗的需求

健康状况在沈阳老年人生活中是个需要倍加关注的问题。调查显示，58.9%的受调查老人认为自己“身体健康状况一般”，近两成感觉“身体较差”；在80岁以上老年人中，自己认为“身体较差”的比例达32.3%。有65.7%的老年人说自己患有慢性疾病，但这个数字并不包括有慢性疾病而自己还不知道的。在老人们自述的所患疾病中，患有高血压、冠心病、脑中风等高危疾病的比例分别为49.4%、24.9%、6.6%。

2. 对价格的需求

老年人消费行为特征，老年人购物一般要求商品经济实用、朴实大方、经济耐用、质量可靠、使用便利、易学易用、安全舒适、有益健康。在与其他年龄层次的消费者比较，他们对价格的敏感度最高。对于养老地产来说，老年人热衷于舒适健康的环境下的低价格居住机构，但是价格并不是绝对的条件。

五、结论

通过对调查数据进行分析，以社会学理论为基础，综合运用统计描述等方法，得出以下结论。

第一，随着沈阳市人口老龄化进程的加快，老年人伴随着多种慢性疾病、身体不适等问题影响老年人口的健康状况，有相当一部分老人日常生活不能完全自理，需要他人的协助，而家庭养老不能完全满足其各方面的养老需求，在无形中产生了对机构养老的需要。

第二，对机构养老模式有选择意愿的老人所占比重略高，可见“养儿防老”等传统家庭养老的观念在一定程度上得到了弱化，老人们对于养老模式的选择有了与时俱进的新想法。

第三，老年人自身的收入以及家庭经济状况、居住条件、人际关系等因素对他们关于机构养老模式的需求有着重要的影响。

第四，老年人对于养老机构的具体期望值也同样影响着他们对机构养老的需求，例如，养老院的收费水平、地理位置、就餐方式、设备条件、人员技术等。当这些期望值与现实情况形成一定落差时，老年人对机构养老的需要就未能转化成需求。

第五，老年人对机构养老的需求不仅体现在生活照料、医疗保健、陪同购物、打扫卫生等方面，文化娱乐、同龄人之间的交流沟通等精神上的需求也同样重要。

【延伸阅读】

* * 省养老地产市场意愿及需求调查问卷

调查人：　　　调查地区：辽宁省

1. 您对于养老地产有无一定的了解？

□听说过　　□稍微地了解过　　□深入地研究过　　□没听过

2. 您认为养老地产在老人生活保障方面具备绝对优势吗？

□优势明显。让老人生活更方便，更有保障

□毫无优势可言。本身养老地产还不成熟，还不如让子女照顾老人。

3. 您现在更倾向于哪一种养老方式？

□家庭养老　□老年公寓　□敬老院　□老年社区
□医护型养老院
4. 您购置养老地产的目的？(可多选)
□自己养老　□给父母购置　□以后会为自己购置□不想购置
5. 您对目前的老年人养老现状感到满意吗？
□满意　□一般　□不满意
6. 假如您将要购买养老住宅，哪些因素会影响您的选择？
□医疗设施　□绿化环境　□开发商信誉品牌　□户型结构
□地理位置　□面积　□配套服务　□价格
□其他
7. 请问您在购买房地产时是否看重发开商的品牌和资质？
□是　□否　□无所谓
8. 请问您会选择的户型类型？
①户型：(　　)室(　　)厅(　　)卫 ②卫、厨、厅可否公共？
□可以　□不可以
9. 您理想的养老周边地理环境是：
□近公园　□靠山　□依水　□在市区内
□郊区　□其他
10. 对于日常生活活动(穿衣、洗澡、看病、购物等)是否能够自理？
□独立完成　□他人协助
11. 您对养老地产的交通区位接受程度？
□10 min 可到公交站或地铁口　□有通勤车 30 min 左右到达市区
□交通区位无要求，养老设施齐备就好
12. 您购买的方式希望是哪种？
□购买　□租赁　□先租后买　□其他
13. 您认为在平时生活中急需要哪些养老服务项目？(可多选)
□生活照料(洗衣做饭、打扫卫生、买菜购物、洗澡穿衣、陪同外出)
□医疗保健　□日托服务(如日托站等)　□紧急救助
□参与社会活动　□心理护理(聊天解闷，心理开导等)　□身体锻炼
□休闲娱乐活动　□老年人学习培训　□其他
14. 您的业余爱好有哪些？(可多选)
□旅游　□书画　□听音乐　□体育运动
□乐器演奏　□钓鱼　□棋牌　□烹饪
□上网　□其他

最后，我们想问您几个有关您和您家庭的问题，仅供统计分析用，绝不会对外透露个人资料，请不要介意。

1. 请问您的年龄是：
□60～70 岁　□71～80 岁　□81～90 岁　□90 岁以上

2. 您的教育程度是：

□小学以下　□小学　□初中　□高中/中专

□大专

3. 您的性别：

□男　□女

4. 您的婚姻状况是：

□未婚　□已婚　□离婚　□丧偶

5. 现在的婚姻状况，您是否愿意到养老院生活：

□愿意　□不愿意

6. 您的健康状况：

□很好　□较好　□一般　□较差

□很差

7. 对于日常的生活活动，您是否能够自理：

□独立完成　□他人协助

8. 您工作单位所属行业：

□制造业　□政府机构

□农业　□咨询业

□电信业　□能源业

□法律会计　□银行/金融/保险/基金

□能源业　□交通运输

□外贸/批发/零售业　□饭店/旅游业

□信息系统/互联网服务　□其他(请注明________)

9. 您的家庭年收入是：

□5 万元以内　□5 万～10 万元　□10 万～30 万元　□30 万～50 万元

□50 万元以上

10. 现在的月收入，您是否愿意到养老院生活：

□愿意　□不愿意

【实训任务】

针对某一区域设计市场调查问卷，可以选择住宅、商业项目或复合地产项目主题，并利用问卷星等网站发放问卷，收集数据。

Chapter 3

第3章

房地产开发项目策划

【导入案例】

长沙市友联住宅小区产品策划

项目背景：本项目地块位于长沙市开福区综合农场马栏山分场、湖南广电中心西南约1.5 km处，地处长沙市主城区东北方向边缘地带，总用地面积94 211 m^2（约141亩，1亩≈667 m^2），规划容积率2.6。

根据城市规划和所在区域控制性详细规划要求，该片区规划功能定位为文化住宅区。规划重点以浏阳河为背景，以火星北路为发展轴，将浏阳河滨江风光带建设成为集观光、旅游、娱乐、防洪于一体的生态观光长廊，塑造特色鲜明的城市滨江开发空间。规划公共设施用地合计52 hm^2，主要集中在火星北路与甸园路交会处，为区域中心服务区，含占地3 hm^2的月岛医院和占地2.37 hm^2的月岛文化中心以及占地16.3 hm^2的体育用地。

一、项目价值分析

(一)优势

(1)开福、芙蓉、星沙三区汇融之地，发展前景看好。

(2)生态环境好，山水景色怡人，周边拥有浏阳河、月湖公园等天然景观。

(3)紧邻金鹰影视文化城，行业精英云集，消费潜力大。

(4)对外交通便捷，通过万家丽路、三一大道和可快速到达黄花机场和京珠、长永高速公路。

(5)东临长沙南北向主干道万家丽路，具有较高的商业开发价值。

(6)项目地块比较完整、规则，有利于规划和设计。

(二)劣势

(1)目前区域距市中心较远，比较偏僻，人气不够。

(2)地块周边建有大量农民安置小区,对于提升楼盘档次不利。

(3)目前区域路网尚未完善,公交线路只有条巧路,居民出行不便。

(4)周边区域生活配套设施不全,影响生活便利性。

(5)地块性质为商业用地,纯商业开发风险较大若变更土地性质又将增加开发成本。

(三)机会

(1)万家丽路浏阳河大桥通车在即,将金鹰城板块与马王堆板块有机连接,有效缩短与市中心距离,大大增强项目辐射力。

(2)金鹰城南片高品质住宅小区的大规模开发,带来板块联动效益。

(3)目前整个区域生活配套设施不完善,给商业开发带来难得契机。

(4)规划中的社区医院和学校等公共设施与项目隔路相望,有助于所在区域打造成板块核心。

(四)威胁

(1)地块偏居主城东北,人气不足。

(2)“南帝北丐”思想在长沙人心目中根深蒂固,不利于引导客户。

(3)区域住宅供应量较大,项目竞争激烈。

二、市场定位

(1)主题概念定位“阳光巴厘岛·私属公园社区”。

(2)产品定位东南亚风情水岸生活社区·阔景纯板式高层住宅。

(3)客户群定位立足区域,面向全市,以在长沙市开福区、芙蓉区和星沙镇工作和居住的25～40岁中青年客户为主。

(4)市场形象定位内外双公园·水岸公园生活。

(5)价格定位

根据市场情况,选取藏珑湖上国际社区、金色比华利和左岸春天三个楼盘作为同区域不同档次的楼盘代表,并做产品和价格拟合度分析,得出本项目均价为3 485元/m^2。考虑到项目上市时间,结合实际的市场情况,建议本案住宅较为合理的均价为3 500元/m^2。

三、产品设计建议

(一)设计思路

充分发挥项目地理位置上不可替代的“公园链”特点,将外部大环境与社区内环境统一考虑,营造出独具稀缺性的社区景观和生活环境,这是规划设计的关键。

(二)规划设计

1. 功能分区

(1)商业区地块西北面由线形临街商铺界定,沿万家丽路形成连续而丰富多变的整体造型,临街两层局部三层,北端形成裙楼型集中商铺,依托广场构成项目形象节点。塔楼为住宅公寓。

(2)高层住宅区栋高层建筑呈围合状分布,28～32层的高板围合出最大面积的社区开放空间,形成社区内部大气的空间感型板楼设计,东西单元梯户布局。

(3)开放空间大规模集中景观空间由高层围合而成,另外,各组团景观及宅前绿地形成社区二、三级开放空间。

2. 建筑布局

结合场地特征,将建筑错位布叠,既维护了住户的私密性,又能够提供更大的建筑间距,通风采光更具优势。

超大楼间距:最大楼间距 200 m,最小楼间距也达到 60 m,超大间距保证每一户都有绝佳的采光和通风,哪怕是底层,阳光也能直接照进室内。超大间距也使得高层建筑之间的空间不显压抑,加上大间距带来的大面积绿化景观,漫步其中惬意浪漫,生活在高层住宅区也有庄园般的视觉和心灵享受。

3. 交通组织

小区形成明确的人车分流的交通体系。

车行系统:采用外环式道路,南北各设一个机动车入口,并设置地下停车场出入口停车,以地下车库为主,局部区域实现地面停车。

人行系统:步行道路系统自成体系,形成一条环中央景观道路系统作为社区步行道路系统的主轴,辅以尽端式人行便道。

4. 景观规划

社区公园化:利用架空层将整个社区的园林连成一体,形成极致化的绿化占有率。营造大面积的中心景观,与高层住宅呼应,形成具有强烈标识性和冲击力的社区空间感。

景观主题:"阳光巴厘岛"——私属东南亚风情公园。

景观核心:20 000 m^2 中心景观。

景色组团:南北两个次级景观组团。

景观轴线:由东西、南北向条线状景观带组成。

道路:景观沿支路伸展,由中央景观区衍生出指状绿地,使得户户有景。

休闲:应方便业主运动,健身器械、躺椅一部分尽量设置在建筑物的组团里,既能运动,又能达到共享环境空间。一部分设置在会所中。一期尽量多设置一些集中式的户外活动设施。

5. 景观元素建议

在缺少先天可以利用的景观资源的基础上,人工营造具有鲜明特色的亚热带水景风情园林,契合水生财的传统居住理念,同时差别化于区域市场。实现景观主题的构成要素主要是水、亚热带植被、木制景观建筑等。

(三)住宅建筑

1. 建筑风格

建筑风格:简约清雅的现代风格。

建筑造型:发挥结构构成本身的形式美,造型尽量采用清新简洁、线条流畅的现代风格,体现朝气蓬勃、奋发向上的时代精神。

立面色彩:立面布局尽量使用单色调,色彩不宜太复杂。板式高层与生俱来的清新、典雅,配以浅蓝、浅黄等清纯色彩的点缀,让建筑本身成为景观的一部分。

2. 建筑单体设计建议

(1)以 T 形板楼二梯四户为主。

(2)注重均好性,采光通风和景观户户兼顾。

(3)首层设置入户大堂,提升项目形象。

(4)底层架空,形成情趣丰富的生态架空层。

(5)屋顶:平屋顶+飘板,引用一些现代的、轻盈飘逸的建筑修饰符号装饰建筑的形式美,丰富屋顶轮廓,避免过于平板和单调,使建筑形式富有时代性和运动性。

3. 户型设计要点

(1)户型附加功能南北双阳台、落地大飘窗是购房者最需要的户型附加功能,其次依次是双卫、超大阳台、入户花园。

(2)90 m^2 以下户型选择(舒适型二房两厅)。对于 90 m^2 以下的户型客户更愿意选择 70～90 m^2 的二房二厅,然后 70～90 m^2 的紧凑三房二厅,再次是 50～70 m^2 的二房二厅。

(3)对于 90 m^2 以下的户型,必需的功能要素依次是大阳台、两卫、两厅。

(4)平面布局主要设计成一梯两户。客户最能接受的是一梯两户,户数越多,接受程度呈递减趋势,但本案建议设计成 2 梯 4 户/5 户的蝶形建筑。

4. 配套公建

对区域商业供应量、区域商业需求量、社区商业理论开发量以及规范开发量进行综合分析,得出本社区建议商业开发量 1.29 万～2.34 万 m^2。出于规避开发风险的考虑,建议本案商业开发规模为 1.3 万 m^2 左右,定位于社区型商业,主要用来满足社区居民生活需要。

从服务本案与周边社区居民日常生活的角度出发,建议本案的商业业态如下。

(1)休闲及休闲餐饮类,如创意中餐、主题咖啡馆、中西餐厅西式糕点坊、现代简餐、品味家居馆、时尚花艺展示基地、家居艺术饰品展销厅等。

(2)集中式商业类,如大型连锁超市、主题生鲜超市等。

【知识讨论】

1. 房地产市场定位考虑的因素。
2. 你认为案例项目定位有什么特色?

【知识内容】

3.1 房地产开发项目策划概述

3.1.1 房地产开发项目策划的概念与内容

房地产开发项目策划是房地产企业对新项目进行构思、设计、评价和选优的过程。具体来说,它是根据房地产开发项目的具体目标,以客观的市场调研和市场定位为基础,以独特的概念设计为核心,综合运用各种策划手段,按一定的程序对未来的房地产开发项目进行创造性的规划,并以具有可操作性的房地产策划文本作为结果的活动。

房地产开发项目策划主要包括项目区位的分析与选择、开发内容和规模的分析与选择、开发时机的分析与选择、房地产开发项目定位、房地产开发项目的规划设计、项目融资方式和资金结构的分析与选择、房地产开发项目的营销策划、房地产项目物业管理的前期介入等内容。

1. 房地产项目区位的分析与选择

房地产项目区位的分析与选择包括地域的分析与选择和具体地点的分析与选择。地域的分析与选择是战略性选择，是对项目宏观区位条件的分析与选择，主要考虑项目所在地区的政治、法律、经济、文化教育、自然条件等因素；具体地点的分析与选择，是对房地产项目坐落地点和周围环境、基础设施条件的分析与选择，主要考虑项目所在地点的交通、城市规划、土地取得代价、国有土地上房屋征收安置难度、基础设施完备程度以及地质、水文、噪声、空气污染等因素。

2. 房地产项目开发内容和规模的分析与选择

房地产项目开发内容和规模的分析与选择应在符合城市规划的前提下按照最高最佳利用原则（最高最佳利用是法律上允许、技术上可能、财务上可行，经过充分合理的论证，能够带来最高收益的利用），选择最佳的用途和最合适的开发规模，包括建筑总面积、建设和装修档次、平面布置等。此外，还可考虑仅将生地或毛地开发成为可进行房屋建设的熟地后租售的情况。

3. 房地产项目开发时机的分析与选择

房地产项目开发时机的分析与选择应考虑开发完成后的市场前景，再倒推出应获取开发场地和开始建设的时机，并充分估计办理前期手续和集体土地征收和国有土地上房屋征收的难度等因素对开发进度的影响。大型房地产项目可考虑分期分批开发（滚动开发）。

4. 房地产开发项目定位

房地产开发项目定位包括产品定位、客户定位、形象定位、品牌定位、营销定位和物业服务定位等内容。产品定位主要是通过房地产市场调查研究，确定房地产项目形成过程中的外部和内部条件，分析产品方案构成的主要因素，形成市场差异化产品。客户定位主要是通过是消费者的消费行为、消费动机、消费方式以及消费水平的研究，确定房地产项目的目标消费群体。形象定位主要是通过房地产开发项目市场表现方式研究，使消费者对房地产开发项目产生认同感而发生购买行为。品牌定位主要是根据房地产产品的品质、价格、服务、广告、员工等方面情况，通过楼盘的名称和标志、楼盘的品质以及概念创造，形成个性化产品和良好的企业声誉。营销定位包括楼盘价格定位、广告定位、活动推广定位、营销渠道定位等。物业服务定位包括质量和价格组合定位、服务定位和管理定位。

5. 房地产开发项目的规划设计

房地产开发项目的规划设计一般是由开发商委托给设计单位进行的。当然，开发商及其策划人员要依据市场调查的结果和项目的市场定位，给设计人员提出具体的建议和指导。在规划设计完成之后，开发商要选择施工单位进行施工。

6. 房地产项目融资方式与资金结构的分析与选择

房地产项目融资方式与资金结构的分析与选择主要是结合项目开发合作方式设计资

金结构，确定合作各方在项目资本金中所占的份额，并通过分析可能的资金来源和经营方式，对项目所需的短期和长期资金的筹措做出合理的安排。

7. 房地产开发项目的营销策划

由于项目的销售要经历较长时间，在项目产品的销售过程中，不仅要制定出一个完整的营销计划，包括合理的价格、广告宣传计划等，吸引更多目标客户，而且要控制销售的进度与节奏，保证销售渠道的畅通。当然要考虑项目产品具体销售的有关细节问题，如是自行销售，还是委托代理，如何布置“售楼处”，如何制作“楼书”，如何营造销售氛围，如何培训销售人员等。

8. 房地产项目物业管理的前期介入

虽然物业管理的工作看起来是属于楼盘销售之后的事，但事实上，在项目策划过程中，物业管理就应该建立前期介入制度，以保证后期物业管理的正常秩序，消除物业管理的“纠纷”隐患。当然，物业管理的提前介入，也有利于楼盘的销售。因此，策划人员应本着“以人为本”的思想，聘请物业管理专家参与项目产品的具体策划，为建造优质的项目产品奠定基础。

本章主要介绍项目区位的分析与选择、开发时机的分析与选择、房地产开发项目定位等内容。

3.1.2 房地产开发项目策划的基本特性

房地产开发项目策划具有如下基本特性。

1. 地域性

房地产作为不动产，位置的固定性是无法改变的，因而房地产策划就自然地存在地域性的特征。从事房地产策划首先要考虑项目的地域性特征。第一，要考虑房地产开发项目的区域经济情况。在我国，由于各区域的地理位置、自然环境、经济条件、市场状况很不一样，要进行房地产策划就不能不考虑这些情况。第二，要考虑房地产开发项目周围的市场情况。从房地产市场来讲，房地产策划要重点把握市场的供求情况、市场的发育情况，以及市场的消费倾向等。第三，要考虑房地产项目的区位情况。如房地产项目所在地的功能区位、地理区位、街区区位等。

2. 创新性

创新是房地产策划的生命所在。房地产策划创新，首先表现为概念新、主题新。因为主题概念是项目的灵魂，是项目发展的指导原则，只有概念主题有了新意，才能使项目有个性，才能使产品具有与众不同的内容、形式和气质。其次表现为方法新、手段新。策划的方法与手段虽有共性，但运用在不同的场合、运用在不同的地方，其所产生的效果也不一样。还要通过不断的策划实践，创造出新的方法和手段来。

3. 系统性

房地产策划是一个庞大的系统工程，各个策划子系统组成一个大系统，房地产项目开发从开始到完成要经过市场调研、投资研究、规划设计、建筑施工、营销推广、物业管理等几个阶段，每个阶段构成策划的子系统，各个子系统又由更小的子系统组成。各个子系统各有一定的功能，而整个系统的功能并非简单地是各个子系统功能的总和，系统的结构与功能具有十分密切的联系。

4. 前瞻性

首先，房地产策划本身就是对“未来”的未完成的“房地产”进行策划，故它一定要超前和有预见；其次，房地产项目完成的周期少则二三年，多则三五年甚至更长，如果没有超前的眼光和预见的能力，只投入不产出，那么企业的损失是巨大的。房地产策划的超前眼光和预见能力，在各个阶段都要体现出来。在市场调研阶段，要预见到几年后房地产项目开发的市场情况。在投资分析阶段，要预知未来开发的成本、售价、资金流量的走向。在规划设计阶段，要在小区规划、户型设计、建筑立面等方面预测未来的发展趋势。在营销推广阶段，要弄清当时的市场状况，并在销售价格、推广时间、楼盘包装、广告发布等方面要有超前的眼光。

5. 市场性

凡是商品都要考虑适销对路的问题，对房地产商品来讲，尤为重要，这也是房地产的特性决定的，一旦空置，很难处理；商品房建设周期长、使用期长，投资或购买后，较难脱手。因此，房地产策划就要时时刻刻考虑市场的方向问题，使房地产经营活动建立在良性循环的轨道上。为了更好地解决房地产策划适应市场的问题，可以从三个方面来着手：一是房地产策划自始至终要以市场为主导，顾客需要什么商品房，就建筑什么商品房，永远以市场需求为依据。二是房地产策划要随市场的变化而变化，商品房的市场变了，策划的思路、定位都要变。三是房地产策划要造就市场、创造市场。依据市场调研结果，策划要善于发现潜在的市场，占领空缺的市场；根据市场的发展趋向，策划要有超前的眼光，造就市场或创造出市场来。

6. 操作性

房地产策划方案的实施是策划的直接目的，因而房地产策划就应该具有充分的可操作性。一是在实际市场环境中有可操作的条件，市场条件不允许，想操作好是相当困难的。二是在具体的实施上有可操作的方法。三是策划方案要易于操作、容易实施。经常有一些策划方案规定了非常理想的策略，但完全脱离了市场的客观性或超出了开发商的负担能力和实施能力，因而也只是空洞的纸上谈兵。

3.1.3 房地产开发项目策划的原则

为了保证房地产项目策划的合理性和科学性，在项目策划的过程中，必须遵循以下原则。

1. 符合产业政策和区域规划

房地产项目策划必须在符合国家和地区产业政策的基础上遵循区域发展规划，必须顺应国家的宏观经济政策和社会发展趋势，不能做国家明令禁止的或与某一地区功能规划相冲突的开发项目。

2. 符合市场需求

房地产项目开发成功与否，关键在于开发项目是否有市场和市场潜力。因此，项目目标策划首先要进行房地产市场调查和预测，以确定市场的现实需求量，预测开辟潜在市场的容量大小及可能性，明确市场的结构分布特征和开发项目的市场定位等。只有全面掌握市场情况，才能进行良好的项目目标策划。

3. 符合环境条件

不管项目投资者的动机如何好，愿望如何强烈，但都必须以项目建设环境条件为前提。环境条件主要包括政策、规划、土地、交通、通信、市场原材料供应、水电汽燃料的供应、人员配备等。

4. 符合技术先进性、经济的合理性

为使所开发的房地产项目实现高起点、高水平，必须选用先进的设备、技术和高质量的技术管理人才。但是，技术设备的引进和采用，又必须考虑到现实的人员条件、环境条件和相关的配套条件，以保证技术设备的可操作性、适应性及其效能的充分发挥、保证项目的经济合理性。

3.1.4 房地产开发项目策划模式

房地产开发项目策划实质是项目目标策划的过程，是按一定的模式进行的。在房地产项目策划过程中，策划模式是经过长期的实践总结逐渐形成的。根据不同的房地产项目目标策划的具体情况，将其归类、整理，大致可分为概念策划、“卖点群”策划和等值策划三种典型模式。

1. 概念策划模式

概念策划模式是指运用概念化形式，加强楼盘的特征宣传，以吸引潜在的目标客户群。在20世纪末期，我国先后出现了一些热销的概念性楼盘，如有的强调物业管理，有的宣传环保的特征，有的突出保安系统技术先进，有的推荐智能化，有的楼盘则更注重环境设计，有的讲究设备材料精良等，这些概念性楼盘对销售起到了促进作用，但随着设计理念的变革，过于强调某一特征的概念性楼盘策划模式，基本上被淘汰。

2. “卖点群”策划模式

所谓卖点是楼盘自身优越的，不易被竞争对手抄袭的个性化特点，同时它必须是能够展示，能够表现出来的特点和能够得到目标客户认同的特点。随着房地产供应量的增加，需求相对减弱，买家开始能从容地挑选，使房地产产品的买方市场基本形成。在这种格局下，开发商必须采取“人有我优”的经营策略，保证产品的市场占有率；必须选择能适应市场发展的项目策划公司，以保证项目策划的质量。因此，在项目策划过程中，尽管卖点的数量和质量在不断增加，使楼盘品质得到提高，但也使楼盘成本不断攀升。

3. 等值策划模式

等值策划是指在保证价值相等的前提下进行项目目标的设计。它要求项目策划人对项目的价值因素具有充分的认知能力，能在多因素之中进行权重取舍，具有驾驭和实现经营意图的综合能力。当然，在充分利用土地价值的情况下进行等值策划，从而实现其最大价值，可视为房地产项目策划的理想模式。

3.2 房地产开发项目区位分析与选择

3.2.1 区位的含义及区位效益的实质

区位简单的理解是位置,但它不是简单的指自然地理空间位置,而是自然地理位置和社会经济位置的综合。自然地理位置指的是地理坐标位置,社会经济位置主要是指各种社会经济资源的空间布局位置。因此,区位是一个综合概念,是各种自然、经济和社会因素的有机组合在空间位置上的反映。

从城市发展的历史来看,城市土地区位开始是自发形成的。随着社会经济及城市化的发展,这种自发性的城市土地利用中的消极因素和不利影响逐渐显现,并日趋恶化,从而需要加以控制和引导。这样,城市土地区位的形成在越来越大的程度上决定于人们的自觉行动。也就是说,城市土地的区位是可变的,人们可以根据决定城市土地区位因素的变化(这种变化主要是经济因素的变化)来调整城市土地的利用状况。

人们在不同区位上从事的各种生产经营活动所取得效益是不同的,在这一点上,房地产开发经营表现得尤为突出。区位效益的实质就是位置级差地租,即土地位置对经营收益的影响。对处在现代经济社会和市场经济条件下的经济单位来说,由于存在距离和空间位置的差异以及自然的、环境的、经济的、文化的区位因素的影响,使得处于同一市场上不同区位的相同土地面积会呈现出非常大的使用价值、利用方向和集约经营度的差异,从而产生极不相同的经济效益。这种经济现象在现代城市的土地使用中到处可见。

3.2.2 影响房地产开发项目区位的因素

影响房地产开发项目区位的因素有很多,概括起来,主要有如下几方面。

1. 自然条件和环境方面的因素

自然条件和环境方面的因素都是由自然形成的,因而也可称为自然区位因素,是形成和决定土地区位的最基本的因素。它主要包括:一是地形、地貌、地质、水文、气候等自然条件,如是否沿江、沿河、沿海、靠山等;二是自然资源状况,如矿产资源和旅游资源等情况;三是由上述两方面组成的自然环境条件。影响房地产开发项目的自然因素主要包括:场地面积大小、形状及四至范围、地形、地势、水文地质和气候因素等。影响房地产开发项目的环境因素主要包括:空气、水和噪声污染水平,历史文化保护区,公园、开放空间和绿地的数量与质量等。

2. 城市规划方面的因素

城市规划一般分总体规划和详细规划。大城市、中等城市为了进一步控制和确定不同地段的土地用途、范围和容量,协调各项基础设施和公共设施的建设,在总体规划基础上,可以编制分区规划。城市总体规划应当包括:城市的性质、发展目标和发展规模,城市主要建设标准和定额指标，城市建设用地布局、功能分区和各项建设的总体部署，城市综合交通体系和河湖、绿地系统，各项专业规划，近期建设规划。城市详细规划应当在规划总体规划或者分区规划的基础上，对城市近期建设区域内各项建设做出具体规划。城市详细规划应当包括：规划地段各项建设的具体用地范围，建筑密度和高度等控制指标，总平面布置、工程管线综合规划和竖向规划。因此，不同地块的用途，规划设计条件如建筑密度、高度、容积率和建筑物平面及立面布置的限制等城市规划因素，直接影响房地产开发项目的区位选择。

3. 交通方面的因素

交通方面的因素主要包括城市内部及对外的交通和通信状况，它是决定和形成城市土地区位的重要因素。它不仅关系到企业原材料采购、产品生产和销售过程的费用、时间及便利程度，还关系到企业能否准确、及时地获取进行经营和决策所需要的经济信息。影响房地产开发项目的交通因素主要包括：交通通达程度、出入口的位置、停车条件等。

4. 市政基础设施和公共配套服务设施完备情况

市政基础设施和公共配套服务设施完备情况是形成和决定区位的一个重要因素。因为它既直接决定、影响社会生产和生活质量的好坏，又影响到投资者、生产者和消费者的选择决策。影响房地产开发项目的市政基础设施条件包括：雨、污水排放管道，供水管道，电力、煤气、热力、通讯、有线电视、宽带网络条件等。影响房地产开发项目的公共配套服务设施完备情况包括：治安和消防服务，中小学校、卫生保健设施和邮电通信，垃圾回收与处理，政府提供配套条件所收取的配套税费等。

5. 人口和经济集聚方面的因素

人口和经济集聚方面的因素主要包括：一是人口的数量和密度，包括常住人口、上班人口和流动人口及其居住密度。它关系到劳动力市场的总规模和消费市场的规模。二是经济集聚程度，包括城市中各产业的发展程度、规模、数量和集中程度。它关系到专业化和分工协作好处与作用的发挥程度。三是居住、出行、旅游、采购、娱乐等条件状况。它一方面关系到经济信息收集的便捷程度和准确程度，另一方面也关系到相互之间的交往、联系生活的舒适程度。因此，它是决定或形成土地区位的关键性因素。

6. 社会文化方面的因素

社会文化方面的因素主要包括居民消费水平、结构、习惯，居民文化道德水平游动力素质、文化教育和科研机构发展状况及社会风俗习惯等。

3.2.3 房地产开发项目区位选择的原则

1. 合法原则

合法原则要求房地产开发项目区位选择必须坚持土地的合法使用，其中特别是要以城市规划和土地利用总体规划为依据。例如，城市规划规定了某宗土地的用途、建筑高度、容积率、建筑密度等，房地产开发项目区位选择则应根据项目本身的性质按照城市规划的规定去进行选择。又如，《土地管理法》规定，国家实行土地用途管制制度，严格限制农用地转为建设用地，控制建设用地总量，使用土地的单位和个人必须严格按照土地利用总体规划确定的用途使用土地。因此，房地产开发项目区位选择必须了解土地用途管制和土地利用总体规划等有关规定。

2. 最高最佳使用原则

最高最佳使用是指法律上许可、技术上可能、经济上可行，经过充分合理的论证，能使房地产在用途等方面达到最大的一种最可能的使用。土地的用途可有多种，对于同一宗地，其用途可能是商业、写字楼，也可能是工业厂房、仓库，或者是住宅、公寓，甚至是农业用地等，在进行区位选择和投资决策时，一般是依据合法原则，即在土地利用规划和城市规划的基础之上，按照最高最佳原则，能够获得最大回报，确定土地用途。房地产开发项目区位选择之所以要遵循最高最佳使用原则，是因为在现实房地产经济活动中，每个房地产拥有者或房地产开发商都试图充分发挥其房地产的潜力，采用最高最佳的使用方式，以取得最大的经济利益。这一原则也是房地产利用竞争与优选的结果。

3. 开发潜力原则

房地产开发投资者对区位的选择把握须有发展的、动态的眼光。虽然某一宗地的地理位置不可能变化，但随着宏观经济和城市建设的发展，城市中各位置的相对重要性也会不断地发生变化。例如，上海浦东原来是上海人“宁要浦西一张床、不要浦东一套房”的地区，但随着浦东新区的开发建设，基础设施、就业环境等发生了很大变化，逐渐变为上海人向往的地区。因此，房地产开发项目的区位选择，绝不能简单地将其理解为地理位置，还应重点考察其在社会经济活动中的位置、在整体市场供求关系中的位置、在未来城市发展建设和社会经济发展中的位置，房地产开发投资者要用发展的、动态的眼光来认识和把握房地产开发投资中的区位，区位选择的关键是要选择具有升值潜力的地段。

3.2.4 不同类型房地产项目对区位选择的要求

房地产开发投资成败受多种因素的影响，包括房地产所处的区位、市场宏观环境、投资决策的准确性、市场供求状况、进入房地产市场的时机选择和在市场上的持续时间长短、所投资的房地产的类型等，其中房地产所处的区位条件具有特殊的重要性。海外房地产界认为房地产开发投资必胜的要素是 Location，Location，Location，即区位、区位、区位。说明区位的选择是开发投资成败的关键。如果选择了正确的区位，即使投资时机和投资类型稍有偏差，也会因区位的优越而得到弥补。但如果选错了区位，则可能是一次彻底失败的投资。当然，不同类型房地产对区位选择的要求是不同的。

1. 居住房地产项目对区位选择的要求

居住区是人们生活、休闲的场所。它一般位于中央商业区与内圈工业区之间，或内圈工业区与外圈工业区之间。居住房地产要求交通便利，环境优雅舒适、区内无污染源，治安良好，文化教育设施齐全，购物、娱乐便捷，人际交往方便等。居住房地产项目区位选择的具体要求主要有如下方面。

(1)市政公用和公建配套设施完备。市政公用设施主要为居民的生活居住提供水、电、煤气等，公建配套设施则包括托儿所、幼儿园、中小学、医院、邮局、商业零售网点、康体设施等。一些大量空置的商品住宅，许多是因为不具备上述配套条件而造成的。对于小型的居住项目，其本身不具备提供上述配套设施的能力，那么对场地周围已具备的配套设施能力的依赖性就更大。

(2)公共交通便捷。虽然私人汽车已开始进入我国少数家庭，并正以较快的速度发展，但从我国目前的居民家庭结构来分析，大多数属于工薪阶层，对方便快捷的公共交通系统的依赖程度仍然很大，因此，居住项目区位的选择应认真考虑公共交通系统的完备程度。

(3)环境良好。随着城市居民生活水平的提高，对居住环境提出了越来越高的要求。居住区应有优雅、舒适、清静的自然环境，山、水、绿地、阳光、清新的空气、无噪声污染等，都是居民选择安居，进而也是房地产商在选择居住项目区位时要慎重考虑的因素。

(4)居民人口与收入。居住项目的市场前景受附近地区人口数量、家庭规模和结构、家庭收入水平、人口流动性、当前居住状况等方面的影响。居住项目投资如果选择在人口素质高、支付能力强的地区进行，就意味着提高了成功的可能性。当然，在不同地区进行居住房地产开发，应根据当地居民人口与收入实际情况，做好商品房开发档次和价格等方面的定位。

2. 写字楼项目对区位选择的要求

广义的写字楼是指国家机关、企事业单位用于办理行政事务或从事业务活动的建筑物。但投资性物业中的写字楼，则是指公司或企业从事各种业务经营活动的建筑物及其附属设施和相关的场地。依照写字楼所处的位置、自然或物理状况及收益能力，专业人员通常将写字楼分为甲、乙、丙三个等级。写字楼项目区位选择的要求主要有如下几方面。

(1)接近其他商业和办公设施。商业办公也存在着聚集效应，同样位于城市中心商务区的项目，则其未来的使用者就可以方便地同位于相同区域的客户开展业务。因此，与另外商业设施接近的程度，决定了写字楼项目对未来使用者的吸引力。同时，写字楼的位置还可能由于其邻近政府、大型公司或金融机构的办公大楼而增加对租客的吸引力。

(2)交通方便快捷。写字楼项目位置选择还应重视其交通的方便快捷性。大型写字楼建筑往往能容纳成千上万的人在里面办公，有没有快捷有效的道路进出写字楼，会极大地影响写字楼的档次。写字楼周围如有多种交通方式可供选择(公共汽车、地铁、高速公路等)，能极大地方便在写字楼工作的人。是否有足够的停车位也会影响到写字楼的易接近性。一般来说，中心商贸区的写字楼不能像郊区写字楼那样提供足够的停车位，但位于大城市中心商贸区的写字楼周围，往往有方便快捷的公共交通。

(3)周围环境优良。写字楼周围应有优良的卫生环境、视觉环境、声觉环境和大气环境等。如果写字楼项目周围垃圾随意堆放，缺少绿化，电线杆、广告牌、标示牌等安放杂乱，周围有很多工业建筑，车辆、人群等噪声大，空气环境污染严重，就会大大降低该写字楼的吸引力。

3. 零售商业项目对区位选择的要求

零售商业项目所包括的范围相当广泛，从小型店铺、百货商场到大型现代化购物中心，面积从十多平方米到十几万平方米，其服务的地域范围从邻里、居住区到整个城市甚至全国。零售商业项目按其功能程度可分为中央商业区、城区商业区和街区商业区。

(1)中央商业区。在经济比较发达的大城市或特大城市中，一般总存在一个具有全市商业、交通和信息中心功能的区域，这个区域就称为城市的中央商业区。一般地，中央商业区主要具有如下特征：区域内汇集的大公司及机构种类繁多，影响范围大，区位成本，空间成本及房地产成本高，客流量和信息流量高度集中，基础设施和各种配套设施完善等。

(2)城区商业区。它是城市的二级商业中心，在规模和影响力方面都次于中央商业区，是城市中某一城区的商业、交通和信息中心。

(3)街区商业区。它是城市最低一级的商业中心，其特征是以供应购买频率高的日用消费品为主，并以方便市民生活为主要功能。

同时需要说明的是，虽然传统的零售商业区域主要坐落在市中心的商业区。但随着城市道路交通设施、交通工具的发展和郊区人口的快速增长，位于城市郊区和城郊接合部的大型零售商业设施不断涌现。

零售商业项目对区位选择的要求在微观上应位于城市或区域中心，具有较好的临街或道路状况，处于交通路口和繁华街道两侧，交通和通讯便利，有足够的人口流量。其中特别要做好商业辐射区域分析。

商业辐射区域是指某一零售商业项目的主要消费者的分布范围，商业辐射区域分析包括：可能的顾客流量，消费者行为、喜好和偏爱及购买能力分析。此外，新零售商业项目的落成并不能创造出新的购买力，它必须从其他的零售商业项目那里吸引或争取消费者，因此，对处于同一供需圈内其他竞争性物业的分析也对区位选择有重要影响。

商业辐射区域通常被分为三个部分：主要区域、次要区域和边界区域。主要区域是与项目所处地点直接相邻的区域，其营业额的60%～75%都来自该区域；次要区域是距离项目所处地点5～15 km的区域(对市级购物中心而言)，项目营业额的15%～20%来自该区域；边界区域是距物业所处地点15 km以外的区域，占营业额的5%～15%。对于每一个零售商业项目来说，不管其规模大小，都有其辐射区域和影响范围。但这些辐射区域和影响范围的大小则随每一宗具体零售商业项目的规模、类型、位置而有较大差异。在某一商业辐射区域内，零售商业项目的区位选择还受消费者到达该地点是否方便的影响。对于大型商场来说，还要考虑停车的方便程度。

4. 工业项目对区位选择的要求

工业项目区位的选择要求主要包括：取得原材料容易，交通运输方便，接近产品销售市场，人力资源和土地、水、电等资源和能源供给有保证，能够控制环境污染等。

根据各种工业的特点(如污染状况、占地面积等)，工业区可分为内圈工业区、外圈工业区和远郊工业区。内圈工业区占地面积小，主要面向当地消费市场，且要求与中央商业区中的企事业单位建立密切联系，及时了解市场信息并获得技术支持，故其一般处于中央商业区外侧，如高档服装、首饰、食品、印刷、精密仪表等。外圈工业区里的工业一般要求：装备有自动生产线，机械实行平面布局，所需的仓库、厂房较大，产品多属标准化的定型产品，适于大批量生产，如各种家用电器等；技术要求高，对环境污染较轻的工业，如大部分轻工业和重工业中的机械制造和金属加工业等。因而它一般处于城市的边缘地带或周边地区，这里地价低、交通较为便利，距离居住区也比较近。远郊工业区一般是规模大、占地多、污染严重的工业，如冶金、石油化工、重型机械及造纸等工业。

3.3 房地产开发项目时机分析与选择

3.3.1 房地产投资时机

时机，即指房地产开发投资者何时进行投资。如什么时候买入土地，什么时候购入物业，投资于开发哪一阶段等。房地产投资时机的选择，一是从房地产开发经营过程看，房地产开发经营包括可行性研究和投资决策—购买土地—开发建设—出售或出租等许多阶段，投资者既可参与开发的全过程，也可选择任何一个阶段介入。二是从房地产业发展周期波动看，可分为复苏、繁荣、衰退、萧条四个时期，繁荣期的后期和衰退期投资要特别慎重。较好时期是萧条期后期和复苏期。时机选择要考虑各种政治经济因素，如政治形势变化、经济发展趋势、人口增减、收入水平升降、消费心理变化等。

3.3.2 房地产周期

房地产周期是指房地产经济水平起伏波动、周期循环的经济现象，表现为房地产业在经济运行过程中交替出现扩张与收缩两大过程、循环往复复苏—繁荣—衰退—萧条四个阶段。根据经济周期理论对周期中各个阶段的一般描述和房地产业实际运行情况，房地产周期在不同阶段表现出不同的特点。

1. *房地产复苏阶段*

在房地产周期波动过程中，承继萧条而出现的复苏与增长阶段，一般会经历较长时间。这一阶段的主要特征有如下几点。

(1)与萧条阶段类似，在复苏阶段初期，房地产供给仍然大于需求，购楼者特别是住宅类购楼者在满足自用的前提下进入市场，但总体上看房地产交易量不大，价格与租金水平仍然处于较低位置，其中各类房屋建筑的楼花价格仍低于现楼价格，楼价已经明显止跌企稳并开始缓慢回升。在这一时期房地产投资量不大，房地产投机者也基本不存在。

(2)经过一段时间的恢复，特别是在宏观经济复苏的带动下，房地产需求上升，房地产供求关系开始逐渐改善，现楼购买者逐渐增多，并带动期楼或楼花销售增加，房地产交易数量有所增加。同时由于建筑成本上升，楼房价格有所回升，房地产开发投资逐渐增多。随后由于房地产需求趋旺，进一步刺激现楼楼价回升，交易量的增加也推动房地产开发的上升，市场加速复苏，少数房地产投机者开始入市寻找机会。

(3)在宏观经济加速复苏的刺激下，房地产市场进一步回升，人们对日益好转的房地产市场形势充满乐观情绪。在通货膨胀提高、存款利率与贷款利率下降的形势下，金融机构和房地产投资机构加大对房地产的投资，并带动其他行业投资机构也进入房地产领域。

随着房地产投资者特别是炒家进一步涌入，工业用房、商业用房、住宅用房等各类房地产物业价格上涨、租金飙升，同时房地产楼花价格也开始快速回升，房地产空置率大幅下降，房地产市场交易量快速上升，土地市场和房地产三级市场开始活跃，物业开发与建设加速展开。伴随房地产快速增长，与房地产业具有密切联系的建筑业、建材业等行业也快速发展，带资开发房地产项目的建筑企业数目明显增加，由此推动了房地产业的进一步扩张。

2. 房地产繁荣阶段

继复苏阶段后，房地产周期波动便进入持续时间相对较短的繁荣阶段，这一阶段的主要特征有如下几点。

(1)房地产开发企业对土地及物业的开发项目与建设数量进一步增大，其他行业的企业也因市场极度乐观和高额利润而进入房地产市场，且投资计划大多雄心勃勃。于是现货楼和期货楼(楼花)大量推出，各级、各类市场的交易数量激增。

(2)房地产价格愈涨愈高，先是楼花价格紧追现楼价，然后两者价格并驾齐驱，接着楼花价慢慢超过现楼价，最后楼花价大步上升，明显拉大与现楼价的差距，并在楼价上涨过程中起带头拉动作用。

(3)房地产投机者与自用者均大量增加，市场一片乐观情绪，迅速形成并不断加大房地产泡沫。由于房地产投机者以更快速度增长，逐渐拉近与自用者人数的距离，并呈现出追赶后者的态势，结果导致房地产市场炒风日炽，炒楼行为越来越为市场所注目。在此压力下，社会关于限制炒楼行为的呼声也逐渐提高，政府开始出台一系列限制炒楼的政策措施，如提高银行利率、压缩投资规模、实行保值储蓄以及收紧银根等政策手段。

(4)随着楼价高涨到市场无力负担程度，真正自用购楼者大多被迫退出市场，而留下炒家的投机资金支撑旺市，形成有价无市的局面，房地产空置率开始增加。在这一时期，股市上的房地产概念股达到顶峰，房地产市场进入繁荣阶段的峰顶，房地产泡沫达到极限。

(5)随着政府出台的收缩政策开始发生作用，房地产投资与交易过程中开始出现因利率提高、营运费用增加及财务压力加大等原因导致的各种违约现象，新增房地产投资数量明显下降，房地产投资总量也开始出现回落。同时，以住宅为代表的各类物业销售市场达到饱和极限，销售难度明显加大，销售价格开始回调，房地产租赁市场交易量与租金水平也有所下降，房地产空置现象进一步增加。在这一时期，房地产市场的全面乐观情绪逐渐被悲观情绪取代，房地产泡沫面临萎缩甚至破灭的危险。

3. 房地产衰退阶段

当楼价高涨到把真正用家排斥在房地产市场之外，而仅靠投机资金支撑时，房地产周期也就由盛转衰，预示着危机与衰退阶段到来。这一阶段的主要特征有如下几点。

(1)随着房地产紧缩政策效应的进一步显现，房地产市场在交易价格和交易数量两方面都出现萎缩、衰退的趋势，房地产泡沫破灭的可能性增大。在房地产价格方面，虽然不同数盘的楼价有升有降，但市场上房地产价格总体水平已经出现下调趋势，特别是现楼价基本上停顿不前甚至有所回落，只有个别楼花价或个别楼盘现价还在上涨，但涨升速度明显放慢,大多数只比前一阶段微升。在房地产交易数量方面,随着房地产交易价格停滞不前甚至有所下降,房地产交易量也明显减少,各类房地产物业的空置率进一步加剧,房地产市场日渐停滞萎缩,房地产市场的悲观情绪进一步加强。在政策层面和投资回报率下降、投资风险加大的多种因素影响下,房地产投资额明显下降,特别是新动工的房地产项目急剧减少,已投资建设的房地产项目风险加大。

(2)受一些突发性利空消息或事件影响,房地产价格开始急剧下挫,有价无市的现象被打破,房地产泡沫开始破灭。在用家被高价排斥出市场、炒家因转手困难而纷纷恐慌性抛售的双重打击下,房地产价格出现暴跌。其中楼花价因下降更快而低于现楼价。暴跌的价格势必阻止用家及炒家进入市场,从而又加剧了房地产价格的下跌速度和深度。房地产投资量大幅缩减,仍然处于开发建设的房地产项目出现转手、停建等现象,房地产交易在大幅回调的低价格水平和低交易数量的基础上维持。

(3)由于物业价格大幅下降,交易数量锐减,房地产企业的利润大幅下降,投资风险增加,为争夺市场而追加的营运费用上涨,结果一些实力较差、抗风险能力较弱的开发商因资金债务等问题而宣告破产,房地产企业破产率也逐渐增加。同时,由于房地产投资项目减少,使得房地产业的就业水平下降,失业人数增加,并进而带动相关行业特别是建筑业失业人数增加。

4. 房地产萧条阶段

经过急速而痛苦的危机和衰退之后,房地产周期便进入了持续时间相对较长的萧条阶段。这一阶段的主要特征有如下几点。

(1)房地产销售价格和租金水平继续维持沿着衰退期以来的跌势下降,大多只跌难升,个别楼价甚至跌破物业原值或建造成本,同时期楼价格(楼花价)加速下降,从繁荣时期高于现楼价恢复到低于现楼价的水平。在这一时期,不论楼花还是现楼,其跌幅与繁荣阶段相比均触目惊心,房地产泡沫完全破灭。

(2)伴随房地产价格的大幅下跌,房地产交易量进一步锐减,其中楼花交易量降幅更大,房地产空置率居高不下成为市场的普遍现象。如日本1991年商厦出租量比上年同期减少40%,同期美国36个主要大城市的房屋空置率达到20%,其他楼宇也严重过剩。

(3)在价格暴跌和成交萎缩的双重打击下,房地产泡沫破灭,房地产纠纷大量出现,房地产商破产现象更为普遍,甚至连一些实力雄厚的大型公司也在所难免。

(4)在房地产业总体水平加剧下滑之后,特别是房地产泡沫成分被挤出以后,由于受到房地产开发成本以及房地产正常需求水平的双重支持,房地产市场从急剧下降转变为波动相对平稳的阶段。同时政府也逐渐减少对房地产业的限制性政策干预,部分放宽对房地产投资、交易等方面的限制,以期房地产市场有所稳定或回升。不过,房地产市场何时走出萧条阶段而进入新一轮周期的复苏阶段,一方面,依赖于产业内部对前期房地产开发项目的消化程度以及伴随这种消化过程房地产供求关系能否以及何时重新回到相对均衡状态;另一方面,也取决于产业外部的诸多影响因素,如宏观经济周期波动趋势、宏观经济政策特别是货币与金融政策以及房地产业政策的变化。

3.4 房地产项目前期定位

3.4.1 土地定位

土地定位一般谈得都是土地在城市规划中的地块的定位:做住宅、商铺、公共场所、道路等等,因此,一般来说土地获得以后开发尚能够做的定位就是:住宅做什么档次的、卖给谁、商铺做什么类型、外观怎么样等。本文研究的土地定位就是后者。项目的区位在土地的竞拍到以后就已经决定,同时在开发商认为最佳开发时机已到的时候,最重要的事情莫过于土地的开发定位。究竟开发什么样的产品?怎样开发?这就是土地的开发定位,当然做什么样的产品归根到底还是要由市场来说话,因此,在初步进行定位前还是应当做一个专题市场调查,找出市场空白和消费者认同的结合点进行恰当的定位。

1. 影响土地定位的因素

市场因素是影响土地定位的一个重要因素,土地定位应该根据市场情况进行有针对性的定位,这样可以减少定位的失误。

企业产品品牌。企业产品品牌在许多时候也会影响到土地的定位,例如,有的公司擅长开发民居住宅,并且一直也只是开发民居住宅,且企业经营状况良好,这种情况下土地的定位肯定会受到目前企业产品品牌的影响。

企业的综合能力也是影响土地定位的一个因素,例如,企业在没有相应开发能力的情况下,将某个区位条件一般的项目地块定位为大体量商铺,这时项目就可能因定位错误而造成项目失败。

消费者的消费心理必然会影响到土地的定位,土地的定位只有符合消费者的消费习惯项目才有市场,才有存活的可能。

土地的位置对于土地定位也是非常重要的。

企业战略规划。从企业发展战略看任何项目都应当和企业的发展战略相符合,土地的定位也必须如此。

2. 土地定位的概念

本文土地定位的概念是在房地产开发经营过程中,根据某一地块的自然属性、经济属性、社会属性、文化属性确定地块的开发方向,按照这个开发方向土地将给企业、消费者、社会带来相对最大化的价值。

土地的自然属性是指土地的地形、地貌等,是一切房地产产品的载体。

土地的经济属性主要指土地地租的存在,以及土地能够给开发企业带来收益。

土地的社会属性主要是指土地能够为人类服务的属性。

土地的文化属性,如高山流水能给人带来美的感受。

3. 土地定位的程序

(1)土地初步定位。根据土地竞投时获得的一些基础信息和基础资料对土地进行初步的定位。

(2)市场调查。根据项目土地的初步定位,展开市场调查,市场调查的深度要达到能够辅助决策的要求。

(3)市场分析与预测。市场调查后的重要工作就是市场的分析与预测,在分析和预测过程中一定要科学、客观地进行,如果市场调查的数据不足,可以再进行调查或者专题调查。预测和分析的方法要求定性和定量结合起来进行。

(4)机会成本分析。在土地定位中机会成本分析也是一个重要的步骤。通过若干个方案后进行分析,然后比较择优选取。

(5)土地定位。最后根据前面的结果进行决策,决策既要果断又要客观。

4. 土地定位常见的问题

我们经常可以在报纸、媒体上看到土地的定位失败给某某企业带来多大的损失,给当地的经济带来多大的损失、给国家带来多大的损失。盲目的开发从某种程度上说可以认为是土地定位的失败。目前,我国在土地定位中常见的问题主要有如下方面。

(1)土地定位重视程度不够。实际上很多的开发商并没有对土地定位进行重视,许多的项目根本就没有进行土地定位,而是凭着热情蛮干。

(2)市场研究不够。许多的企业近几年对市场研究重视程度明显增强,但是由于自身能力的问题,在项目地块市场研究过程中深度不足,无法达到为土地定位的要求。

(3)企业综合能力估计不足。因为,房地产市场存在一定的市场化不完全的地方,因此,有时项目土地定位并不准确的项目后期也获得了较好的收益,部分开发商甚至认为是企业综合能力强所致。有过这种经历的企业常常在项目土地定位中就容易高估企业的综合能力,最终导致项目失败。

(4)缺乏科学的定位方法。有的企业认识到了定位的重要性,但是由于能力不足,在项目土地定位过程中明显缺乏科学的定位方法,造成定位的结果无法辅助企业进行决策。

3.4.2 市场定位

房地产项目的市场定位其实可以从两方面进行理解,一方面就是企业的市场定位,另一方面就是产品的市场定位,本文着重研究的是后者。

公司的市场地位影响了项目产品的定位。房地产企业采用何种开发模式要看该公司是处于市场何种地位以及应对市场、项目所采取何种态度。例如,龙头型企业作为市场领导者,项目开发面对整个市场,保持着较大的市场份额。这样的企业大多数经过了不同战略思想阶段,最终树立了独特的品牌效益。

而一些发展中的开发企业多数采取重点战略,不甘现状勇于进取,努力扩大自己的市场份额,逐步树立自己的品牌以求长远发展,这些企业往往会集中现有的财力、物力,在选择项目或项目定位上目标明确,重点突出,容易在短期内获得成功,一炮走红。

房地产项目市场定位不是对产品本身做的一些改变,而是对市场机会的挖掘。房地产项目市场定位就是要在消费者心中树立起一个代表产品形象的事物,这个树立过程就是挖掘市场机会的过程,并不是对产品的包装过程或者说产品的包装过程不是市场定位。

在定位过程中可能会对产品的外观、名称、价格等做出变化，但目的不是为了变化而是为了向消费者心理靠拢，在消费者心中“勾画”出一个容易被接受的“轮廓”。

定位准确的项目将取得较好的市场机会。一个准确定位的项目，或者说一个更贴近消费者消费意愿的项目，当然会有更好的市场前景和市场机会，更容易得到消费者的青睐。

项目市场定位是基于市场调研和市场细分做出的。项目的市场定位不是凭空想象出来的，而是基于大量的市场调研、市场分析、市场预测做出来的，这个市场分析和市场预测的过程，必然会对市场做一个分类、细化，这个分类细化就是对市场的细分。

【延伸阅读】

**项目前期定位策划

一、项目概况

本项目位于宁夏回族自治区吴忠市新城区，项目占地面积53亩，拟开发建筑面积5.5 m^2，容积率不高于3，绿化率不低于33%，以5层住宅为主。项目地处城市近郊，有学校、新政府、银行、医院、汽车站等，周边配套较好，但距离市中心较远。

二、项目主要策划内容

(一)土地定位策划

项目地块在前期定位策划开始前已经获得，因此，本项目的土地策划更多关注于开发时机选择和土地定位。

1. 地块开发时机选择

项目地块获得期间，基础设施配套基本完善。由于项目地处城市新区，商业开发的条件不太具备，因此项目地块初步定位为以住宅为主。根据初步的地块定位进行初步调查，主要对吴忠市房地产宏观发展背景、近几年的房地产发展现状、土地利用规划、土地市场供需状况等进行了调研分析，初步发现如果项目能在2014年年底上市的话将恰好能够获得较好的市场机会，也就是说，如果项目能从2013年下半年项目进入实施阶段的话，按照正常的建设程序进行，2014年上半年项目就能够进行销售。2014年将是项目最好的销售时机，项目预期能够实现最大的收益，倒推回来的话，2012年年初开始开发该地块将是最佳时机。因此，开发商决定2012年开始对项目地块进行开发。

2. 土地定位

从该地块在整个城市中的位置、企业发展战略、地块本身的属性、市场环境、吴忠消费者目前的消费心理和习惯等，项目开发成以中高档住宅为主的，底层设少量社区商铺。

(二)房地产市场定位

根据初步的市场定位，公司做了较深入的市场调查、分析与预测，根据市场细分进行市场定位。根据项目发展目标、消费者心理分析、目标市场选择、项目市场机会等对该项目进行市场定位如下。

1. 项目产品定位

(1)产品档次。根据市场分析，本项目产品档次定位为中高档住宅。

(2)项目周边环境。项目与吴忠市高级中学比邻,具有打造教育主题的先天优势,文化环境较好。

(3)建筑。根据当地的气候条件和风俗习惯,项目建筑拟以明快艳丽的色彩、轮廓简洁的外形、经济合理的户型为主(面积以110 m^2 和90 m^2 为主,户型以三室两厅、两室两厅为主)。

(4)景观。由于当地冬天气温较低,因此当地绿化较差,在普通消费者心里对“绿”非常渴望,因此本项目的一个切入点就是为消费者造“绿”。同时,目前当地的住宅项目开发还处于比较原始的初级阶段,仍以开发单体为主,缺乏系统的园林景观规划,因此本项目的另一个切入点就是创造良好的景观。

(5)物业管理。对于当地来说,物业管理还是一个比较生疏的概念,本项目如果在物业管理方面能够做到远远超越当地水平的话,应该是有非常好的市场机会的。

2. 价格定位

(1)价格的组成

①土地成本。该地块熟地的转让价格为15万元/亩,均摊到每平方米建筑面积约140元/m^2。

②前期费用。按照当地市场行情,结合可比项目,本项目前期费用约80元/m^2。

③建安费用。按照当地市场价格,参照本项目可比项目建筑安装费用,本项目建安费用约500元/m^2。

④景观工程费用。根据当地市场条件,景观初步按照100元/m^2 进行估算。

⑤各种税费、规费。根据同类可比项目估算100元/m^2。

⑥财务费用及管理费。初步估算为100元/m^2。

⑦其他成本(含不可预见费用)。100元/m^2。

⑧利润。初步按照成本的15%考虑,即:1 120元/m^2×15%=168元/m^2。

⑨项目价格1 288元/m^2。

(2)价格确定方法

①成本法。同上面计算所示。

②需求定价法。根据当地房地产发展及供求现状,该项目的品质如果能够达到预期效果的话,项目上市时的价格可以调高到1 450~1 550元/m^2。

③竞争价格。根据竞争性项目的状况进行适当的调整,但根据目前的情况,这种调整将不会很大,估计调整幅度在50元/m^2 以内。

(3)本项目价格定位。价格确定原则:一户一价。在各户价差中主要考虑到的因素如下。

①楼层价差。根据当地消费习惯,三层最受人喜欢,因此在楼层上,三层的价格在均价上调增150元/m^2,二层价格比均价高30元/m^2,四层的价格比均价高20元/m^2,一层的价格比均价低80元/m^2,五层的价格比均价低100元/m^2。

②位置价差。根据相对位置的差异进行确定。单元价差:每栋最靠近中厅的单元价格进行上浮50元/m^2,最外侧的单元价格下浮30元/m^2;各栋之间价差:最南边的一栋下浮30元/m^2,最北边的一栋下浮30元/m^2,最中间的上浮50元/m^2,其余各栋依次

平行调整。

③价格的修正。目前所定价格可根据市场条件的变化进行适当的调整。

3. 项目目标客群定位

根据市场调研、分析、预测的结果初步判断项目的客群特征如下。

(1)区域定位:根据市场调查结果以主城区内的客群为主,周边区县的占有比例较少。

(2)目标客群定位:目标客群主要来自收入条件较好的各国家机关、企事业单位和少量个体户,基本上这部分客群在市场调查中都涵盖了。

4. 项目产品定位

根据市场调查和项目本身的一些属性及其他相关情况,本项目的主要产品定位内容包括如下方面。

(1)规划定位。主要考虑各类建筑物的布局、排列、朝向、间距等。本项目特别考虑到由于本项目位于黄河冲积平原,当地人们平时很少看到“绿油油”的坡地,心中有一种对自然坡地的渴求,因此本项目在规划中着重考虑了景观的竖向规划。

(2)产品建筑设计定位。本项目的建筑设计主要从建筑外观线条、色彩、户型功能、面积、空间层次、装修档次、阳台等方面进行了反复的论证。

(3)景观定位。主要从景观的布局和空间层次、效果等方面进行了定位,确定了以中厅为轴线的景观廊道,具有一定的水平层次感,在竖向上具有空间层次感,力争达到移步换景的效果。景观的植物以当地的生命周期较长的植物为主。在景观的水景和山景中都力争在空间和水平上突出层次感。景观结合灯光进行设计,实现优势互补的效果。

(4)交通规划。本项目交通规划主要考虑车行线和人行道路得分开,力争互不影响,同时车行线最小程度地影响居住。对区内交通道路的材质、宽度、坡度、线型等都进行详细地规划定位。另外,考虑到当地自行车的用户较多,本项目还应当考虑一定的自行车停放点。

(5)配套规划。本项目主要考虑的配套规划包括:供水、排水、排污、供暖、消防、中央监控、智能化 24 h 巡更系统、商业配套管理、文化娱乐设施等。考虑到吴忠当地气候特征,本项目特别采用了地板供热采暖和供水锅炉的设计。

【实训任务】

根据上一章完成的房地产项目市场调查,进行项目 SWOT 分析,论述项目前期定位。

Chapter 4

第4章

房地产项目定位

【导入案例】

房地产开发项目定位——商洛“全兴紫苑”

一、客户定位

目标客户群分析。市场调查显示:曾经满足于有“居住”的房子即可的合肥人,在经济宽裕后,面对层出不穷的好房子开始了二次、三次甚至多次置业。64.8%的购房者是第二次置业。在第二次置业时,有75.7%的人主要是用来改善“居住”条件,以满足自己对“居住舒适”的要求,纯“置业投资”占18.1%,“经营使用”占6.2%。

我们的目标客户集中于自用型的二次置业者,不排除首次置业者和多次置业者,另有部分纯投资者。

此类目标客户的特征具体分析如下。

①收入:中高收入家庭,年薪5万元以上。

②年龄:30~55岁;以35~45岁最为集中,他们处于事业的发展阶段或已经取得了一定成功,经济实力较强。

③文化程度:以大学学历居多,高中层次或研究生以上学历者占比例较小。这一分布符合当地经济发展水平和居民收入状况。

④职业:机关企事业中高层管理人员、技术骨干、私营业主、高级公务员、教育工作者。

⑤居住理念:崇尚自然生活环境,讲究居住品质,注重社区文化品位(关注周围的邻居是谁)。

⑥关注因素:由于二次置业的消费者具有相当的经济和消费能力,除去满足其基本的居住要求之外,还具有对房地产品质提升的潜在要求和希望,同时还具备投资置业的能力和潜力,因此,在置业考虑的因素上,呈现出多样性和复杂性。

这类消费者，多为一些平日工作繁忙的白领阶层，社会经验丰富，经济条件较好，更懂得享受生活，他们的购房选择标准是追求个性、重视环境质量、开发商实力品牌，关注房屋的未来升值潜力。

对二次购房消费者购买住宅考虑因素调查显示，"优美舒适的生活环境"和"地段及交通便利"是他们首要考虑的因素，其次是"开发商实力和信誉"与"升值的空间潜力"。和首次置业者相比，再次是置业者对"房屋价格""物业管理"以及"配套设施"的重视度相对偏低，并不是二次置业者不再关心价格以及物管等，而是他们认为这些指标对于各楼盘来说，并无太大区别，这也说明房地产开发商的竞争呈现出了同质化趋势。置业者更愿意在生活环境的舒适度以及交通的便利上做选择，从而购买到自己称心的房屋。

二、项目定位

(一)精致生活

引进创新户型：一种户型代表一种生活方式，让不同的客户在这里都找到适合自己的户型，能够找到他们向往的生活方式，同时预留推广伏笔。

个性化：专门为一群人打造一种户型。

(二)社区文化

在景观设计时，揉进中国传统美德的警世箴言，让其成为一道亮丽的风景线。通过产品传达新时代的一种新的生活态度：告别市民心态，走进新生活。

(三)产品形式定位

1.原则

从满足需求角度既要丰富，又要有主导型产品，不做风险较大的高层，满足市场对小高层的多元需求。要满足在居住上对朝向、采光通风的要求以获得竞争优势。在小区容积率和建筑密度较大、无法满足绿化环境要求的前提下，通过调整物业的立面设计、增加功能层或功能区以及不同的产品组合，以局部容积率的适当牺牲，换取一个商洛市公寓式住宅中还没有的三维空间立体绿化。在平面和立面布局上，达到有紧有疏的居住密度，形成多空间的视野系统，满足对土地资源占有的效益最大化。

2.产品定位

(1)项目档次定位。根据对周围竞争楼盘及该区域客户潜在市场的判断，建议将产品定位为中高档品质、中高级物业管理、中档偏上价格的商品房。

(2)社区形象定位。"崇尚自然与人性关怀，有着浓厚文化韵味的现代化绿色人文社区。"充分利用社区原生态自然绿化景观，和该区域中小学云集，文化气息浓厚的优势，打足自然、文化两张牌，吸引崇尚自然社区环境，讲究居住品质，具有较强环境保护意识且文化层次较高，有一定文化品位的客户。可将项目概括地定位为商洛真正意义上的现代化绿色人文社区：现代化——现代化的社区理念，现代化的配套设施，现代化的建筑风格；绿色——原生态的绿色园林、人工营造的绿色景观、绿色环保生活；人文——文化环境、人文关怀。

(3)社区生活理念。与开发商企业文化和开发理念高度契合：营造都市中的纯自然空间，现代化舒适家园，人与自然和谐相处、人与人之间礼貌关怀、人与自我协调统一的有着浓郁文化气息的高品质社区。社区生活理念："崇尚自然、享受生活。"

（四）户型面积定位

户型板式设计、南北通透，面积 110～220 m^2。

（五）价格定位

以什么样的价格吸引消费群？项目的价格定位从以下三方面考虑。

（1）市场比较策略。预计区域市场上供应的高品质的中高档次产品的价格大致在 4 000 元/m^2 左右。综合项目自身因素考虑，价格定位：精品住宅 4 500 元/m^2。

（2）成本控制策略。项目要从竞争中突围，必须运用新材料、新技术，降低成本，控制成本，在项目品质打造上做文章。

（3）市场引导策略。项目在推广和传播上做一定的引导和宣传，引导市场。

【知识讨论】

1. 房地产项目定位包含的内容有哪些？
2. 上述案例中，你认为项目定价适合采用什么方法？

【知识内容】

4.1 概述

4.1.1 房地产开发项目定位的概念

房地产开发项目定位是指房地产开发投资者经过研究市场前提、技术前提和资金投入状况等一系列与房地产产品生产有关的前提条件，利用科学方法，构思出房地产产品方案，从而在产品市场和目标客户中确定与众不同的价值地位。房地产开发项目定位包括产品定位、客户定位、形象定位、品牌定位、营销定位和物业服务定位等内容。

房地产开发项目定位不是对楼盘本身做实质性的改变，而是在市场调研基础上的市场定位，是对消费者使用方式和使用心理进行分析研究基础上的产品定位，是将产品核心按消费者的理解和偏好方式传达出去的形象定位。房地产项目定位的目的是通过好的定位形成项目的市场竞争优势，但其本身并不是竞争优势。

4.1.2 房地产开发项目定位原则

1. 受众导向原则

定位的重心是要为消费者提供满意的产品，房地产开发项目定位越满足消费者的消费需要，就越具有竞争力。因此，市场定位必须符合消费者的需要，而且必须为消费者接受信息的思维方式和心理需求所牵引,即必须坚持受众导向的原则。

2. 差异化原则

房地产开发项目定位要在房地产建筑风格、平面布置、垂直交通以及对外交通、价格、环境、质量、装饰、物业管理、升值潜力等方面具有特色,并通过不同的媒介和渠道传达自己产品的信息,将自己产品的独到之处告知消费者,形成市场竞争力,从而达到影响消费者消费选择的目的。

4.2 客户定位

客户定位是确定房地产项目的目标消费群体和他们的特征。客户定位需要研究消费者的消费行为、消费动机以及消费方式,同时研究消费者自身的人格、观念、所处的阶层、环境、文化背景、偏好和生活方式等。在这部分研究中要回答的问题有:房地产项目针对哪些不同的消费群体,产品的差异对消费行为的影响程度和影响方式如何,消费者对房地产项目的消费习惯是什么,等等。

4.3 产品定位

根据菲利普·科特勒的定义,定位是指企业设计出自己的产品和形象,从而树立在目标顾客心中与众不同的有价值的地位。由于市场竞争无处不在,任何一个市场都不会是一家企业独霸的天下。因此,企业必须在其目标市场上为自己的产品确定一个位置,树立一个鲜明的形象。房地产产品定位就是房地产开发企业为了将自己开发的房地产商品进行有目的、有选择、有针对性地销售或推广,在进行客户界定和细分的基础上,创造有差异的房地产产品,在消费群体中树立所开发房地产产品的特殊形象。

房地产开发企业为了在竞争中立于不败之地,除了寻找自己的细分市场以外,还要使自己的产品与竞争对手的产品存在差异,这种差异能够将企业自己的产品与竞争对手的产品相区别。通过房地产产品的差异化,即通过提供质量好、价格低、产权安全、物业管理完善、设计新、功能齐全的产品,为房地产开发企业创造价值。要达到这个目标,就必须对房地产产品进行定位。

房地产产品的定位比一般商品要复杂。首先,房地产产品定位所考虑的因素比较多,即房地产产品定位要考虑产品的档次、价格、地段、品质以及开发周期等综合因素;其次,房地产产品定位必须具有一定的超前性,因为房地产投资巨大,同时又存在较多的不确定因素。

房地产产品定位的内容主要包括:建筑风格、户型设计、功能定位、小区环境、物业管理等。其中,建筑风格主要表现为某种建筑风格的外立面特点,户型设计主要包括户型种类、面积大小、室内布局、实用率等,功能定位主要包括房地产产品的适用性和实用性、智能化程度、装修标准等,小区环境主要包括容积率、楼间距、绿化面积、绿化率和小区各项配套等,物业管理主要包括物业管理服务的内容、收费标准等。

4.4 价格定位

1. 价格定位的目标

房地产开发项目价格定位的目标必须服从企业的经营总目标和市场营销目标。价格定位过高,会影响产品销售的速度,影响投入资金的回收速度;价格定位过低,会影响产品的销售利润,影响投资效果。因此,应根据本企业的经营总目标、市场营销目标、市场营销环境和企业自身的条件、房地产产品的生命周期及企业产品结构等拟订具体的楼盘价格定位目标。具体包括如下内容。

(1)最大利润目标。最大利润目标即房地产企业以获取最大限度的利润为价格定位目标。在最大利润目标下,房地产企业决定商品房售价时主要考虑按何种价格出售可以获得最大的利润,而对市场竞争的效果,在社会上、客户中产生的影响等考虑得较少。

(2)提高市场占有率的目标。市场占有率是指在一定的时期内,房地产企业产品的销售量占同一类产品销售总量的比例,是房地产企业经营状况和产品竞争力状况的综合反映。

(3)稳定价格目标。稳定价格目标是指房地产企业为维护企业形象,采取稳定价格的做法。

(4)过渡价格目标。当房地产企业受到建材价格上涨、同行业竞争剧烈等方面的猛烈冲击时,商品房无法按正常价格出售,企业往往推行大幅度折扣,以保本价格甚至亏本价格出售商品房以求收回资金,维持营业。

(5)竞争价格目标。价格竞争是市场竞争中的重要方面,处于激烈市场竞争环境中的房地产开发企业经常采用价格变化作为竞争手段。

2. 楼盘定价方法

大体上,房地产定价有三种,即成本导向定价法、需求导向定价法和竞争导向定价法。

成本导向定价法是以房地产产品成本作为定价基础的定价方法,包括成本加成定价法和目标定价法等。

需求导向定价法是以消费者的需求强度及对价格的承受能力作为定价依据的定价方法,包括理解价值定价法、需求差异定价法等。

竞争导向定价法是以市场上相互竞争的同类房地产商品价格为定价基本依据,并随竞争状况的变化确定和调整价格的定价方法,包括领导定价法、挑战定价法和随行就市定价法等。

3. 楼盘价格定位策略

楼盘价格定位策略主要包括心理定价策略、折扣定价策略、新产品定价策略、过程定价策略等。

(1)心理定价策略。心理定价策略是为适应和满足消费者的购买心理所采用的定价策略。主要包括:尾数定价策略,即依据消费者有零数价格比整数价格便宜的消费心理而采取的一种定价策略,这种策略又称奇数或非整数定价策略;整数定价策略,即把房地产商品定为一个整数,不带尾数,使价格升到一个较高档次,借以满足消费者的高消费心理;声望定价策略,即利用本企业和企业开发经营物业的声誉,对产品进行定价;系列定价策略,即针对消费者比较价格的心理,将同类物业的价格有意识地拉开档次,形成价格系列的定价策略。

(2)折扣定价策略。折扣定价策略在原定价基础上减收一定比例的贷款的定价策略。例如,现金折扣,即对按约定付款日付款的购房者给予一定的折扣,对提前付款者的购房者给予更大的折扣,以鼓励消费者提前付款;数量折扣,即根据消费者购买物业面积的多少或金额的多少,按其达到的标准,给予一定的折扣;季节折扣,即对在非消费旺季购买商品房的消费者提供的价格优惠;推广折扣,即向为物业进行广告宣传、展销等促销活动的房屋地产代理商提供的价格优惠。

(3)新产品定价策略。新产品定价策略主要有:撇脂定价策略,又称"撇奶油"定价策略,是在一种新型的商品房刚进入市场的阶段,采取高价策略,在短期内赚取最大利润;渗透定价策略,这是一种低价投放策略,即在一种新型商品房面市时,将价格定得很低,以低价获利,提高市场占有率。

(4)过程定价策略。房地产销售过程是指开发的小区从预售开始到售完为止的全过程。在实际销售中,市场销售环境可能相当复杂多变,房地产企业往往需要在确定总体定价策略后,根据实际情况确定其销售过程的过程定价策略。过程定价策略一般有如下几种。

低开高走定价策略。低开高走定价策略就是随建筑物的成形和不断接近竣工,根据销售进展情况,每到一个调价时点,按预先确定的幅度调高一次售价的策略,也就是价格有计划定期提高的定价策略。这种策略是较常见的定价策略,每次调价能形成造成房地产增值的表象,给前期购房者以信心,从而能进一步形成人气,刺激有购房动机者的购买欲,促使其产生立即购房的想法,尤其适合处于宏观经济恢复阶段或者人气较旺的待售小区采用。

高开低走定价策略。这种定价策略类似"撇脂定价策略",正如将一锅牛奶中的油脂(精华)部分一下撇走的做法,其目的是开发商在新开发的上市初期,以高价开盘销售,迅速从市场上获取丰厚的营销利润,然后降价销售,力求尽快将投资全部收回。

稳定价格策略。这种价格策略是指在整个营销期间,房地产的售价始终保持相对稳定,一般适用于房地产市场状况稳定的区域内的销售,或是在房地产开发项目销售量小、项目销售期短时采用。

4.5 品牌定位

4.5.1 品牌的含义

品牌是一种名称、术语、标记、符号或设计,或是它们的组合应用,其目的是借以辨认企业提供的产品或服务,并使之与竞争对手的产品和服务相区别。

房地产品牌包括房地产企业品牌和楼盘品牌。在房地产市场竞争日益激烈而且复杂化的今天,品牌的树立则成为房地产开发企业生存和发展的关键。

4.5.2 房地产开发项目品牌定位的影响因素

影响房地产开发项目品牌定位的因素主要有房地产产品的品质、价格、服务、广告、员工等。

1. 质量

房地产产品质量是品牌的生命。如果说在其他因素上存在缺陷仅仅对房地产开发企业和项目的形象产生一定程度的不利影响的话，那么，产品质量的低劣，则会让房地产开发企业和项目的形象损失殆尽。

2. 价格

产品价格是品牌和形象的有力传递者，高价格往往意味着高质量，但房地产产品的价格受土地价格的制约，不能一概而论。价格变动对消费者和投资者来说非常敏感。当然，企业已经形成的品牌形象也有助于产品的价格决策。在产品及相关服务的可靠性较高的时候，价格相对高一些，消费者也会接受。

3. 服务

服务包括在房地产商品销售过程中直接为顾客所提供的各种咨询和帮助，也包括为顾客所提供的与房地产产品销售相关的各项服务和售后服务。如协助办理住房抵押贷款和物业管理等，各种服务都非常有助于提高品牌价值。

4. 广告

不同类型的广告对品牌的影响是不同的。形象广告是直接影响房地产开发项目品牌形象的促销手段，其作用含蓄微妙，不易测度；创业广告则常用于捍卫企业和开发项目的形象、恢复良好的公共关系；发展形象广告被用于企业和开发项目的形象转换，如开发建设微利房的企业转向高档住宅或写字楼的提供等。

5. 员工

员工与顾客的交往传递着他们对房地产开发企业和开发项目品牌积极或消极的印象。即使是接听电话的态度或接人待物时的举手投足，也反映出某种形象。

4.5.3 楼盘品牌的创立

楼盘品牌是企业的无形资产，成功的楼盘品牌策略可以增加该项目的知名度、认知度、美誉度和附加值，楼盘品牌的创立就是通过楼盘的名称和标志、楼盘的品质以及概念创造，形成个性化产品。

1. 命名及标志

成功的命名是项目推广成功的开始，案名效应是吸引目标客户群体、刺激其购买欲望的重要途径之一。通过楼盘案名，客户群体在心理需求中受到一种购买欲望的启示。不同楼盘，不同名称，提供给客户不同的需求。成功的命名往往在一定程度上起到导购的作用，能产生事半功倍的效果，客户则可通过楼盘名称，加深对需求楼盘的了解。但它只是一种短期的广告效应，不能将其作为主要手段。

界定一个楼盘名称是否出彩，最简单的一个标准就是既要切合项目情况和定位，又要富有创意，不落俗套。好的楼盘名称应具备以下几个特征。

(1)楼盘命名时不拘泥于“花园”、“广场”、“中心”等一统天下的楼盘命名惯例，不应落于俗套，不应过分雷同，应富有时代气息。

(2)楼盘名称作为一个标识性强、个性浓烈的自我标记，应与地块的地理、环境、布局、物业的产品定位、客户的定位相吻合，体现楼盘的与众不同。

(3)要考虑项目的大小、定位、品位，暗喻物业的风格和档次。

(4)应考虑物业名称是否具有较强的人情亲和力，更具地方特色，更个性化。

(5)要从名称的音、形、义上进行多方面审视，发音响亮，书写美观，寓意美好，朗朗上口，令人遐想。

2. 产品品质

产品品质包括产品质量(建筑风格、装修标准、户型结构、实用率、容积率、绿化率等内容)、服务(售前、售中、售后物业管理服务)、功能等内容。有了好的名称，更重要的是达到名副其实——以高品质的房地产产品作为依托，否则只会弱化品牌效应。品牌应与其产品品质相称，使其对销售发生作用。

3. 概念创造

即设计、执行及控制各种方案，以促使目标群体接纳某些社会观念、主张或做法。具体而言，概念可以分为如下类型。

(1)区位概念。现今阶段，城市的功能分区越来越明显，每个人根据自己的生活和事业需要各有侧重选择。可以说每个地段或区位都是理想的，就看房地产开发商针对项目所处区位是否开发出反映区位特征并具有特色的楼盘。

(2)生活概念。居住生活模式概念的包装实际上是一种生活居住概念的引导，与区位息息相关。只要能言之成理，能自圆其说，能打动消费者就算成功。

(3)品质概念。物业品质概念包含建筑风格、装修标准、户型结构、实用率、容积率、绿化率等内容，同时也包括经济性、适用性，耐久性、舒适性等内容。物业品质概念的包装就是要在这诸多的范畴中把楼盘最具代表性和说服力的内容加以概括、提炼，然后在广告中加以宣传，在销售中通过销售人员向客户进行描述。

4. 追求个性化

品牌个性是指品牌向外展示的品质，是品牌带给市场的特征，它对消费者能产生巨大的吸引力，同时又能与现实消费者和潜在消费者进行情感方面的交流。差别化和个性化是楼盘品牌创造的重要原则。

4.5.4 企业品牌与楼盘品牌联动定位

企业品牌与楼盘品牌是相互关联的，企业品牌可以带动新楼盘品牌尽快地树立，而众多楼盘品牌的积累可以支撑企业品牌的延续和发展。所以，二者应有机地结合，将楼盘品牌的树立视为企业品牌树立过程中的一个步骤，保持项目开发的连续性，避免“急功近利”(只注重楼盘品牌而忽视企业品牌的树立)和“脱离现实”(只树立企业品牌而忽略楼盘品牌的树立)的问题出现。

1. 楼盘品牌促进企业品牌

在楼盘品牌树立的过程中穿插企业品牌的宣传,即在单个项目的推广过程中,尽量使楼盘形象与企业形象同时出现,进行“捆绑销售”,久而久之,对企业品牌的树立有极大的益处。如楼盘名称包装可采用企业名称冠名的方式、楼盘标志采用企业的标志;在对楼盘品质进行介绍时对企业的经营理念也加以宣传等。

2. 企业品牌带动楼盘品牌

良好的企业声誉是实施楼盘品牌推广战略的保证,一方面,房地产项目具有浓厚的区域特色,企业声誉的好坏直接影响项目形象的塑造和推广;另一方面,房地产项目投资大、周期长,企业的实力很大程度上影响着消费者的购买行为的决策。在企业品牌的宣传过程中进行楼盘形象的树立,即在以企业形象宣传为主的过程中(如行为信念传播、广告传播、公共关系传播),对楼盘形象做附带宣传,可以收到良好的效果。

4.6 营销定位

房地产开发项目营销定位包括楼盘广告定位、活动推广定位、营销渠道定位等。

4.6.1 广告定位

1. 不同媒体广告的特点

广告媒体可分为传统媒体和网络媒体。传统媒体包括电台、电视台、报纸、杂志、信函、车身、路牌等。不同的媒体广告有不同的优缺点,对于房地产广告来说,应根据楼盘不同的特征,在运用广告媒体上各有侧重。

(1)报纸广告。报纸广告具有消息性、广泛性、信赖性、教育性、方便性、保存性等优点,不足之处是时效短、内容繁杂、效果和数量受影响(由于受版面限制)。

(2)杂志广告。具有读者集中、针对性强、吸引力强、宣传效果好、阅读从容、保存期长等优点。缺点是成本高、价格昂贵、信息反馈慢、广告数量有限。

(3)直接函件广告(传真、邮件等)。具有针对性、亲切感、无冲突性、反馈性等优点,缺点是缺乏广泛性及显露性,回收率低。

(4)广播广告。具有传播迅速、覆盖率高、针对性强、表现力强、费用低廉等优点,不足之处是听众分散、效果难测定、难以记忆、影响宣传效果。

(5)电视广告。具有传播面广、影响力大、诉求力强、表现手段和方式灵活多样等优点,不足之处是制作复杂、成本高、时间短促、专业适应性不强、传播面太宽容易造成浪费。

(6)户外广告。具有长期性、固定性、集中性效应,但由于地段固定而不具备流动性,注视率不够集中且成本较高。

(7)网络广告。有传播面广、时间长、诉求力强、表现力丰富、更新便捷等优点,不足之处是制作复杂、效果难以测定。

2. 选择广告媒体应考虑的因素

各种媒体发布广告各有优势，在选择媒体时，房地产开发商应考虑以下因素。

(1)项目规模。规模越大，开发周期就越长，应选择车身、路牌等固定广告位以长期被人认知。

(2)楼盘档次。楼盘的档次决定其目标客户群的身份层次，在媒体选择上更应注意他们对媒体的喜好，以增加接触机会，加深印象。

(3)项目区位。区位体现了目标客户的区域，因此要根据项目的所在区域有针对性地发布广告。

(4)资金实力。资金实力是开展立体广告攻势的先决条件。若实力雄厚，项目规模又够大，就应展开立体广告攻势，尽可能把目标客户一网打尽；如果资金有限，则尽量节省费用。

(5)目标客户层次。

(6)目标客户区域。

在以上因素中，其中应重点考虑资金实力和目标客户的情况。

3. 广告预算方法

广告预算是对如何安排、使用广告经费做出具体、详尽的资金使用计划的过程。它要求企业首先确定准备用于开展广告活动费用的具体数目，其次决定出于何种目的，于何时、何地支配使用这些广告经费。一般来讲，广告预算的主要方法有以下四种。

(1)量力而行法。即企业确定广告预算的依据是他们所能拿得出的资金数额。也就是说，在其他市场营销活动都优先分配给经费之后，尚有剩余者再供广告之用。

(2)销售百分比法。即企业按照销售额(销售实绩或预计销售额)或单位产品售价的一定百分比来计算和决定广告开支。

(3)竞争对等法。这是比照竞争对手的广告开支来决定本企业广告开支多少，以保持竞争上的优势。在市场营销管理实践中，不少企业都喜欢根据竞争对手的广告预算来确定自己的广告预算，造成与竞争对手旗鼓相当、势均力敌以对等局势。

(4)目标任务法。以上几种方法都是先确定一个总的广告预算，然后再将广告预算总额分配给不同的产品或地区。比较科学的程序步骤应是：第一，明确地确定广告目标；第二，决定为达到这种目标而必须执行的工作任务；第三，估算执行这种工作任务所需的各种费用，这些费用的总和就是计划广告预算。这种确定广告预算的方法就是目标任务法。

4. 广告推广安排

在房地产开发项目整体运作过程中，广告的投放时间和比例安排，可按照以下几种形式进行。

(1)按照产品的开发阶段(形象导入期、内部认购期、蓄势调整期、开盘期、强销期、理性分析期、品牌巩固期)安排广告的投放量。

(2)按照市场的淡旺季安排广告的投放量。

(3)顺应市场造势。如根据不同的情况，某月广告信息可以集中在本月的某一小部分时间内，也可以连续不断地分散在全月时间内，或者间断性地分散在一个月时间内。

4.6.2　活动推广定位

在房地产开发项目推广过程中，除了广告推广之外，活动推广也非常重要，这两种推广方式互相补充，密切联系，使整个推广过程更加完善、有效。

1. 活动推广的概念

活动推广是指企业整合本身的资源（企业及楼盘的优势和机会点），通过具有创意性的活动或事件，使之成为大众关心的话题，吸引媒体报道与消费者参与，进而达到提升企业及楼盘形象以及促进销售的目的。

2. 活动推广的时机

企业进行活动推广的时机有：①认为购买商品的新客户人数不够多时。②新项目导入市场的速度必须加快时。③该片区或某一特定时期，市场竞争特别激烈时。④企业想更加强广告力度时。⑤主要竞争对手积极举办活动推广时。⑥企业想要获得更多消费者或路径等方面的情报时。

3. 活动推广的形式

活动推广的形式有多种，可根据不同的情况去具体应用。

(1)楼盘庆典仪式。是在项目工程建设过程中举行的开工典礼、封顶仪式、竣工典礼、开盘仪式及业主入住典礼，将所开发的楼盘逐步推向市场，这就是楼盘庆典仪式。在楼盘庆典仪式中，应邀请具有一定社会影响力的机构、团体、个人参加，如邀请当地和全国有关的新闻机构等人员及可能的买主参加，还可邀请政府有关人员和社会知名人士参加。楼盘庆典活动中，企业和当地政府官员或知名人士致辞、介绍物业情况、参观现场等应是必需的内容，此外还可安排茶点或自助餐招待，并可赠送一些小纪念品和有关宣传材料，有时还可安排一些文娱活动。

(2)社会公益活动。凡借艺术、音乐、文化、体育、环境保护或社会责任之名从事的公益活动，具有非商业性及提升生活素质的功能，较容易受到大众传媒的重视而成为有新闻价值的话题。企业从事公益活动，不仅能塑造卓越的企业形象，还可增强消费者信心，可谓一举两得。

(3)社区内活动。以举办并播报业主参加的各项大型活动来展示小区的文化内涵。通过间接的方式来引导消费者的购买行为，现已成为普遍流行的一种推广手段。其活动安排常选择在各种节假日，如元宵节灯谜晚会、重阳节敬老活动、“六一”儿童运动会、圣诞狂欢夜等。此活动推广在增加社区人气的同时可以起到吸引外界目光的作用。

(4)大型有奖销售、打折促销活动。以“让利于民”的手段在短时间内聚集大量的人气，从而增加项目的知名度，并直接增加销售量，此活动有易组织、见效快的特点，但不宜经常举行，让人产生“低廉”和“抛售”的感觉，导致消费者产生对楼盘品质的怀疑而得不偿失。

4.6.3　营销渠道定位

在房地产营销中，主要的营销渠道有房地产开发商直销和委托房地产经纪公司销售。

1. 房地产开发商直接销售

房地产开发商直接销售与消费者直接接触，有利于搜集消费者对产品的意见，有利于改进企业的工作，提高竞争力和建立企业良好形象。但是，这种方式要求房地产开发商拥有很强的销售队伍，包括一个有效的营销机构和既懂房地产营销又懂相关法律知识的高素质的营销人员队伍。房地产开发商采用直接销售的方式的情况主要有如下几种。

(1)大型房地产开发公司的项目。大型房地产开发公司内部一般设有销售部门，专门负责公司楼盘的销售工作。他们往往有自己的销售网络，提供的自我服务有时比房地产中间商更为有效。选择直接销售方式，一方面是因为房地产开发商有实力；另一方面是认为自己公司的人员会全力为公司促销，可以对促销进行很好的控制，这是委托销售所不能具有的优点。因此，一些有实力的房地产开发商自己组建销售代理公司，强化对营销渠道的控制。

(2)市场为卖方市场的项目。当市场为卖方市场时，推出的楼盘会供不应求，有很丰厚的利润，房地产开发商往往不需要专业的销售队伍，也就不需要委托他人销售了。

(3)楼盘素质优良。对于那些自身素质优良、市场反应非常好的项目，甚至还有一些业主预付了部分或全部建设费用的项目，无须委托他人销售，因此房地产开发商会选择直接销售方式。此外，房地产开发商如果希望对自己项目加强控制，也往往选择直接销售方式。

2. 委托房地产经纪公司销售

一般的小型房地产开发企业，由于本身的实力不强以及聘用专职人员需较高成本等原因，多采用委托房地产经纪公司的销售方式。对于拥有销售队伍的房地产开发企业，有时也要借助房地产经纪公司的帮助。对于那些专业的房地产经纪公司，并不是简单的销售介入，而是在项目的前期就已经介入，帮助房地产开发商进行项目定位、户型安排等，因此需要房地产经纪公司和房地产经纪人具有丰富的经验。

【延伸阅读】

旅游房地产文化营销策略实施及其效果评价——以巴国城为例

一、项目介绍

巴国城项目以“巴文化”为魂，包括230余亩的生态文化公园、15 000 m^2 的巴国文化广场、20 000 m^2 的庭院式五星酒店和中国顶级的水疗中心、800多m长且50多m宽的“巴国风情街”、2 000 m^2 的巴国博物馆、50多个巴国远古至今的杰出人物的名人长廊、300多m长的古玩、字画、餐饮一条街、3 000多个超量停车位等，将“旅游、文化和商业”完美融合，获得了“中国知名文化地产”、“全国十大典型商用物业”等国家权威机构授予的荣誉称号，是旅游房地产文化营销的典型案例。巴国城项目属于出租型旅游房地产类型，本文将研究其实施文化营销所带来的效果和影响。

二、产品策略——建筑规划设计中的文化寓意

(一)集中体现巴文化的建筑规划设计

巴文化是重庆的根系文化，项目建筑全部采用仿古特色，吸纳了中国汉唐时期的建筑精华。

巴国城入门是一道高大的牌坊，横额上有“巴国城”三个篆书大字；接下来是文化广场，高大的基座上镌刻着“巴将军”的英名；广场里有巴渝名人长廊，尽列从古到今巴地或客居巴地的众名人像并碑志。

巴国风情街两侧的宫廷建筑群大量采用了退台、露台以及透空，前庭后院与中庭相互结合，屋顶、门窗仿古装修。沿街有大量的历史文化雕塑及路沿石刻，取材自中国传统的儒家文化和巴文化中流传最广的“白虎”、“青龙”、“朱雀”等吉祥动物，趣味盎然，弥漫着十足的文化气息。巴国风情街的主要业态是巴渝特色风味餐饮。

巴国城门两旁设有巴人博物馆、巴人研究协会，博物馆依山就势，建有烽火台、箭楼、巴长城，造型似古城楼。巴国城生态主题公园，处处可见造型别致的亭台、楼阁、曲桥、凉亭，各个接点、路畔多有石屏雕刻，神话、传说、史实，大禹治水、巫山神女、巴人图腾等尽在其中。巴国公馆，内接近1.5万m^2的水景主题中庭，外拥巴国城230亩免费生态公园，是以生态、健康为理念的高端纯生态住宅精品。

（二）集中体现茶文化的建筑设计

巴国文化广场东侧是按照现代茶叶交易市场的要求对建筑进行内外改造及装修的重庆国际茶城，它是重庆最大的茶叶零售、批发、团购平台。国际茶城前夸张而醒目的“茶王迎客”造型广告独具匠心，一见到它自然便会引发强烈的“茶瘾”。

（三）集中体现婚庆文化的规划设计

巴国城是重庆目前唯一的国家级文化产业示范基地，正全力打造全市首家高规格一条龙婚庆服务城。目前位于巴国城的红喜坊婚庆产业街区已经有了雏形，整个街区包括“婚庆文化中心”“草坪婚庆中心”“西式婚庆中心”“婚庆图腾祭拜台”和“婚庆产业街”，建成后将形成集婚纱摄影、婚庆礼仪、婚纱礼服及饰品、喜糖、喜酒、鲜花等业态于一体的婚庆文化创意产业园。春节期间，巴国城是黄桷坪新年艺术节的分会场，其中红喜坊婚庆城推出的“比武招亲”活动精彩纷呈。

三、价格策略——招商策略

为了与巴国城定位相吻合，巴国城商业物业项目在招商过程中有意抬高了门槛——巴国风情步行街1 000 m^2起租，起租年限5～8年，并且必须是知名品牌商家。另外，就连商家的招牌名称，巴国城也要干预。

2010年7月，作为中国老八大名酒之一的董酒，在此设立进入重庆市场后的首个品牌体验中心，不仅填补了巴国城董香型白酒展示的空白，同时也较完整地诠释了集乐舞文化、诗词文化、酒文化、民俗文化为一体的巴国文化的多元融合。

重庆市九龙坡区政府专门也为巴国城制定了优惠的招商政策，市旅游局也将把巴国城定为魅力重庆一日游的组成部分，该项目已成为重庆向外来游客展示我市悠久文化的窗口。

四、文化营销策略的实施效果

自开业以来，随着周边金科绿韵康城、同天绿岸、金科云湖天都等十余个中高档楼盘的相继交房入住，九龙园区、留学生创业园、绿云石都钢材市场及隆鑫钢材市场、金科九龙机电城等的迅速进入，再加上项目周边大量的消费保障，巴国城吸引全城消费的同时，亦将提升该区域商业的增值潜力。到“十二五”末，巴国城婚庆一条街计划吸引主城区40%

的目标人群，直接收入达 100 亿元，拉动其他关联产业消费达 1 000 亿元。但巴国城也存在规划理念的不完善、业态分布的单一性及后期运营管理方面的不足，在提高餐饮品味的同时，正努力打造红喜坊婚庆一条街及时尚 KTV 项目，以丰富业态、聚集人气。

巴国城项目的升温在于它的文化诉求真正深入人心，在全国独一无二完整的巴文化体系使其吸引人气得到了保证。城内大街和广场上展列的巴蔓子将军和巴国古人农耕、冶炼、造舟等高大雕塑气势豪迈、栩栩如生，这很容易联想起自强不息、乐观豁达、声响气粗的重庆人性格。宽阔笔直的主干道立着的多座当地文化名人和革命志士浮塑墙，是重庆从古至今引以为荣的文化精粹和历史教科书，令人肃然起敬。巴国城挖掘巴渝文化的独特资源，通过展示千载巴文化的灿烂，彰显重庆先民忠义爱国的民族精神，传承千古巴国人文传奇，让更多的人了解重庆的历史。同时将古文明与现代商业完美结合，探索出文化商业的运作典范。徜徉未来的巴国城，人们将解读巴国文化神韵，领略中国汉唐风情，观赏文化建筑经典，享受现代文旅商娱业的魅力。

巴国城并无围墙，尽显现代开放意识。围墙在中国有很长的历史，以邻为壑是开放的大敌，是中国走向世界、走向富强的羁绊。这里的广场、生态公园、博物馆全是免费的，还自然于人民，还历史于人民，开发商以人为本的理念值得称道。跟随主城西进的脚步，巴国城已经成为了人们休闲的好去处，并与彩云湖、华岩寺、龙门阵、海兰云天等风景名胜、旅游房地产共同构成九龙坡区的新名片：文化创意之城，休闲宜居之都。

【实训任务】

根据上一章实训任务成果，进行项目定位分析，提交分析报告。要求包含项目客户定位、产品定位、产品定位、品牌定位、价格定位。

Chapter 5

第5章 产品规划设计

【导入案例】

大连国泰·帝柏湾建设项目产品设计

一、住宅设计

在户型规划设计上，大连帝柏湾更是集思广益、精益求精：600户观海尊贵尚居，户户通透，主推从100～150 m^2 的单元面积，平层100～200 m^2，跃层200～400 m^2，满足了不同消费者的需要，6 m宽的豪情客厅，阔绰的主人套房，完善的功能配置，户户日光充裕，山海阳台，把山海国色变成私家壁画。

大连帝柏湾住宅设计的点亮“动静”“干湿”“洁污”三大功能区划分明确，全面提升精英人士生活品位。精当玄关设计，私密气派，聚气生财主卧、客厅、厨房三南设计，客厅超大观景阳台，厨房独特室外阳台，儿童房双面采光，充分保证居室日照采光最优化，居室中央特别规划中心连通区，同时连接客厅、卧室、卫生间，围合布局，居家生活更融洽。

住宅建材装修和配套设施如下。

外墙：面砖配合高级涂料。

内墙：水泥抹灰。

地面：水泥砂浆抹平。

门窗：中控玻璃塑钢窗。

厨房：预留上下水管。

卫浴：预留上下水管。

供电：市政配套。

供水：市政配套。

采暖:市政配套。

通讯:市政配套。

安保 24h 保安巡逻。

智能消防。

车库:按 1∶1 比例设置,双排车道,并在入口和车场内都设有遥控系统,全自动的读卡系统保证业主出入的安全。

电梯:日立品牌。

楼体:1～5 层采用干挂式花岗岩石材,上部采用造价成本极高的进口真石漆或日本碳涂压花。

外墙:嵌入式聚苯板。

窗:高级节能断桥铝合金,中空玻璃。

大连帝柏湾总用地面积 2.78 万 m^2,其中总建筑面积 101 783 m^2,住宅用地面积 99 296 m^2,半地下会所面积 2 408 m^2(按一半参与容积率计算),停车位面积 22 616 m^2(不参与容积率计算),容积率 3.7,建筑密度 11%,绿化率 40%。

二、公共建筑规划设计

大连帝柏湾尊享国家 4A 级景区资源,并且"空气质量达 GB 3095—1996 中规定的一级标准,噪声质量达到 GB 3095—1996 中规定的 0 类标准,地面水环境质量达到 GHZB1 的规定"等国家 4A 级景区的相关高标准规定,在帝柏湾中均被充分还原或超标实现。

大连帝柏湾社区内品质高尚,配套齐全,占地 2 408 m^2 的帝柏湾会所完全按照"家族会客厅"的要求而建造。比肩 5 星级酒店式的休息大厅、中式特色美食及西方贵族式的盛宴定会让宾客们充分体验到您的盛情,会所内还配有海水游泳馆。与家人、朋友一起在泳池畅游或轻轻松松的来个 SPA 浴,专为小孩子们设计的"儿童欢乐谷",设有多项开发智力、锻炼身体的康体娱乐设施,令孩子们乐不思蜀、流连忘返。

同时,大连帝柏湾七幢大厦均设有酒店式大堂,并设计有南北两个出入口,双排车道。采用高档大理石铺地,并特别设计艺术展示区、贵宾休息区、接待区以及每户独立的专用豪华信报箱,让业主在出入家门时都能感受高贵与温馨。

有着丰富经验的梁宇元设计师在考虑帝柏湾园林中参与性功能的时候,不仅设计了适合成年人休闲生活、陶冶心志的竹林、溪流、露天广场等景观小品,还特别规划了儿童活动区、老年康健区,其中的器械均为国内外知名品牌,在体现品质生活的同时,更是将安全保护做到最好。不仅如此,帝柏湾更创新地将两区科学有效地连接,让孩子在儿童天地尽情享受童真童趣的时候,照顾他们的老年人也能参与活动,享受充实丰富的康乐生活。

三、景观设计

大连帝柏湾坐享景区内 118 万 m^2 的原始绿地,在项目规划初期,大面积的天然林木、植被得以原样保留,借着缓坡地势,形成独特的内部园林景观及罕见的外部区域景观。4 万 m^2 的园林景观,大到整体规划布局,小到一块石头、一株植栽的选定,均由台湾张文明建筑师事务所的梁宇元先生亲自主持。在大面积保留了原生态丛林的基础上,帝柏湾精心地从各地引进了近千株不同科目、不同生长习性、不同特色的植栽,不仅要保证春夏两季里多色彩的视觉感官，更是创造了秋冬两季三分之一落叶、三分之一彩叶、三分之一保持绿色的植物色彩搭配原则，让大连的园林景观走出了“色弱”的阶段，真正开始拥有高品质豪宅园林应有的奢华与格调。

景观设计上，社区内有上万平方米的中心花园，由小区大楼环抱形成，内聚的花园符合风水学中的“聚气”，加强了整体的围合感。借着平坡结合的“山水林”立体3D化曲线绿化，不仅让视觉层次丰富了，绿化的面积增大了，迂回在向阳缓坡上的园林小径更是用一种最贴近自然的方式增强了未来业主生活的情趣性，保证了休闲活动的私密性。

从南北通透的居室俯瞰，3D坡地园林的景观与巍峨的山、壮阔的海以及蜿蜒曲折的海岸线互动出帝柏湾特有的山、海、林多层次、立体化景观。走在贯穿南北的景观中轴线上，满眼收获的是豪宅品性的奢华豪景，欧式的宽台阶、精雕的门廊、古典歌剧院风格的中心花园……每一个景观都是欧洲经典的再现，是一种豪宅生活应有的尊贵与气派。而漫步于东西两侧逐渐走高的坡地时，体会的则是一种“步移景异的360°景观环抱的感觉，自然的溪流、青翠的竹林、“前敞背实”的区域组团花园……

就像建筑外观上新巴洛克的欧式奢华与“花开富贵”的中国文化“双剑合壁”一样，帝柏湾首创的3D园林在拥有欧洲皇家园林的气势与高贵的同时，梁宇元先生更是将中国古典园林的细腻、质朴融入其中。徜徉其中，溪流与步道的迂回曲折，步移景异的情趣自然，通过水景喷泉营造出的舒缓而诗意的情境，乃至“前敞背实”、“环抱围护”等对于环境科学规律的遵循，将中国古典园林设计精神的引入，不仅是对西方园林“重氛围营造、轻人性化参与”设计的弥补与丰富，更是一次中西方文化在园林设计上的激情碰撞。

不仅如此，帝柏湾园林的人性化均好性设计还表现在景观围墙的考虑。用立体绿化形成园区与外部环境的屏蔽带，在达到私密功效的同时，摒弃了传统围墙与园林景观生硬的连接——将4A景区的风光环境引入园林，让园林景观呈现出更多的发散性与壮阔感。

园林光景观，无论是被照亮得流光溢彩的楼宇、璀璨夺目的街灯，还是草丛中的点点“繁星”，形态各异、如诗如画的灯光不仅让园林景致散发出别具一格的美丽，更是让城市的夜间因此更添繁华。作为以居住为最终目的的住宅项目，其夜间的灯光景观在做到丰富的同时，并不能统一的用壮阔、大气、明亮等标准简单的衡量。优秀的园林光景观，尤其是豪宅，要通过有明有暗，有收有放的灯光营造，让以人性化和休闲化功能为设计前提的园林，成为居住者在夜晚与自然紧密接触的空间，让园林的灯光环境充分地衬托出园林的主题与意境。

因此，有着丰富景观设计经验的梁宇元建筑硕士赋予帝柏湾园林的不仅是白天的山、海、林3D立体景观，在夜间，有关光环境建设的景观同样是三个层次考虑的巧妙设计：一是一般照明，突出使用功能；二是艺术照明，突出灯光营造出来的艺术效果；三是灯光环境艺术，要求做到主题突出、有重点、有起伏、有过渡。

【知识讨论】

1. 你认为案例中产品设计的特点有哪些？
2. 你认为哪些元素在产品设计方面具有重要意义？

【知识内容】

5.1 产品规划设计管理

5.1.1 产品规划设计的内容

乔纳林·艾夫就声称:“我们不单纯是为了把我们的产品同别人区别开来,而是为了创造人们真正喜爱的东西。”他客观地说出了在产品设计过程中对形象的把握不仅仅是局限在产品自身的物质范围,我们在讨论设计的时候更多的是牵扯到形而上的人类认知问题。故此房地产项目的规划设计外延的丰富性决定了它与企业、消费者的交互过程中产生更大的附加效应。

做产品规划设计是为解决项目的计划、策划与系统之间建立联系的问题。规划首先要解决的就是项目建设过程中整体体系的问题。房地产产品规划的内容可以通过整体功能及造型规划和各项设施的配置两方面来解释。

1. 整体功能及造型规划

整体功能及造型规划具体是指单一空间的房型设计和室内功能规划以及由其延伸至整个大楼或小区的面积配比、格局配比、外观造型、社区环境和总体功能规划等。它是做产品最基本的要素,不但是客户购房时最为关心、最先考虑选择的条件之一,更是开发商在市场检验中,判断其投资是否成功的最关键一环。

进入销售后的房地产项目的整体功能及造型规划变动最难调整。所以,一个地产项目的前期规划尤其重要,一般到了项目建设的中后期,就不再做任何大的更改。

2. 各项设施的配置

各项设施的配置主要指对整个大楼或小区,满足人们日常生活或工作需要的各项设施的全面配置。包括水、电、煤、通信、装潢、保安、保洁等各方面最基本的功能配置,是对整体功能及造型的充实和完善。

随着楼盘基本配置标准的逐渐提高,不少住宅小区中已经开始增加很多额外的娱乐休闲性质的公共配套设施以及其他类型的商务配套。

和整体功能及造型规划相比,设施配置在影响客户购房感受方面不太直观强烈,但却与今后日常生活密切相关,恰当的细节表现优势也会增加对客户的影响程度。这一项对开发商来说,是产品策略中种类最多、可塑性最强、最易于调整的部分,所以是产品促销中最容易表现和实现的元素。

5.1.2 产品规划的策略

产品规划要与目标消费群相吻合,并不表示在规划设计时要一味地迁就客户需求,既要顺应也要引导，要具备前瞻性的眼光，挖掘和满足客户的潜在需求。功能配置也不是多多益善，而要精益求精，重在体现专业化水平。具体规划时还要关注考虑竞争对手的状况。

1. 规划与目标市场相吻合

一个产品的客源定位涉及的内容包括：客户职业、年龄、生活习俗等各方面。做定位的最根本依据是客户收入水平，反映到产品上就是房屋价格区间。同样，不同产品之间规划的不同，也主要区别在产品具体构成的精美、丰富程度和档次上。做好这一点是开发者追加投入、增加费用、房屋单价和总价自然的过程。因此，产品规划的一个重要原则是总价设定原则，这是掌握成本和利润之间的一个平衡尺度，用它来实现和保证产品规划和客源定位之间的最佳平衡。

2. 兼顾实际销售的需要

产品规划是要兼顾实际销售需要的，在这个环节要特别注意恰当的应对。具体来说要注意的有三点。

(1)具体到规划产品的功能配置上，是指还应考虑竞争对手的状况。譬如对竞争对手的产品配置。需要注意的是，开发商产品规划除必不可少的配置外，最好不要东施效颦；对于对手欠缺的地方，自己酌情加强。这样，既便于突显自己的产品优势，又免于简单地跟随模仿，背上沉重的成本包袱。

(2)产品规划应该考虑消费者的接受程度。

(3)产品规划设定是否有利于销售宣传也是一个重要注意点。同样两个产品规划方面的建议，一个在销售上容易显现，另一个则在销售上不容易表达，这种情况需要我们在兼顾产品品质的基础上，注意恰当的选择。

3. 顺应和引导消费时尚

产品想要在众多的竞争对手中脱颖而出，一些与众不同的规划配置必不可少。所以，作为一种积极主动的企业行为，产品规划的着眼点应该建立在顺应和引导消费者时尚的基础上。

5.1.3　产品规划设计的五个阶段

不同于房地产项目的市场研发、营销策划和融资管理等短期任务，产品设计工作会贯穿开发项目始终。产品规划设计管理直接关系着房地产项目的成败。这也是房地产企业对设计工作精确规划和严格管理的原因。房地产项目因为开发时间较长，一般都会把项目开发全部分成五个阶段(图5-1)，设计规划在每个阶段的工作重点也不同。

图5-1　规划设计的五个阶段

1. 启动阶段的规划设计内容

设计工作在项目开发的不同阶段，所起的作用也不同。但必须要围绕满足项目总体规划和要求展开。房地产开发项目要明确项目组织结构，清楚各项目参与人员的责权，组建高绩效的团队。

启动阶段的工作主要工作有四类：地块选择、房地产市场调查、购房者心理分析、开发项目市场定位（表 5-1）。

表 5-1　启动阶段主要工作类别及工作内容

工作类别	工作内容
地块选择	从经营角度和运营角度考虑，在做地块选择时，最好选择三个以上不同地块，分别进行相关的经济指标和技术特性进行前期初步比较
房地产市场调查	针对城市宏观规划对房地产市场的影响，区域楼盘竞争的大小做详细的调查报告工作
购房者心理分析	透析客户心理，对各消费群进行分析，掌握客户需求，从而更好地满足客户需求
开发项目市场定位	在明确目标客户的条件下，结合趣味因素，确定开发理念、用途功能及进行价格定位

2. 设计阶段的规划设计内容

设计阶段又分为设计采购和产品设计两个阶段。

设计采购时选择合适的设计公司通过合同形式承包项目产品设计工作。设计采购可以用两种方式进行，直接指定设计公司和招投标选择设计公司。

（1）直接指定设计公司。直接指定设计公司长期合作的战略伙伴或指定知名设计公司、设计师，可以根据以往项目经验、专家判断、产品类别等综合因素决定是否直接与指定的设计公司建立合同关系。

（2）招投标选择设计公司。方案招投标设计可以分内部招标和公开招标。内部招标的投标人不少于三家，公开投标的投标人不少于三家。招投标对于提高工程质量、降低工程造价和提高投资效益具有重要意义。

产品设计是在概念设计的基础上深化建筑设计，包括方案设计和初步设计。

方案设计的主要内容是：总体规划设计方案、景观绿化设计方案、建筑单体设计方案。作为一个完整的房地产项目，这三项内容是紧密衔接相互制约的，必须在方案阶段同时考虑同时深化。初步设计的主要内容是：规划报审总图、市政设计方案，景观绿化初步设计、建筑单体初步设计。

3. 工程设计阶段的规划设计内容

工程计划是整个项目的关键阶段。制定前，要先进行部分的材料设备选购和材料订货。材料设备的采购会成为工程施工总体计划内容的详细表述，起补充作用。

工程施工总体计划的基础是施工图。它的主要设计内容包括：市政道路施工图、景观园林施工图、建筑单体施工图。工程施工图详细涵盖了所有项目范围，各专业施工图设计越细致项目成本预算就越完整详细，项目质量、项目成本、项目进度也能更有效地得到控制。

4. 工程施工阶段的规划设计内容

按照项目总体计划按部就班地进行施工组织，由于施工阶段的工作完全是通过向外承包完成的，所以房地产商要做好监督工作。

(1)要求施工单位做好施工组织设计工作,督促监理单位做好监理规划监理细则。

(2)定期召开工地例会、设计交底会。

(3)确保工作的质量、进度、成本以及项目总体计划实施和控制。

(4)设计管理要及时准确地审核各种变更,提出准确的通过或否定意见,使变更的发生尽量不脱离总体计划。

(5)收尾阶段的规划设计内容

除了合同管理中要有很多合同收尾外,其中设计管理很重要的工作就是总结经验教训,加强项目收尾的管理,能有效保障项目圆满完成,及时完成对外结算,确保取得项目最大经济效益。一个完整的项目记录和总结还能成为企业新项目的参考模板和数据库。

5.1.4 产品规划设计管理的四大关键点

建设设计工作是工程建设的关键环节,是项目决策的科学依据,为工程建设提供设计文件。做好设计管理工作,对项目起着决定性作用。为保障产品顺利完成,必须抓紧规划设计管理的四大关键点。

1. 做好任务设计书

做好任务设计书要注意以下四点。

(1)制作充分的设计任务书。设计任务书是设计的输入,要想有好的设计,充分的设计输入是起点。在设计的各个阶段,设计任务书输入的重点不太一样。

(2)做好项目方案设计。方案设计阶段的设计任务书主要内容包括五方面。公司最高领导层的规划意见,营销部门提供的产品定位,物业公司和客服部门提供的客户建议,开发部门提供的政府征询意见,预算部门提出的初步成本建议以及项目现场管理部门提供的勘测报告等。方案设计阶段设计任务书输入的重心在于报批反馈意见、成本要求。

(3)重视初步设计和施工图设计。初步设计和施工图设计阶段的设计任务书的内容主要包括四类:前面的设计成果、报批过程中获知的反馈意见、预算部门提供的细化成本要求以及项目现场管理部门提供的配套设备的设计要求等。

初步设计和施工图设计阶段,设计任务书输入的重心在于报批反馈意见、成本要求。

由于后续参与设计成果审批的部门基本与提供设计输入建议的部门一致,因此若此环节将某个部门省略,那么后续的设计评审也将缺乏针对性的效果。

编制设计任务书的四个闲置条件。

一般来说,房地产企业都会主动意识到编制设计任务书的重要性,但总有原因导致设计输入不够充分或设计输入质量不高,这些原因总结起来有以下四点。

第一,时间紧张。不少房地产企业,为了让项目赶上一个好的面市时机或者快速回笼资金的需要,往往预留的工期紧张,留给设计的时间不多,导致设计任务书编制匆匆忙忙,包括后续的设计过程控制和设计成果评审都敷衍了事,一切问题留待施工过程中通过做设计变更和过程签证来解决。而工期紧张,也大大影响了其他部门的工作质量。

第二,人力资源紧张。房地产企业一直缺乏专业人才,人才匮乏使很多大家都知道重要的工作却没有办法开展,如搜集客户信息,了解客户需求。精力分散必然导致工作质量降低,如涉及限额要求的质量可能因为精力不够而大打折扣。

第三,忽视重要工作。编制方案设计的设计任务书时,由于忽视了地质勘测报告的重要性,导致后续大量的土方签证和一系列的设计存在先天性缺陷;扩初设计时又忽视项目现场管理部门提出的配套设备的设计要求,导致后续图件、配套和景观的设计出现矛盾。

第四,能力和资源积累不足。成本预算方面积累不足导致预算部门难以提供有效的设计限额要求,客户积累不足导致营销部门、客服部门无法收集到充分有效的客户需求建议等。

2. 重视设计过程的控制与跟踪

设计过程的控制与跟踪是设计思想得以物化的重要步骤。不重视项目的控制与跟踪的期限,最容易出现项目最终设计意图及思想相差甚远的问题,出现不必要的偏差,降低了项目整体效益。为了避免这种情况出现,可从以下两方面进行改进。

(1)关键节点控制。在设计开始实施前,设计部门与公司领导拟定该设计项目的关键节点计划。这些关键节点由设计部门组织检查,必要时可组织各部门参与研讨会,同时碰到不确定性问题时应及时征询规划部门意见,尽早发现问题,提前解决问题。

(2)实地跟踪。在初步设计及施工图设计进行过程中,总师室应组织控制人员,前往设计单位进行实地跟踪检查,检查内容包括设计进度、人员资格及专业配合等,检查中发现不符合要求的问题立即要求设计单位将书面整改结果报总师室备案。

3. 把关设计结果评审

设计评审时房地产企业工作中的重要一环,它是房地产企业对设计单位提供成果的最后一次把关。这次把关很大程度上决定了后面设计变更和工程签证的多少,房地产企业应给予高度的重视。目前,一些房地产企业或采取口头等非正式沟通的方式或走形式,导致该环节的控制作用不能很好地发挥。为确保效益最大化,做好结果评审的把关,设计成果评审会应做好以下四点:评审会的合理组织,评审参与部门,参与部门重视和评审纪要。

(1)评审会的合理组织。

评审会的合理组织要注意以下四点。

①房地产企业业务部门的工作时间异常宝贵,组织应尽可能更加科学合理有效。

②在时间上应充分考虑到评审参与者的工作安排,避免出差或其他原因导致的缺席。

③设计方案或施工图应根据量的大小提前(2～3d)下发评审参与者,以备消化吸收,提高评审会效率。

④选择权威人士担任支持人,提高各参与部门的重视程度,同时在出现争持意见时决策拍板,避免长期争持影响效率。

(2)评审参与部门。一般来说,提供设计输入的部门以及领导都应参与,核对提供的设计要求或建议是否在设计图纸中得到体现。必要时,还应邀请外部有关专家参与。

(3)参与部门要重视。参与部门重视才能起到评审的效果,而参与部门往往都是比较忙碌的业务部门,要避免来了听听走人的心态。

(4)要做评审纪要。严肃对待评审纪要可以提高部门的重视程度,并且为日后的设计分析总结提供素材和依据。各个评审会都应做详尽的评审意见记录,并要求签字确认。

4. 控制设计变更

设计变更可能产生好的影响,如节省成本,产品在功能上更加符合业主的要求,也可能产生不好的影响,如导致成本严重超出预算。

设计变更的发生有很多方面的原因,主要的如表5-2所示。

表5-2　三种设计变更以及发生原因

公司领导要求变更	营销部门要求变更	施工单位要求变更
因领导的换届导致现有设计风格不符合领导要求,或原有领导基于公司发展的角度要求进行变更	产品的功能设计不符合业主的要求,或给业主带来十分的不便等情况,营销部门提出进行变更	施工单位因材料设备使用问题而提出来的变更,如原有材料设备缺货要使用替代产品,又如使用新材料,施工单位发现图纸设计失误而提出的变更,如出现明显的图纸错漏现象

设计变更的控制主要从设计变更发生的次数和每一次设计变更的处理方法两方面进行,需要注意以下三点。

(1)减少设计变更次数。想要减少设计变更次数,最关键的将风险前移,也就是说将发生设计变更的可能性尽可能在前面的设计管理工作中予以降低。概括来说,就是做好签署的设计任务书编制、设计过程控制和设计成果评审三项基本工作。做好该三项工作后,设计变更的次数可以得到较好地控制。

(2)严格控制设计变更的发生。设计变更的控制主要坚持"先研讨再测算最后决策"的控制原则。简单来说,先从技术上验证是否可行,然后从成本上验证是否可行,最后决策是否变更。这样一来,可能会影响施工效率,在此可以适当给予项目负责人一定的设计变更权限。

(3)设计单位素质。目前国内设计单位的设计水平和素质差异较大,一般来说,大型设计院设计水平高,设计质量更为可靠,但价格稍高而且配套服务不能跟上;中小型设计院水平偏低,设计质量也相应打折扣,但价格稍低而且配套服务质量高。建议房地产企业根据自身资源情况选择合理的设计单位,不要盲目追求大型设计院,也不要一味追求节约成本。

5.2 控制程序

为了控制设计单位的设计符合规范并满足房地产企业的要求,要落实设计各阶段的控制程序。总体规划设计管理流程见图5-2。

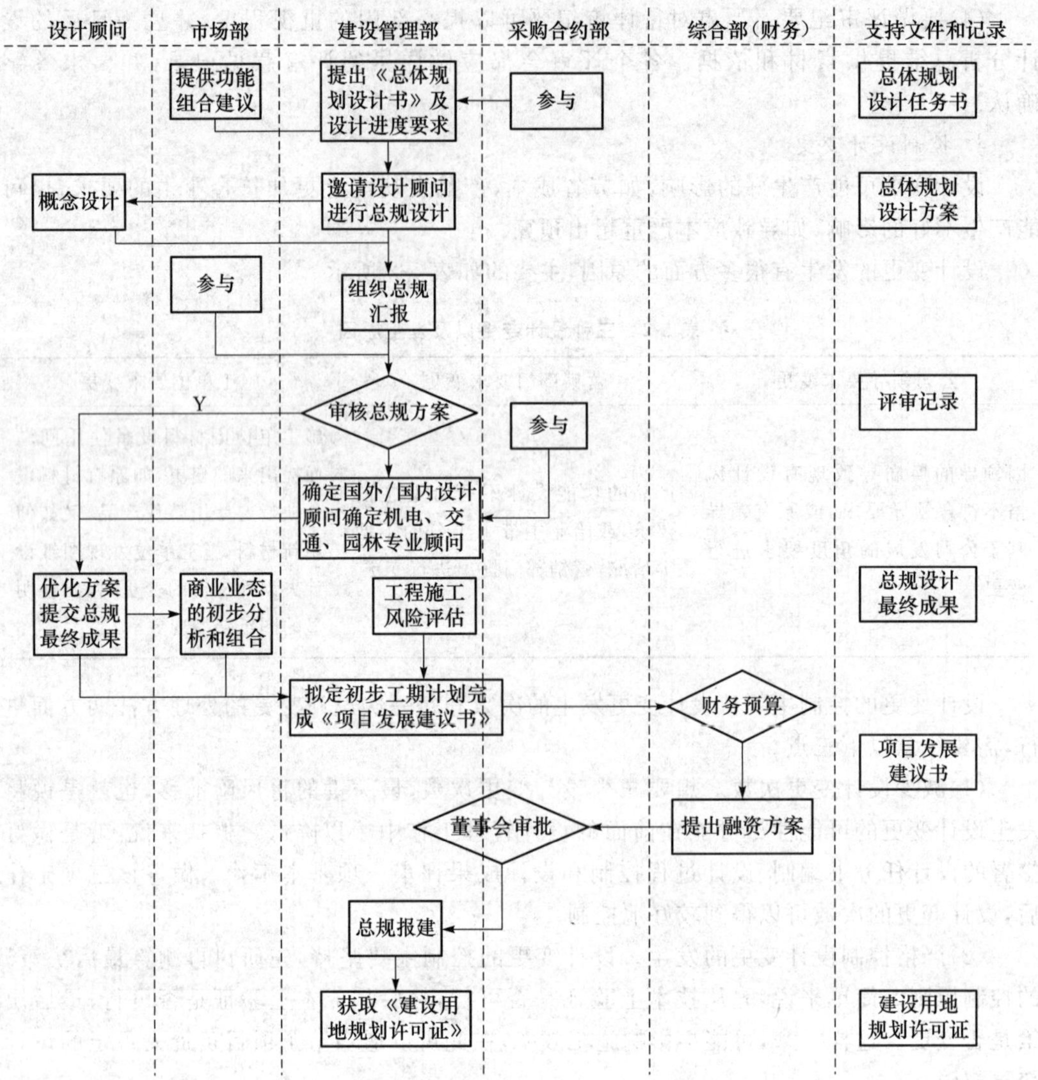

图 5-2 规划设计管理流程

5.2.1 各部门职责

规划设计过程中,各部门具体职责如表 5-3 所示。

表 5-3 各部门职责

部门	职责
销售部	提供市场调研和营销策略
设计部	技术情报的收集、分析,调研设计单位的基本情况并与之沟通
工程部	对有关的施工工艺要求、施工限制性进行评审
分管销售	市场调查、营销的领导和协调
总经理	设计任务书编制工作的领导和协调

5.2.2　规划设计控制程序

规划设计控制程序包括以下四点。

1. 落实年度开发计划

总经理接受总部下达的年度开发计划后召开集体办公会议，与各部门进行相关讨论和安排相关工作，确定年度开发计划的贯彻落实。最后进行相关审核，如果发现年度开发计划与实际情况有冲突，总经理有权对计划进行调整。

2. 贯彻执行设计任务书

设计规划部门完成对任务书的可行性分析，总经理进行审核，对不符合条件的部门进行调整。最终下达任务，各部门按照设计任务书要求完成各自任务。

3. 设计过程控制

设计过程的控制主要包括以下三方面。

第一，设计单位的确定及设计过程的控制。房地产企业对设计单位实际考察后，对外或对内进行招标，再进行筛选。

第二，设计评审。设计文件交付后一周内由设计部经理组织设计评审。具体工作分配如表5-4所示。

表5-4　设计文件评审工作分配

部门/职位	职责
设计部经理	负责评审以下内容：有关法规的符合性，建筑设计的符合性，结构设计的符合性，给排水、电气、煤气设计的符合性
预算部经理	负责评审单位造价
工程部经理	评审施工工艺限制性

第三，设计文件确认。设计部经理汇总评审意见，并在一周内提交给设计单位，设计单位更改设计文件并在交付后的一周内，设计部经理组织工程部、销售部和预算部对设计文件进行确认。

4. 工程部组织实施设计文件

根据招标文件、设计文件和施工条件等，对工程特点和施工难点进行分析，再进行具体施工部署和实施。

5.3　总体规划设计

5.3.1　规划设计概述

从房地产项目总体开发原则来说，良好的规划和建筑设计是保证房地产项目成功的要点之一。在整个房地产项目的运作中，规划设计是其中一个重要的有机组成部分。以往的有关房地产全程操作的论述，大部分集中在房地产运作的市场业务层面，对于住宅区的规划和建筑设计讨论得相对较少，对于如何通过规划和建筑设计创造良好的居住环境从而达到较高的居住水平讨论得更少。

随着经济的发展、社会的进步、技术的改善，人们对于居住的要求也逐步从以往的简单的物理要求层次上升到更加全面的要求层次。也正是由于这些因素，才形成了当代住宅在规划和建筑设计上的新的发展方向。规划和设计的发展趋势，其实正是由于经济、社会、技术因素的改变，促成了人们对居住条件的改善需求。以往的住宅建筑设计只注意硬件建筑、道路、广场、城市等可见部分的设计，却忽视了软件阳光、空气、水、土地、绿化等的设计，忽略了人类聚居的生活环境，甚至忘掉了软件人、家庭、群体、社会、自然和社会生态部分，忘掉了建筑的目的和建筑中的生态平衡。

住宅设计应该以积极的态度，把人与建筑、人与自然环境间的关系建立在反物化、反消耗的价值观上，以“配合应用”环境资源取代“消费”环境资源，视大自然为生命母体，与自然环境维持共生存关系。此观念要落实在节地、节能、节材上，落实在结合地理环境、气候条件上，落实在提高居住环境质量上，落实在生态平衡与自然融合等空间性内容之中。一个成功的住宅项目策划，应该是在开发资金的限度之内，使住宅区的总体规划、建筑及环境设计达到最佳，使住宅区的居住质量达到最高水平。这是关于住宅区整体框架设计的重要步骤。项目的规划设计，就是要制定整个工程的设计原则，给项目的最终的成功奠定坚实的基础。

为了紧扣项目主题，使项目别具风格，要充分考虑目标客户群的要求，打破区域市场竞争对手的销售压力，体现项目鲜明的个性与风格。它主要包括对土地开发总平面规划建议、交通道路规划建议、户型设计建议、建筑设计建议如外立面设计、整体风格设计、组团规划设计等、园林景观设计、智能化系统设计建议。在对项目进行深入市场调查和准确定位的基础上，开发商选择规划设计方案的主要工作内容如下。

项目整体规划方案设计要求对项目建设条件分析和综合技术经济论证；建筑、道路、绿地等空间布局和景观规划设计，布置总平面图；对住宅及配套的学校、幼儿园等进行分析；提出交通组织方案和设计；市政工程管线规划设计和管线综合。

确定建筑风格和楼盘特色风格是一个建筑物的个性或独特表征，它作为凝固的社会思潮深刻地体现出人类的价值观和审美倾向。开发房地产项目要考虑地域、自然环境、风俗、目标客户年龄、文化层次及市场的稀缺等因素来确定产品的建筑风格。实践证明，有风格的楼盘就能得到消费者的认同。

住宅设计。住宅设计要求建筑师在新理念的指导下，以人为本，以人与环境的和谐发展为核心，运用先进的科学技术、手段，综合社会、经济、环境、文化等多方面内容创造性地解决各种矛盾，去创造出符合时代、社会、居民需求的城市住宅。我国住宅基本模式经入口玄关进入客厅，厨房、餐厅靠近入口，主要居室在内。这个模式是从 1998 年至今的住宅开发中逐步确立的。中国的住宅设计还停留在单元式住宅的阶段，与欧洲普遍的集合住宅概念相比，中国的住宅设计还是比较落后的，真正按集合住宅理念设计在中国还需一个相当长的过程。

公共建筑规划设计。公共建筑设施是居民基本的物质和精神生活方面的需要，是城市规划服务设施系统的社会基础设施，其设置的总体水平不仅反映了居民对物质生活的客观需要和对精神生活的需求，也体现了社会对人的关怀。公共建筑设施设计布置的内容和布局直接影响到居住生活的质量。公共建筑的功能、经济及美观的问题基本属于内在因素，城市规划、周围环境、地段状况等方面的要求则是外在的因素，这些关系构成一个整体统一而又和谐完整的空间体系。在进行室外空间组合时，常表现为功能与经济、功能与美观以及经济与美观的矛盾，这些内在矛盾的不断出现与解决，则是室外空间组合方案构思的重要依据。

景观设计。包括绿化种植景观、道路景观、场所景观、硬质景观、水景景观、庇护性景观、模拟化景观、高视点景观和照明景观。美化生活环境要体现社区文化的社会性，节能节材合理用地的经济性、生态性、地域性和历史性。

5.3.2 总体规划设计策划

我国的住宅区规划体系基本上是新中国成立后在苏联“小区理论”基础上发展起来的。时至今日，为了适应国内社会经济生活的变化，住宅区的规划设计上也涌现了很多新的发展和探索。概括地说，住宅区总体规划策划主要是把握好“三个目标”“三大系统”和“三项指标”。

1. 三个目标

(1)以树立城市新坐标、展现城市发展活力为目标。

(2)以实现地缘文化与建筑艺术融合并生为目标。

(3)以谋求市场价值和战略价值的最大化为目标。

2. 三大系统

(1)用地系统。根据国标《城市居住区规划设计规范》(GB 50180—93)，居住区用地划分为住宅用地、公建用地、道路用地和绿地等，其各项用地所占比例应符合表5-5的规定。

表5-5 居住区用地平衡控制指标 %

用地构成	居住区	小区	组团
1. 住宅用地(R01)	50～60	55～65	70～80
2. 公建用地(R02)	15～25	15～22	6～12
3. 道路用地(R03)	10～18	9～17	7～15
4. 公共绿地(R04)	7.5～18	5～15	3～6

除去道路，根据使用功能的不同，我们可以将住宅区内的用地进行简单划分为居住区、休闲区、商业区三个部分，它们实际上完成了由私密空间、半公共空间到公共空间的过渡。依据各分区不同的功能属性和环境要求，进行合理布局、有效间隔，使得各分区的职能明晰，互不干扰。住宅区由住宅组团和住宅院落组成，融入一些宅间绿地和院落景观元素，应注重归属感和宁静氛围的营造；休闲区根据目前市场的现状，小区的会所和幼儿园通常只对小区内居民开放，所以休闲区包含了公共绿地和会所、幼儿园等部分公建设施，

它们共同完成居民散步、健身等日常户外活动和邻里交流等的功能。商业区的商业包含了居民的日常消费和便民服务等功能,通常都对外开放,因此为了不影响小区内居民的日常生活,商业功能一般独立划分成区。

(2)空间系统。住宅区的空间系统主要包含建筑空间布局和景观环境序列两个内容。建筑布局和空间序列不要求绝对的几何对称,应依据地形情况体现自然之美充分利用原有的地形地貌,这样既能够减少土方成本,又能够增强小区的标识性。建筑群组合在空间上应配合小区的组团划分,体现出围合感,既增强居民的归属感,也方便建设、销售以及日后的物业管理。不易过于集中,应错落有致,显示出一定的通透性,获得良好的采光通风。建筑间距满足《城市居住区规划设计规范》(GB 50180—93)中对楼间距的要求,同时应尽可能地避免楼与楼间的对视,保护私密性。建筑朝向应根据我国各地的生活习惯,尽量设置为南北朝向,最大限度地增大南向采光面,并注意主导风与建筑朝向的关系,使得住宅得到更好的阳光面和通风条件。

景观环境规划考虑“集中的渗透”的理念。集中是指小区的景观绿化宜形成一处集中的中央绿地或社区公园,并以一条清晰的景观轴线贯穿各个组团,轴线上布置若干个景观节点,形成聚集与辐射。渗透是指小区的景观环境应模糊绿化面积的边界,通过自然过渡完成绿化组团之间和绿地到住宅的变化,强调院落景观的营造和渗透,也可以将架空层变为绿地或公共活动场地,使景观绿化空间渗透蔓延到小区内的每一个角落,并实现一种建筑“自然生长”的效果。

(3)道路系统。按照居住区规划“人车分流”的交通组织理念,小区的道路系统实际上包含了车行系统、人行系统和停车系统三个体系。

道路系统规划的原则是“顺而不穿,通而不透”,讲究自然流线,避免往返迂回,并有利于小区内各组团的划分和有机联系,以及建筑空间组合的多样化。车行道路还要考虑到消防车、救护车、垃圾车等大型车辆的通行。居住区道路分级中的居住区级道路、小区级道路和组团及道路都应该纳入车行系统中。

人行系统则主要由宅间小路和景观步行路组成。为了满足居民散步休闲和心理愉悦的需求,人行系统往往和小区景观园林相结合,讲究“一步一景”,并作为景观设计的一个部分单独规划设计。

为了提高土地资源的利用效率,停车场地应尽可能地采用地下停车和室内停车。停车场布置要集中,并接近住宅单元,地下停车场应考虑居民直接入户通道的设计。一些人车比高的别墅社区和商业建筑还需要考虑一定的室外停车场,以解决临时停车和高峰时段停车。衡量停车系统规划的主要指标是“停车率”,它是指居住区内居民汽车的停车位数量与居住户数的比率。

3. 三项指标

(1)容积率,即住宅区总建筑面积和总用地面积的比率(%)。

(2)建筑密度,住宅区内各类建筑的基底总面积与用地面积的比率(%)。

(3)绿地率,即住宅区内各类绿地面积的总和占用地面积的比率(%)。

此外,还应该掌握当前在考虑住区规划的发展趋势和发展方向,这方面万科无疑走在了行业的前列。万科充分遵循“以人为本”的设计理念,并在开发实践中对开放住区模式进行了大量探索。在住区规划中，反对“兵营式”的空间组合，以丁字路口、错落布局为特色，强调人与人、人与自然、人与社区相互融通，如上海万科城市花园、武汉万科四季花城等。

5.3.3 平面规划设计策划

1. 平面规划的控制内容

平面规划的控制内容主要是确定各类建筑物的布局地点、排列形式、朝向及间距。

(1)布局地点：根据地形高低分布，根据优势景观资源分布。

(2)排列形式：行列式、围合式、院落式、半围合式、开放式、组团式、自由式、单点式等。

(3)朝向：南北朝向、东西朝向、任意朝向。

(4)间距：日照间距、防火间距等。

(5)确定建筑物与景观及交通之间的平面关系。

(6)确定建筑物、景观、交通的用地结构关系。

2. 平面规划的要求

(1)平面规划应分区适当、布局合理、层次丰富，应有利于优势资源的共享，保持合理的空间尺度，保证小区内部的通透性。

(2)建筑群体的布置，应提高院落功能，扩大邻里交往空间。

(3)平面规划应充分提高土地的利用系数，节约用地，尽可能用足规划技术指标。

(4)平面规划应充分利用原有地形优势，尽可能减少对原始地形的破坏。

5.3.4 竖向规划设计策划

1. 竖向规划的内容

竖向规划的主要内容是建筑物空间层次感、轮廓线、天际线、景观竖向规划等。

(1)建筑物空间层次感：错落有致的建筑远比单调的整齐划一优美，建筑的层次要结合地形的变化进行设置。

(2)轮廓线：建筑的轮廓设计对于项目整体形象非常重要。

(3)天际线。

(4)景观竖向规划。

2. 竖向规划的要求

(1)竖向规划要和平面规划结合起来进行，两者互相补充。

(2)景观竖向规划要注意结合地形特征和经济节约的原则进行。

(3)天际线、轮廓线的设计要自然、灵活，不要太过刻板。

5.3.5 景观园林规划设计

根据万科集团万创公司的测算，景观绿化的投资往往可以带来五倍左右的收益，也就是说，如果开发商合理花费 50 元/m^2 的景观成本，住宅产品售价往往每平米可以提高 250 元。这充分说明了景观园林作为建筑本身之外最重要的产品构成要素，在市场竞争中扮演非常重要的角色，因此往往进行专门的景观策划和景观设计。住区景观园林策划的原则和设计思路有以下几方面。

(1)从整体考虑，使得各组团的绿化有一个连续统一的主题，体现整体性和连续性，并成为本项目的产品卖点之一。

(2)景观设计要与项目的市场定位、总体规划及建筑设计的开发理念等相结合、相协调。

(3)多自然少塑造，即尽量结合原有地形地貌，多以自然景观为依托，摒弃传统的假性景观。

(4)景观形成“社区中心公园—组团绿地—院落绿化”的层级体系，注重景观的层次和渗透，以“水”为脉，以“绿”造韵，以“小品”点睛。

(5)结合建设成本和维护成本考虑，做到好而不滥、精而不贵。

在上述原则的基础上，房地产项目结合自己的项目优势和市场定位，设计和营造不同景观主题和园林风格。无论哪种景观主题，其完整的小区景观都至少包含了三大景观元素：绿化景观、水景景观和硬质景观。

1. 绿化景观系统

绿化景观主要由植被构成，因此绿化景观设计主要就是植物的选择和搭配。植物选择应在原有树种的基础上进行甄选保留，从物种的颜色、气味、生长习惯等方面进行综合考量，多样搭配要求体现出景观的层次性与多样性，营造一种热烈、充满活力的生活表情。另外，结合本地气候条件，应当选择一些耐寒能力强的、四季常青的植物，以防冬季景观的过度衰败，同时降低日后的维护成本。

2. 水景景观系统

水景，在居住区能改善环境质量，增加自然情趣，颇受居民欢迎。但是水体景观的造价以及维护成本较高，因此要做到少而精，使之成为整个景观环境的核心和亮点。

水景设计上，应巧妙利用地形落差和水体的流动性表现出水景景观活泼、生动的特点，注重水系的变化，合理选择和安排喷泉、溪流、水幕、水池、瀑布、跌水等。同时，要注意亲水界面的设计，使灵性的水与人亲近，不但可观赏并可参与戏玩。如自然水体的驳岸应宜采用自然岸线，并尽可能贴近水面。还可以通过木栈道、景观桥、观景台等实现人和水的对话。

另外，由于住宅区中的水景往往吸引较多的居民，因而在设计时应特别注意三方面的问题：水的深度、水体边缘的处理和水的清洁。

3. 硬质景观系统

硬质景观主要包括广场、挡墙、地面铺装和建筑环境小品等方面。

广场、挡墙、地面铺装等主要从满足使用要求感觉以及触觉以及景观要求视觉两方面出发，考虑舒适、自然、协调，在材料、色彩、组合三方面做出合理选择。地面铺装尤其要注意防滑的设计。

建筑环境小品的设计并不是简单地将原有的小品元素简单堆砌，而是把原厂区的一些旧有元素保留下来，置于郁郁葱葱的景园中，产生犹如现代雕塑般的效果，激发起居住者对生活的感情和热爱。常见的建筑环境小品有雕塑、亭廊、花架、膜结构、路灯、座椅、标示牌、垃圾桶等。

房地产产品景观规划的内容主要如下。

(1)确定水景、山景、植物、小品、灯光等的平面布局及其竖向规划。

(2)确定景观的视觉轴线、主题变化、造景手法(借景、造景)以及景观风格。

(3)确定绿化的空间层次(楼顶绿化、楼旁绿化、路边绿化、宅间绿化、组团绿化、中心绿化)以及绿化的品种层次(草地、花卉、灌木、乔木,喜阳植物、喜阴植物,热带植物、亚热带植物、温带植物、寒带植物,不同季节植物)。

(4)确定水景的空间层次(湖面、泳池、小河、山溪、瀑布、跌水、涌泉、喷泉、水岸沙滩)。

(5)确定山景的空间层次(小山、小岛、缓坡、假山、土丘、坡地退台)。

(6)确定小品的空间层次(城墙、亭台、楼阁、拱桥、连廊、雕塑、休闲座椅、音响、垃圾桶、指示牌、路灯杆、林间小道)。

(7)确定建筑灯光、绿地灯光、道路灯光以及背景音乐的数量及效果。

景观规划的要求如下。

(1)景观规划应充分考虑其平面、竖向、季节、种类的协调搭配。

(2)景观规划应注重空间层次的合理性,按集中与分散相结合的原则科学地布置中心公园、分区主题公园、组团绿化、宅边绿化和路边绿化;应发展立体绿化,营造空中景观。

(3)景观规划应注重山、水、林、文多元素的融洽,强调美、静、净、洁,创造园林化、生态化、美观化、人文化的住区。

(4)景观规划应强调"常年叶绿,四季花开;开门见绿,推窗见景;雨不见泥,风不起尘;空气清新,赏心悦目;文化浓郁,人文荟粹"。

(5)景观规划应坚持自然景观与人造景观相结合,坚持山水园林景观与康体娱乐设施相融合,方便邻里交往与人际沟通。

(6)景观规划应注意适用性、观赏性与经济性的结合,应合理控制成本,降低居民负担。

5.3.6 交通规划

交通规划的控制内容如下。

(1)确定道路等级系统(车行道、主干人行道、宅间步道、林间休闲步道)。

(2)确定道路的中心线、线型、坡度、宽度、材质铺装以及车行道路与人行道路的交叉分流。

(3)确定社区道路与城市道路的接口。

(4)确定车行道路与人行道路出入口,社区大门主设人行出入口,偏门主设车行出入口。

(5)确定车库设置的位置。

(6)室外半地下停车场与绿化组合。

(7)室外地下车库与绿化组合。

(8)室外绿化带设棚架停车场。

(9)首层架空停车与绿化组合。

(10)地下室内停车库。

交通规划的要求如下。

(1)应方便居民出行、满足消防救护需要、确保住区的安宁,保证道路通达、安全、方便。

(2)道路系统应分级明显、架构清楚,既要与城市公共系统衔接,又要避免城市公交道路横穿而过。

(3)应尽可能做到人车分流,应避免机动车道直接进入住区,有条件的地方应做到人车直接入户。

(4)停车位设置应数量合适、设置合理,有利于优化环境、节约用地,减少对居民的空气污染、噪声干扰。

5.4 住宅建筑策划

5.4.1 建筑风格

1996 年上海万科城市花园的建筑形式沿用一期的新加坡风格,外墙简洁、明快、具有现代感,售价为 3 780 元/m^2,随后推出的二期海棠苑转而以欧陆风格出现,售价为 4 380 元/m^2。两种不同风格的产品同时销售,后者价格却高出前者。这个案例极其鲜明地反映出建筑风格对住宅产品销售的巨大影响。

国内住宅市场的建筑风格和类型主要有如下几种。

1. 欧陆古典风格

这种风格是对欧洲古典建筑的刻意模仿,具有浓烈的西方文化色彩,建筑外观显得雍容华贵。在我国房地产业发展的初期,市场上曾刮起一阵“欧陆风”,包括巴洛克风格、哥特式风格、洛可可风格、罗马风格、浪漫主义等。但是随着市场的逐渐理性,加上这种风格的高成本,目前的房地产楼盘已经较少采用这种风格。

2. 地中海风格

这种风格源于地中海沿岸的意大利、西班牙等地的民居建筑。当地多为临海的陡峭山崖和台地,阳光明媚、海风大,因此建筑多采用“小开间、大进深”和“退台式”的设计,建筑外观层次感强,窗户多而小,建筑细部注重弧形线条的运用,一般都有多个屋顶露台。

3. 北美乡村风格

该风格源于美国南加州的乡村别墅,建筑外观显得淳朴、粗犷、自然。通常屋顶坡度比较平缓,外立面采用偏暖色调的墙面涂料,墙基部分用人造文化石做装饰,留存建筑外墙的粗加工线条,并运用锻铁栏杆、木质门、凸出的窗框线条、水泥瓦等建筑元素,外观上比较质朴,没有太多华丽的装饰。

4. 新古典主义风格

这种建筑风格实际上是对欧洲古典建筑的一种发展和演绎,在上海的早期建筑和民居中被大量采用，故在我国又被广泛称为海派建筑风格。具体建筑特点是坡屋顶、清水墙，在门饰、窗套、檐口、阳台、外墙阳角等局部，引用了欧洲古典建筑的符号。采用海派风格的项目大多讲究细节、浪漫和兼收并蓄，多用三段式的建筑立面，由石材、面砖或涂料等组成，阳台柱竖线条和横线条构成细致和优雅的浪漫风格。

5. 新中式风格

随着经济的发展，中国人的自信心和民族自豪感大大提高，中国传统文化正越来越受到人们的重视。新中式风格在住宅建筑中的流行正是传统文化价值回归的一种表现。新中式风格以徽派建筑为代表，主要运用灰瓦和白墙两种色彩，并通过坡屋顶、马头墙、飞檐、方窗、琉璃瓦等建筑元素，诠释中国传统文化"天人合一"的精髓。

6. 后现代风格

这种风格是随着21世纪初的新建筑运动逐渐发展起来的。该风格主张与现有环境融合，注重采用几何形状的线条和图案装饰，并具有鲜明的理性主义和激进主义色彩，构图夸张，色彩鲜艳，现代感和标志性强烈，建筑中充满对时代精神和设计理念的象征和隐喻。

7. 其他风格

极简风格、现代风格等。

5.4.2 建筑单体

建筑单体策划是对项目市场定位、规划布局、建筑风格的呼应和补充，主要是针对建筑单体平面布局和附加功能上的考虑。

在布局形式上，单元式住宅平面从一层一户到四户不等，以一梯两户最为理想，塔式公寓则从一层四户到十户不等，有的甚至多达二十多户。无论采用哪一种平面布置方案，都应该注意巧妙处理户与户之间的关系，避免户与户之间的入户和对视的冲突。

而通过一些建筑细节的考虑和设计，能够提升建筑本身的档次和品位，创造个性住宅，从而增加产品的附加值。

目前，市场上建筑细节主要创新点如下。

1. 首层架空

一般架空层高度为4.5～6 m，与室外园林形成连体景观，使整个小区生机盎然，自然亲和；适当设置一些桌椅、小品和健身器材，用于业主的活动、休闲或儿童娱乐场所，架空层还可以设置为设备间、物业管理用房、车库、游泳池等。

2. 双层阳台

通过上下阳台的错落，可使业主拥有超大面积、6 m左右高度的观景空间。创新的设计使阳台获得两层高度，实现得到最大程度释放，还丰富了建筑外形，创造出新颖独特的外观理念。

3. 空中花园

利用空中平台将相邻单元进行连接，这样并排的建筑单体每隔两层就产生一个20～60 m^2 不等的空中花园，丰富了景观层次和视野。这更可以作为产品的一个卖点，向业主赠送近空中花园，使室内室外融为一体，住户们可以在私家花园内娱乐、休闲、赏景，与大自然亲密接触。

4. 阳台围栏

例如，阳台围栏采用竖向喷涂钢管，能够体现秩序之中的美感，凭栏远眺，偷得浮生半日闲，也不失为一种雅趣和享受。

5. 邻里大堂

与建筑首层架空相结合，设置5～6 m入户大堂，使用落地窗，并设置座椅，这样空间变得敞亮可以观景，还能为居民提供了等待、会客、交流等功能。这使入户空间的意义被极大延伸，增加了一个邻里沟通的场所。

5.4.3 户型结构和配比

在交通不发达的郊区建一居、两居的小面积住宅，或是在闹市区周边环境较差的小楼盘里建三居、四居的大面积住宅，出现大量滞销的案例可以说屡见不鲜。因此，项目以多大规模、何种类型的户型为主、不同结构的户型如何分配比例等这些问题就需要通过户型策划来回答。

目前市场上普通住宅的常见户型类型有一房一厅一卫、两房一厅一卫、两房两厅一卫、两房两厅两卫、三房两厅一卫、三房两厅两卫、四房两厅两卫等。城市公寓户型以两房以下的小户型为主，而别墅的类型和种类就要丰富得多了。

在确定项目的户型结构和配比时，要综合考虑如下因素。

1. 目标客户群的家庭规模与结构

住房消费具有家庭性，目前我国家庭规模趋于小型化，核心家庭和主干家庭是目前城市家庭的主要结构类型，占全部家庭类型的85%以上。同时，人口老龄化问题，也促使很多青年夫妇与父母“分而不离”，既可以照顾老人又减少年龄差异带来的不便，这就使得市场上出现了“两代居”“两豪居”等新的户型模式。

2. 目标客户群的行为模式

通过对居住者主要行为的研究，根据居住者的不同需求，户型设计可归纳以下三种设计倾向：工作学习型、生活交流型、社会娱乐型。

3. 目标客户心理需求

人们在满足了基本的居住功能后，对心理和精神的追求越来越高，它会随着住宅的发展越来越显示其重要性，它影响着住宅户型的形式、面积分配及房间组成。

4. 区域竞争楼盘户型情况

通过对周边楼盘户型配比和销售情况的调查，可以分析出市场上户型配比的总体特征以及哪种户型最受消费者欢迎等。

5. 政策因素影响

在我国，政策对房地产的影响很大，户型配比也不例外。“国六条”中就明文规定“今后新建城市商品房，90 m^{2}以下的户型建筑面积要占总建筑面积的7%”，对户型结构比例的控制成为了项目户型配比的硬性指标。

5.4.4　户型设计创新

户型的设计需要重点处理好如下三种关系。

一是内与外的关系。住宅的玄关，客厅、厨房和餐厅等与外部联系较为频繁，卧室和卫生间等相对而言属于内部空间，私密性要求较高，由此各房间要做到内外有别。

二是清与污的关系。住宅内的有些房间如厨房、卫生间等在使用过程中，会产生一定的垃圾、油烟和气味等污染，而客厅、卧室则需要清洁卫生的环境，好的户型应能通过适当、合理的设计手法，做到清污分隔，互不干扰。

三是动与静的关系。起居室、厨房和餐厅等供家庭成员交往、娱乐、会客和餐饮等活动，人员集中，流动性大，而卧室、书房和卫生间等则是用于休息、学习满足生理卫生要求的空间，相对较隐密，需要较为安静的环境。

同时，住宅户型可以看作居住品质和居住理念的反映，因此有必要及时了解和掌握市场上户型设计发展的新趋势和新方向。目前市场上有代表性的户型设计创新点有如下几种。

1. 两代居

一般父母房设计为带独立卫生间的一居室，通过一大一小两套相邻户型的组合，可以满足现代都市人希望与父母同住便于照顾，又不希望父母过多参与私密生活的需求。

2. 双阳台

一个为景观阳台，与客厅或主卧室相连，多为南向，而且拥有较大的面积；另一个为家政阳台，强调实用，面积不大，多为 1 m^2，也不一定南向，一般与厨房相连，便于洗衣、放置干菜和杂物等，是家务空间的延伸。

3. 内凹式阳台

阳台凹入户型内部，与餐厅、客厅、书房等相邻，并采用大面积落地窗，增加景观面，使景观融入室内。同时，业主还可以根据需求将其改造成一个房间，直接增加室内使用面积。

4. 大凸窗

落地窗、凸窗、转角飘窗等打破了单纯以阳台作为住宅户内空间外延的局面，通过低窗台和步入式的设计，可坐可卧，既增加了使用空间，又开阔了视野。由于 2.2 m 以下空间不计入建筑面积，这种飘窗等同于赠送客户部分室内面积。

5. 阳光房

在大户型的主卧中，一个半圆或圆的封闭阳台，面积不大，恰好只能放一张茶几和两张躺椅，阳台的视野内拥有良好的景观，恰好可以让两个人舒服地躺在椅子上晒太阳、看书、品茶、聊天等。

6. 入户花园

改变尺寸，将玄关变成一个入户花园，业主可以种植植物绿化、设置茶座等，实现景观的私有化，并间接增加了使用空间，完成户外公共空间到室内私密空间的完美过渡。

7. 步入式衣橱

主卧设置步入式衣橱，在最私密的地方再开放一个收藏衣服饰物的空间，时尚而又自由。

8. 下沉式卫生间

下沉式卫生间一般地面下沉 40 cm，以便该卫生间的所有横管全部都可以埋在地面内，而不像普通住宅中楼上的卫生间的横管全部在楼下卫生间的顶部。这就免去了维修及使用时的相互干扰，且占用面积很小，经济实用。

5.4.5 建筑设计的控制内容

建筑设计的控制内容主要是确定建筑物的外立面、公共门厅、小区大门等建筑形象的造型、色彩、材质及夜景灯光等。

(1)线条：简洁、繁琐；直线、弧形。

(2)韵律：稳重、动感。

(3)色彩：明快、灰暗；暖色、冷色；柔和、醒目；单一色、三段色。

(4)确定建筑物楼层功能的划分及竖向交通安排。

(5)确定建筑户型的功能组合、面积标准、厅室布局、空间层次、装修档次。

(6)功能组合如下。

①基本功能(厨房、主卧、次卧、客卫、客厅)。

②价值功能(客卧、书房、工人房、主卫、储藏间、衣帽间、化妆间、健身房、阳台、露台)。

(7)面积标准：建筑面积、套内面积、公摊面积、各功能用房面积。

(8)厅室布局：各功能区按档次不同布局。

(9)确定建筑物标准层各种户型平面组合及比例关系。

(10)空间层次：平层、错层、夹层、跃层。

(11)装修档次：清水房、精装房。

(12)确定建筑物户型门窗、阳台的风格如下。

①门：实木门、传统防盗门、智能防盗门。

②窗：落地窗、弧形窗、转角窗、外飘窗、360°观景窗。

③阳台：封闭阳台、开放阳台；生活阳台、观景阳台、休闲露台。

5.4.6 建筑设计的要求

对于房地产项目的建筑设计要求一般有如下几项。

1. 建筑形象设计应注意整体协调性

应力求造型完美、比例适当、色彩协调，与环境配合相宜，有利于提高产品形象与价值。

2. 建筑形象设计应突出文化性与艺术性

注重文化底蕴与品位，注意中西融合与古今结合，体现地方民族文化。

3. 户型设计应强调现代性和实用性

尽可能做到干湿分区、洁污分区、动静分区、主客分区。

4. 户型设计应尽可能参照商品住宅性能评定的要求

充分考虑其功能性、经济性、舒适性、安全性、创新性的有效结合。

5.5 配套公建策划

根据《城市居住区规划设计规范》,居住区公建以居住区级、小区级、组团级三级配置。居住区级公建主要是一些区域性设施,居民使用频率不高,如派出所、医院、中学、大型超市、老年活动中心、少年宫等,服务半径 1 000 m,小区级公建主要配置居民经常需要使用的项目,如幼儿园、菜场、便利店、储蓄所、理发店、家政服务部等服务半径 500 m,组团级公建主要是日常生活密不可分的项目,如停车棚、垃圾站、电话亭等,服务半径不大于 200 m。具体公共服务设施控制指标见表 5-6。

表 5-6 公共服务设施控制指标 m^2/千人

项目		居住区		小区		组团	
		建筑面积	用地面积	建筑面积	用地面积	建筑面积	用地面积
总指标		1 668～3 293	2 172～5 559	968～2 397	1 091～3 835	362～856	488～1 058
其中	教育	600～1 200	1 000～2 400	330～1 200	700～2 400	160～400	300～500
	医疗卫生	78～198	138～378	38～98	78～228	6～20	12～40
	文体	125～245	225～645	45～75	65～105	18～24	40～60
	商业服务	700～910	600～940	450～570	100～600	150～370	100～400
	社区服务	59～464	76～668	59～292	76～328	19～32	16～28
	金融邮电	20～30	25～50	16～22	22～34	—	—
	市政公用	40～150	70～360	30～140	50～140	42 988	20～30
	行政管理及其他	46～96	37～72	—	—	—	—

在实际的住区开发过程中,由于每个项目市场定位和开发思路上的差异,它们对公共配套设施的要求也会不同,再加上开发商考虑经济目标或将某些配套定位作为住区的“卖点”,因此,房地产项目中的公共设施最终往往和规范要求存在着一定的差距。

5.5.1 社区商业

社区商业的策划主要是确定商业的规模和业态,确定商业服务设施的总面积、各部分面积和合适的位置。好的社区商业策划能给开发商带来巨大的经济利益。不同定位的社区对商业的要求也不同。对别墅社区来说,由于居民对环境特别重视,且有车族较多,不宜进行大规模的商业开发,配套商业只需要能够满足基本生活要求即可。而对于一些位于城市中心的楼盘来说,其商业设施已不仅仅是为社区自身配套,它与周边的商业环境能够形成集约效应,因此商业设施规模可适当扩大,业态也较丰富。另外,出于开发能力和经营思路的差异的考虑,不同的开发商对商业开发的重视程度也不一样。

所以,住区的商业设施可以分为社区型商业和主题型商业两种类型。这主要是依据商业规模和服务半径来划分的。社区型商业主要服务于小区内和周边的居民,以方便居民就近购买生活用品和便捷服务为主,业态包括早餐店、便利店、杂货店、小餐馆、粮油店、储蓄所、美容美发、休闲茶座等。主题型商业则规模较大,服务半径和商圈范围也较前者大得多,并可以适当成为区域内的小型商业中心。由于较大的规模,这类商业往往会基于销售和经营的需要确定一个经营主题或引进一个大型主力店,故称为主题型商业。主题型商业的业态较为丰富,除了满足社区居民日常生活的必要业态外,大型超市、酒楼、超级市场、休闲中心、健身馆、大型影院等都可以考虑,并需要通过市场推广尽可能地扩大区域外消费者的规模和比例。

确定社区商业规模和定位,除了考虑商圈理论中提到的因素外,市场的环境和水平也是重要的依据,因此有必要进行针对商业部分的市场调研。调研内容包括城市商业发展规划、项目区位和人口、项目用地条件、竞争者分布和租金水平等。

另外,商业设施的规划布局不仅与使用的方便性、小区的外环境有关,而且与小区的总体营销思路有关。通常商业用房的位置有两个地方,一个是小区外部边界,另一个是小区内部。无论设施在何处,都必须以方便住户使用为前提。因此,在一些大型住宅小区,除有集中的较大型的商业设施外,还有分散的小型的商业网点。

由于商业开发相对于住宅开发来说,利润高、风险大,产品特点和要求也有较大差异,因此,一些对商业地产重视的开发商会进行专门的商业开发策划。

5.5.2 会所

小区会所主要为居民提供交友、学习、健身、休闲、娱乐等功能,一定程度上,它能替代社区活动中心和文化场馆。会所也可以根据项目的主题定位确定一个主题概念。如奥林匹克花园的会所就是运动型的,强调为住户提供体育运功和健身功能;而碧桂园的会所则呼应"给您一个五星级的家"的主题定位为酒店型,其会所本身就是一所功能齐全的五星级酒店。

会所的规划布局一般有两种方式:一种是在小区中心位置独立设置,与社区中央公园结合,使会所处于景观的包围中,增加使用者的心理愉悦感和放松感,同时,通过建筑风格和造型的设计,会所本身也成为一道亮丽的风景。另一种则与小区的商业设施结合考虑,将会所作为社区商业的一部分,或者干脆以出租的形式交给商户自主经营,一些规模偏小的房地产项目或实力较弱的开发商常选择这种方式。或者也可以将两种方式结合,设置双会所。

目前小区会所的经营形式主要有三种:封闭式会所(只对小区住户开放)、半开放式会所、开放式会所。各形式的优劣分析见表 5-7,选用何种形式需要根据开发商的实力、客户定位情况和物业管理计划综合考虑。

表5-7 会所的类型和特点

会所形式	优劣势分析
封闭式会所	如果有条件，小区的会所最好实行封闭式管理，这既保证了小区的环境安宁、住户的人身安全和独立私密性，又提升了物业的品质。这种做法是一种“很纯粹的会所形式”，完全引用了香港等地的做法，适用于中高档以上的公寓和别墅
半开放式会所	一半会所(多味鱼小区中心地带)只对住户开放，另一半会所为商业配套(位于小区周围住宅的裙房或地下室中)，对外开放但需要有效的安保措施，如电梯直达会所，小区住户用IC卡出入，而外来人员绝不会从会所进入小区；内外收费标准不同，对小区住户大幅度优惠的会员制和优先制。这种会所会带来很多外来人前来消费，甚至可能成为这一地区的公共娱乐健身场所，从这一层面上来说，会所已经开始“变性”
开放式会所	完全是社会商业性设施，一般为物业公司将本来要做会所的房子出租，做超市、美容美发室，对小区内外一律是经营性质，这样的小区居民当然享受不到有品质的环境氛围，当然，这种情况肯定是在低档、低品质的项目中，物业费可能极低

5.5.3 其他公建设施

主要是幼儿园、学校、社区医院、停车场、垃圾站等。

幼儿园的外立面设计应以暖色为主，表现一种朝气、生动的建筑表情，单体外立面多采用圆形和弧形，避免单纯方体的呆板和生硬，外立面装饰应避免细小凸出和硬角，以免儿童受伤，并考虑儿童的审美情趣，进行丰富的色彩和图案搭配。

垃圾处理站应该结合小区整体建筑风格进行设计，使其成为小区内的一个艺术小品，色彩采用低明色的冷色调，降低注目程度。

中小学和社区医院则需要根据项目规模和开发商的实力等综合因素确定。

5.5.4 配套设施规划内容

常见配套设施规划的控制内容如下。

(1)确定机电设备配置内容及标准。

(2)供水系统(生活用水、直饮水)。

(3)供配电系统。

(4)排污系统(雨污分流、中水处理)。

(5)供暖系统(集中供暖、地板采暖、家用锅炉、空调供暖)。

(6)供冷系统(中央空调、分户空调)。

(7)电梯系统。

(8)消防系统。

(9)中央监控系统。

(10)确定智能化配套类型、内容及标准。

(11)室内防盗防抢系统。

(12)紧急求助系统。

(13)视频点播系统。

(14)有线电视系统。

(15)室内计算机网络系统。

(16)远程三表抄送系统。

(17)煤气泄漏探测系统。

(18)室内电器自动控制和防火系统。

(19)电子巡更系统。

(20)室外摄像监控系统。

(21)车辆出入管理系统。

(22)路灯自动控制系统。

(23)物业管理自动控制系统。

(24)社区综合信息服务系统等。

(25)确定生活服务设施配套等。

(26)商业服务设施(菜市场、超市、理发店、音像店等)。

(27)文化教育设施(幼儿园、小学、中学等)。

(28)体育娱乐设施(休闲健身设施、老年活动场所、儿童活动设施等)。

(29)交通设施(公交线路及站点)。

5.5.5 配套设施规划的要求

(1)配套设施规划应注意适用性、安全性、经济性相结合。

(2)配套设施规划应考虑后期的运营效益及维护成本。

5.6 项目建设施工策划

5.6.1 建设施工策划概述

长期的实践证明,工程建设要做到安全、适用、美观、经济,必须坚持科学的发展观,全面规划,统筹兼顾,科学策划,优化管理。这样才能防止因盲目决策和粗放管理而造成的严重失误,才能避免给工程质量留下隐患,或给使用者留下永久的遗憾,或给城市留下不和谐的败笔。建设施工的原则不外乎质量最优、工期最短、造价最低的原则,对于开发商来说,则是在保证质量、进度目标的前提下,坚持造价最低原则。

建立一个完善的施工组织体系是实施项目策划的基础，而作为工程项目部，需要根据施工项目的组织形式、规模、复杂程度、专业特点、施工任务和施工进展，对人员实行人才储备、择优聘用，同时合理调整，实现动态管理。在实施项目建设过程中，其管理是相当重要的，因为它直接关系到工程的进度、质量和造价，直接关系到项目开发成本的控制。三者的关系是盘根结缔的，在保证质量、保证进度的前提下把建造成本压到最低。

通过项目策划，对项目决策和实施中的问题进行风险、组织、管理、经济、技术、环境、质量和进度方面科学分析和论证，对施工过程中的各方面进行充分的调查研究，制定切实可行的施工组织方案和目标，为项目盈利提供重要前提。归结起来，项目施工管理策划的作用主要体现在以下四方面。

一是保证工程项目投标阶段决策的科学性和合理性。在复杂激烈的市场竞争环境中，企业对于工程投标信息要进行仔细地分析和论证，要有所为，有所不为。企业经营越困难，越要谨慎，对认准有所为的项目要进行认真调查研究和预测，制定投标报价的策略，努力战胜对手获得中标，并要签订一个有利合同。

二是保证施工过程中各要素间的协调一致性。通过项目策划，落实施工各要素的协作配合，从而保证项目施工顺利有序进行。越是复杂的项目，其项目策划的重要性越强，项目策划的结果是施工制定各项工作的依据，是圆满完成施工任务的保证。

三是保证企业获得良好的效益。通过项目策划，制定出项目施工中的质量、工期、安全目标，并进行成本分析，限定施工成本的损耗，将各项目标进行责任落实，保证工程建设获得必要的效益，在目前建筑业竞争激烈、利润微薄的情况下，这是企业获得效益的重要途径。

四是降低企业施工风险。建筑工程施工周期长、工作量大、协作单位多、风险因素较强，通过项目策划，实现能全面地对风险进行识别，进而制定风险对策，可以对施工过程中风险的躲避、转移、索赔补偿提供前提和基础，这对于复杂项目更具有重要意义。

目前，各施工企业基本实行了项目施工管理策划制度项目施工规划，但落实程度不一，效果不一。工程项目施工管理策划工作还存在一些问题：投标阶段的策划与实际出入比较大、策划人员力量不够、策划组织仓促、策划成果与实际相差大、部分项目不可预见性强、策划的指导性不强、实施阶段动态调整不及时，影响了策划的效果。策划成果落实力度不够，也是影响策划效果的一个重要原因。

5.6.2　工程项目进度管理

进度管理是指按照施工合同确定的项目开、竣工日期和分部分项工程实际进度目标确定的施工进度计划，按计划目标控制工程施工进度。对项目竣工日期或各阶段目标进行策划，并将目标计划分解，编制合理的进度计划。首先，收集企业或上级部门对进度的要求、发包人或其他相关方的要求、工程现场的实际情况、企业类似工程的实际进度情况等资料；其次，确定阶段性目标和竣工目标，一般把合同要求的竣工目标作为工程的竣工总目标，在此基础上制定如基础、地下部分、主体工程、装饰装修工程等阶段目标；再次，根据总竣工目标和阶段性目标，合理配置实现目标所需要的各种资源和施工方法；最后，编制施工进度计划图和资源图。工程技术人员按照工程总进度计划制定劳动力、材料、机械设备、资金使用计划，同时还要做好各工序的施工进度记录，编制施工进度统计表，并与总的进度计划相比较，做到平衡和优化进度计划，保证主体工程均衡进展，减少施工高峰的交叉，最优地使用人力、物力、财力，提高综合效益和工程质量。

施工阶段对其进度实施控制是建设工程进度控制的重点，也是工程项目管理的重要控制目标之一。因此，首先，要做好施工进度计划与项目建设总进度计划的衔接；其次，跟踪检查施工进度计划的执行情况；再次，在必要时对施工进度计划进行调整。为此，我们应从以下几方面入手。

1. 确定施工阶段进度控制的目标

(1)要保证工程项目按期完成并交付使用。同时，为了有效地控制施工进度，首先要将施工进度总目标从不同角度进行层层分解，形成施工进度控制目标体系。

(2)在确定施工进度控制目标时，必须全面细致地分析与建设工程进度有关的各种有利因素和不利因素，以提高进度计划的预见性和进度控制的主动性。

(3)确定施工进度控制目标的主要根据是施工工期的要求、工期定额、类似工程项目的实际进度、工程难易程度、工程条件的落实情况等。

2. 施工进度控制的任务

根据业主或监理要求编制施工总进度计划，按年、季、月、旬编制工程实施计划，经常性检查，施工进度实施的情况，对比实际进度和计划进度，必要时应采取相应措施。对进度做适当调整，定期组织召开不同层级的现场协调会，以解决施工过程中相互配合的问题。整理工程进度资料，为今后其他类似工程项目的进度控制提供参考。

3. 工程进度控制的方法

有了进度控制的目标以及控制工作任务还不够，要实施进度控制必须根据建设工程的具体情况，认真制定一套行之有效的进度控制措施，以确保建设工程进度控制目标的实施以及任务的顺利完成。控制措施应包括组织措施、技术措施、经济措施、合同措施四方面。

工程项目进度管理主要是选好施工单位，抓好各种工序搭接的总进度计划设计，并有足够的流动资金支持工程的建设。工程实际施工进度要不断与计划进度进行比较，若出现滞后的情况应及时查找原因，制定相应的措施及时赶上，因为相当一部分的建设资金主要由银行贷款解决，工期的快慢直接影响到财务成本问题，即直接影响到开发的总成本。同时，工程建设进度也为工程的预售创造条件，工程进度快就可以争取尽早预售，尽快让投入的建设资金回笼，并能保证预售合同所签订的交楼时间如期交付使用，不至于引起各类赔偿、罚款等经济纠纷，影响楼盘声誉及公司的经营业绩。

5.6.3 工程造价管理

建设一项工程的工程造价数额往往比较大，从几十万到几百万甚至上亿元，它对国民经济产生很大影响，它的价格构成是多个行业市场价格的综合反映，所以说做好工程全过程造价管理具有特殊的重要意义。工程造价管理在建设项目全过程中应形成如下制度并抓好以下几方面的工作。

1. 决策阶段的工程造价控制

建设项目策划是选择和决定投资行为方案的过程，是对拟建项目的必要性和可行性进行技术经济论证，对不同建设方案进行技术经济比较选择及做出判断和决定的过程。项目决策的正确性是工程造价合理的前提，项目决策的内容是决定工程造价的基础。项目决策深度影响投资估算的精确度，也影响工程造价的控制效果。

建设项目决策阶段工程造价的控制涉及的行业较多，且包括诸多经验数据，工作量大，具体操作应注意以下几点：参与人员应由经济专家、市场分析专家、工程技术人员、土木工程师、企业管理人员、造价工程师、财会人员组成，且必须具备一定的专业实践经验，必须保证数据的真实性、科学性、可靠性，从而保证造价的准确性和客观性。

2. 设计阶段的工程造价控制

(1)合理确定设计限额。在进行项目可行性研究中，编制投资估算科学合理、实事求是，克服和避免为了某种目的而不顾客观实际，随主观意向编制估算，使项目的经济信息从一开始就出现错误，无法进行投资控制。

(2)设计中按专业分配限额。为了有效地进行投资控制和造价管理，一般在初步设计阶段进行多方案比较，运用价值工程理论，从使用功能和技术经济指标上进行分析评价，使工程造价在投资估算额度内尽可能最大限度满足使用功能要求。设计中可将固定的投资限额分专业下达到设计人员，促使设计人员进行多方案比较。力求将造价和工程量控制在限额范围之内。若初步设计阶段的设计概算超过投资估算，则需对初步设计进行修改。

(3)施工图设计阶段的价格控制。施工图设计必须严格按批准的初步设计确定的原则、范围、内容、项目和投资额进行，其造价严格控制在批准的概算之内。目前建筑工程造价超预算的情况十分普遍，其原因不外是设计变更、政策性调价、三材市场价格波动。所以只有采用工程预算加系数包干的做法才能有效控制工程造价，控制建设成本开支，按预算执行。

(4)设计变更的管理工作。设计单位建立相应的管理制度，尽可能将设计变更控制在施工图设计阶段，尽量减少施工中的设计变更，同时要注意工程质量的跟班监督。在施工中，建立严格的设计变更审批程序，对所发生的变更引起的造价被动进行计算，若确实需要追加投资，则召开专门会议讨论，报有关部门及负责人批准，避免设计变更随意性。

3. 招标阶段的工程造价控制

在招标过程中，对选择施工单位、采购主要机电设备及建筑原材料实行招标择优的方法。一方面，在招标中应标者必须提供各种优惠条件，我方即达到了压低造价的目的；另一方面，在招标评标过程中能做到货比三家，避免了决策的盲目性。为加强对这一阶段的造价控制，要着重做好以下几方面的工作。

(1)应加强对招标文件的编制管理，由专职造价工程师参与审定其中设计工程造价方面的条款。

(2)通过细化委托编标合同内容，来进一步明确社会中介机构的编标责任和义务，促使其规范谨慎执业，具体可采用质量与中介机构社会和经济效益挂钩的办法。

(3)在竣工结算时,可选几个项目,对原项目审定标底造价进行全面计算,详细复审,编标单位应对所编标底质量负全责,审标单位应对经审查后计增或计减的造价负全责,并对原标底因编标单位原因引起的累计错误超出规定误差范围的情况负一定连带责任。

4. 项目实施阶段的工程造价控制

施工阶段造价控制的关键,一是合理控制工程洽商,二是严格审查承包商的索赔要求,三是做好材料的加工订货。实施阶段应注意以下问题。

(1)抓好隐蔽工程的现场签证管理及设计变更的审批,要确保一次性就能得到贯彻实施,抓好隐蔽工程的现场签证管理是防止工程造价增加的一道重要环节。严格设计变更的审批制度,在变更前应充分论证,对非变更不可的项目才给予核批。由于工程建设历时较长,在现代科技条件下,建筑材料的新旧更替更为频繁。所以“设计变更是绝对的,设计不变更则是相对的”,重要的是我们如何把好这个关,尽最大努力降低建造费用,为企业争取更大的经济效益。

(2)认真对待索赔和反索赔。索赔是工程施工中发生的正常现象,引起索赔的常见因素有不利的自然条件与人为障碍,工期延误和延长,加速施工、因施工临时中断和工效降低,建设单位不正当地终止工程,物价上涨、拖延交付工程款,法规、货币及汇率变化,因合同条文模糊不清甚至错误等。

(3)工程价款结算也是施工阶段造价管理的一个重要内容。按月结算、分段结算、竣工后一次结算等是我国现行的常见的结算方法。无论采用何种结算方法,结算的条件都应该是质量合格、符合合同条件、变更单签证齐全,特别是要实行质量一票否决权制度,不合格的工程绝不结算。

5. 竣工阶段的工程造价控制

在工程竣工结算中洽商漏洞很多,有的是有洽商没有施工,有的是施工没有进行核减,却没有洽商,有的是洽商工程量远远大于实际施工工程量等等。竣工结算是控制建设造价的最后一关。凡进行竣工结算的工程都要有竣工验收手续。

为了保证工作少出纰漏,应实行工程结算复审制度和工程尾款会签制度,确保结算质量和投资效益。通过对预结算进行全面而系统的检查和复核,及时纠正所存在的错误和问题,使之更加合理地确定工程造价,达到有效地控制工程造价的目的,保证项目目标管理的实现。

5.6.4 施工质量管理

当前建筑施工项目质量管理现状主要表现在两方面。

1. 建筑施工项目质量体系

在多数项目上未能得到真正有效运行,程序文件得不到有效贯彻执行,具体有如下表现:施工组织设计及施工方案编制缺乏针对性,施工作业指导书不能紧贴作业面;每个工程都有各自的弱点,但有些项目部却照搬方案;材料进场检验及试验不到位,致使有不符合要求的材料被使用;工程技术交底笼统、形式化,过程检验不规范,作业人员以完工为目的,质量好坏不管,而项目质检员又未能尽责;质量控制点的设置与管理不合理、不规范,关键、重点部位有失控现象;工程质量检验评定不客观、不及时。

2. 建筑施工企业法律意识淡薄

在我国《中华人民共和国建筑法》及其相关法律法规和技术规范标准的颁布实施，既明确建筑施工企业的责任和任务，同时也明确了施工企业在工程技术、质量管理中的操作程序和规范。但一些施工企业由于法律意识淡薄、法制观念弱化，在施工活动中违反操作，不按图施工，不按顺序施工，技术措施不当，由此造成工程质量低劣。目前还有许多承包商为了盈利，在施工过程中经常偷工减料，结果工程施工存在严重的质量隐患，乃至发生事故，严重影响公司形象和长远利益。

为了加强项目的质量管理，明确整个质量管理过程中的重点所在，可将工程项目质量管理的过程分为事前控制、事中控制和事后控制三个阶段（图 5-3）。

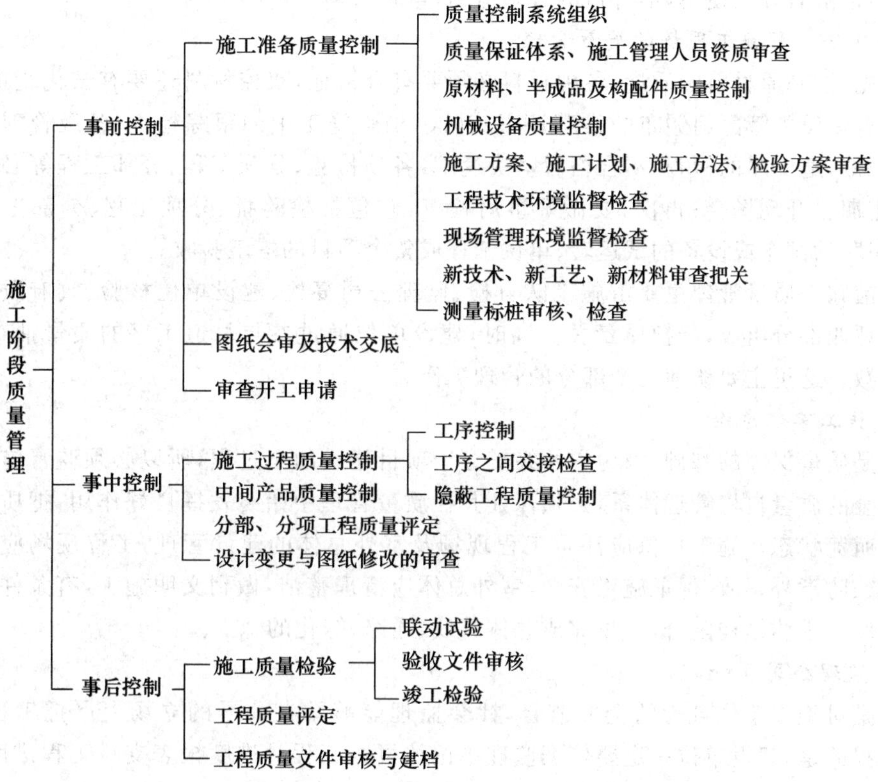

图 5-3　工程项目质量控制过程

对项目施工而言，质量控制就是为了确保合同、规范所规定的质量标准，所采取的一系列检测、监控措施、手段和方法。在进行项目施工质量控制过程中，应遵循以下原则：坚持“质量第一，用户至上”，以项目团队成员为管理核心，以预防、预控为主，坚持质量标准、严格检查，贯彻科学、公正、守法的职业规范。而有效地进行建筑工程施工质量管理的策略如下。

1. 重视施工准备过程的质量控制

首先，要做好质量策划，把质量隐患消除在萌芽之中；其次，要完善预控措施，要做好施工图纸和细部构造的会审；再次，开工前要仔细阅读施工图纸和做好记录，提出各自负责的内容和任务，经汇总后编制成施工组织设计，并交有关部门审核、批准。

2. 提高人员素质是提高工程质量管理的根本保证

首先,必须提高自身的政治素质,政策观念强,行业道德高尚,能认真执行党和国家的方针、政策,遵守国家法律和地方法规,坚持原则,公正廉洁;其次,还必须加强人员的理论学习和业务培训,使其不断在建筑工程建设实践中得到锻炼,以提高人员的决策能力、组织能力、指挥能力、判断能力和应变能力。

3. 保证建筑材料、建筑构配件和设备的质量

原材料控制首先要控制原材料进场关,在确认实物与质量证明材料相符的情况下,外观检查合格方可卸货下车进场。材料进场验收后,应按照施工规范要求及监理规范要求,在监理人员的监督下采取正确的方式采集样品,并按规定送到有资质的检测单位进行检测,检测合格后方可使用,不合格的必须退场,重新采购。

4. 建筑工程施工现场的质量管理

首先,控制原材料的质量,各种材料必须要有合格证,双控材料还要有试化验单,部分材料要有建设主管部门颁布的推荐证书;其次,加强施工中的跟踪检查,各级管理人员仔细抓好每一道工序的检查,不合格者坚决返工,各项检验、分项工程、分部工程等必须严格把关,定期召开现场会;再次,要做好事后检查,它包括检验批、分项工程、分部工程的验收、组织联动试车或设备的试运转、单位工程或整个项目的竣工验收。

目前施工质量管理主要由施工队自检、监理公司复检、建设单位核验、政府质量监督机构测评四部分组成,严把质量关。同时,建设单位通过参与每道工序的质量抽查,做到心中有数。这里主要谈前三个部分的管理工作。

1. 施工单位自检

这是质量保障的基础,因为它始终贯穿于项目建设的全过程,所以必须监督施工单位建立健全的质量自检管理体系,必须保证其在质量管理中始终发挥良好作用,把质量隐患扼杀在萌芽状态。施工单位应注重工程现场及室外总体的建设管理,工程现场应注意防火、防盗、防意外事故,保证施工安全,室外总体应清理整洁,做到文明施工,有条件的工地尽量争取与主体结构配合,尽早完成总体管线、通路、绿化的施工。

2. 监理公司复检

这是对施工单位自检的全面监督,社会监理能够站在公平的立场上严把工程质量。值得一提的是,建设单位一定要依据监理单位认可的工程月进度报表支付工程进度款,这样才能保证社会监理的效力。

3. 建设单位核检

这是对施工单位自检及监理公司复检的必要补充。很多建设单位认为,请了监理公司以后,工程质量就可以高枕无忧。但仅仅只有监理公司监督是不够的,因为建设单位实际参与了质量监督,工程质量才多了一层保障。项目公司的工程部应参与每道工序的质量抽查,做到心中有数。

5.6.5 施工安全管理

在建筑工程项目中安全工作为头等大事,要确保建筑工程项目人员在施工过程中的

人身安全和建设工程项目相关管理工作，必须要用理念科学扎实地进行策划、组织、指挥、协调、监督控制和改进来发展安全管理工作。

项目环境、职业安全健康、文明施工的策划坚持做到合理可用，既符合要求又能以最低成本组织运行。例如，具体结合现场实际特点对施工大门、围墙按一级公司要求进行规划、改造，喷上公司名称、司徽、宣传标语合理布置生活区、办公区、施工区并种上绿化植物，对影响工程安全及形象较大的外架、四口防护要求按一道主要工序设专人负责等，切实做好环境、安全、文明施工生产，确保施工顺利进行。

建筑工程项目监理单位要将建筑工程施工方案的安全审查相关内容纳入建设工程项目监理范围，具体要做到建设工程项目实施安全、质量、工期和投资思想同步控制。建设工程项目单位不得要求施工单位违反建筑工程安全生产法律、法规和强制性标准进行施工。建筑工程项目施工单位应当建立以本单位安全生产第一责任人为核心的分级负责的安全生产责任制，设立安全生产管理部门，配备与工程规模相适应的安全工程师，并向工程项目派驻项目安全工程师。项目安全工程师负责有关安全生产保证体系有效运行和实现安全管理目标的人员、物资、经费等资源计划，对项目安全生产保证体系实施过程进行监督、检查，组织参与安全技术交底和安全防护设施验收，纠正和制止违章指挥、违章作业，验证预防措施和应急预案。建设工程项目施工单位应当接受建筑工程安全监督机构的监督管理，分阶段向当地建筑工程安全监督机构申请安全审核。

建设工程项目施工单位应当针对下列工程编制专项安全施工方案：土方开挖工程，模板工程，起重吊装工程，脚手架工程，施工临时用电工程，垂直运输机械安装卸载工程，拆除、爆破工程以及其他危险性较大的工程。同时，进入施工现场的垂直运输和吊装、提升机械设备应当经检测机构检测合格后方可投入使用。建设工程项目施工单位应当根据不同施工阶段和周围环境及天气条件的变化，采取相应的安全防护措施。建设工程项目施工单位的项目经理、安全管理人员应当经过上级安全培训考核，考核合格后，方能持证上岗。

5.6.6 项目施工策划

开发商组织管理人员到现场勘察，详细了解建设用地的基本情况，包括地形地貌、水文地质、林木植被、现有建筑和设施，当地的气象、气候、道路交通、供水排水防洪设施以及工程建设条件。做好环评专项工作，合理制定土地开发建设中对山、水、石、树等自然资源的利用与保护措施以及污水、垃圾等处理方案。研究项目建设的计划与步骤，分析工程建设的有利条件和不利因素，做好项目建设前期各项筹备工作。

工程施工是建设项目由图纸转为实体的生产过程，也是项目策划最终的落脚点。在整个施工过程中，仍要继续对项目进行优化管理和控制，以确保获得最优的成果。施工过程中要抓好三个环节。

把握整体，协调各方。建筑工程是一个复杂的系统工程，包括土建、设备、装修、市政工程、景观工程，等等。要根据国家有关部门的批复及投资控制要求，统筹兼顾，合理确定所有系统的建设标准和质量要求，并处理好质量安全与工期、投资控制的关系。质量与工程投资有相当大的关系，但也不是绝对的，关键在于管理，关键在于从业人员的责任意识、道德品质、业务素质和工作能力。

注重局部和细部的处理。包括所有建筑内外装修、设备安装、室外工程、广场地面、照明灯具等都精心设计和施工。有些细节在设计中也许没有考虑或考虑不周，需要在施工中、在现场研究处理，这些都是项目策划和优化的补充和完善。

加强建设方和使用方的协调配合。建筑的根本目的在于使用，项目策划的优劣最终要通过使用检验。因此在项目建设过程中始终要为业主着想，要尊重业主的意见和要求。例如，装修工程与设备安装，不仅要满足功能需要，还要方便今后使用管理与维护、更新。

此外，在保证施工秩序和人员安全的前提下，开发商根据实际可以请业主到施工现场查看施工质量，根据业主的合理建议进行优化设计，这样既拉近了开发商与业主的距离又使开发商免费获得了“监理工程师”和“优化方案小组”，并对社会广泛宣传以获得良好企业形象的无形价值。而且良好的工程质量不仅可以赢得业主及社会良好评价，也能减少日后维护及能源消耗的费用，对开发企业及社会具有重要的现实意义。

【延伸阅读】

包头市东方红 CBD 项目规划设计

一、项目条件分析

（一）用地周边环境分析

项目北侧：地处商业圈，商业价值极高，但从东到西，商业氛围衰减。建筑有包百、王府井等中高档商场，城市景观精细化小品铺地等相对欠缺，交通上紧邻东西向钢铁大街，南北两侧有地下通道和红绿灯，另外保留毛主席雕像，具有历史价值和地标性。

项目东侧：建筑有包百时代蓝天大厦，弧形公寓（九层），景观方面空间比较消极，交通上与东侧建筑之间有 7.5 m 的消防通道。

项目南侧：建筑有松梅商业街，地上两层，局部三层，松梅商业街有较好的商业景观，有道路和景观树，铺地整体干净，交通方面松梅商业街与用地无直接出入口联系。

项目西侧：建筑有用地南侧保留的三层建筑物，景观方面空间开阔，绿色景观，交通方面紧邻白云路，是城市次干道。

（二）气候环境分析

包头属于大陆性季风气候，四季分明，昼夜温差大，2002 年包头市年均气温 8.5℃，年最低气温－27.6℃，年最高气温 35.5℃，年日照时数 2 806 h，年平均相对湿度 52%，全年沙尘天气 12 次。其特点为冬寒长，春暖迟，夏热短，秋凉早，风多雨少，日照长，对项目影响是项目位于钢铁大街的南侧，自身的建筑会对钢铁大街有日照遮挡。空气环境质量方面：有沙尘天气，有包钢酸雨及对空气质量污染等影响。

（三）规划条件分析

总用地面积 6.1 万 m^2，用地长 310 m，进深 194 m，钢铁大街东段南侧退红线 20 m，西段退红线 15 m，白云路退红线 8 m，退毛主席像东西两侧各 20 m，南侧 15 m，建筑规模 30.165 万 m^2。

规划指标：容积率：5(容积率偏高)，限高120 m，绿地率大于35%，因为项目包括建筑综合体，绿地率达35%，相对困难，日照间距大于5H，因为用地进深相对较窄，并且住宅均为高层，5倍日照间距成为项目最大的困难。

(四)需解决的问题

(1)如何满足本项目较高容积率5的要求。

(2)如何解决产品内部布局矛盾，形成合理的产品链。

(3)如何解决项目自身遮挡与包头寒冷气候的矛盾，最大程度争取日照。

(4)如何处理与城市和周边项目的关系，为商业区吸引最大人流。

(5)如何利用和强化东方红广场历史价值，形成东方红品牌价值。

(6)如何打造都市综合体地标性形象。

(7)如何解决气候条件和卫生条件对外立面的影响。

二、方案选择

都市综合体各业态布局方案的要点是商业街沿街面布置，增设接口，加强与街道的沟通。集中商场布置在商业氛围最浓的用地东侧，高级商务酒店布置在钢铁大街与白云路的交叉口，利于展示形象。具体设置两个方案。

方案一：

方案一优点是岛形商业概念，形成动态商业流线，结合毛主席雕像围合形成广场空间，强化了东方红品牌，与城市关系友好；缺点是沿街商铺面积不足，商业价值没有得到最大化的实现，四座板式商住公寓，对商业街日照遮挡严重，每栋公寓标准层面积为1 000 m^2，高度为50 m，无法达到高度及形象展示的要求。方案一总体布局如图5-4所示。

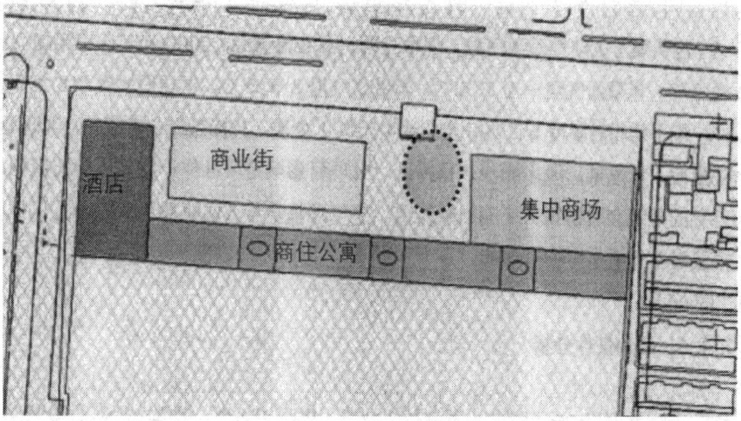

图5-4 方案一总体布局

方案二：

方案二优点是紧邻钢铁大街布置商业，用地强度增加，商业价值最大化；引入室内商业街，解决了寒冷地区的气候问题。结合雕像广场，能形成很好的城市空间过渡；紧邻钢铁大街布置两栋商住公寓围合成弧形，利于树立地标形象，更有利于城市空间的塑造，并且与后面的住宅拉开距离，也有利于冬季日光照射两栋公寓，能满足高度要求。每标准层1 200～1 500 m^2，较为经济合理街角商业局部架空，留有灰空间，为人们停留留出空间。

白云路设置商业街出入口，争取更大人流。需要注意的是弧形公寓的柱网与购物中心的柱网不同，设计中注意处理与商业内部平面布局的关系。方案二总体布局如图 5-5 所示。

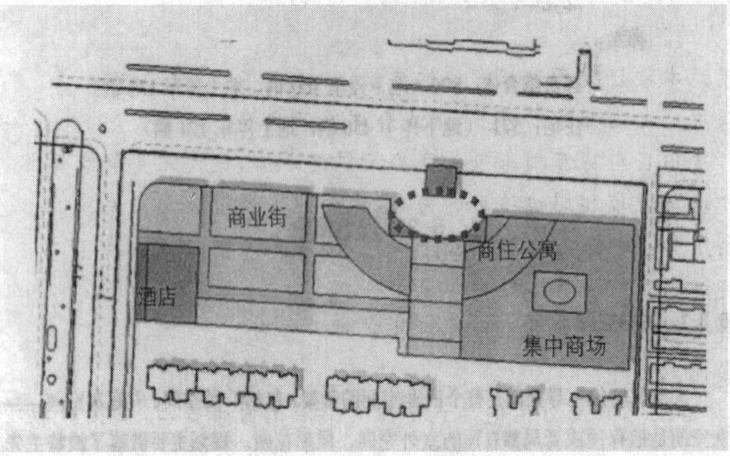

图 5-5　方案二总体布局

对比两个方案的优缺点，建议采用方案二。

三、规划概念

大型商场的主导空间是整个商业空间的骨架，包括广场空间、中庭灰空间——灰空间是指有顶或者局部有顶的室外空间、屋顶花园。规划主要借鉴了波特兰先驱法院广场、日本广岛的 MOTOMACHI CRED，提出了本项目主导空间的规划方案，包含内容如下。

(1)广场：以毛主席雕像为焦点，围合形成东方红商业广场，为人们驻留提供了空间，加强与城市区域的联系，人们在广场上休息，或者观看演出，广场设置大台阶，成为行人休息观看的最佳位置。

(2)中庭灰空间：带玻璃顶的中庭连接了商业街和集中商场空间，自动扶梯将人直接带到了二层，有层次的中庭灰空间让人找到了观看的乐趣，可以布置休闲座椅。

(3)地下庭院：下沉的台阶可以直接进入地下庭院。

(4)屋顶花园。

(5)公寓间的连廊。

四、建筑形象

(一)购物中心

通俗而又不失现代的建筑透出热闹娱乐的气氛，考虑包头市的寒冷气候和卫生条件，不宜有大面积的玻璃幕墙，建筑外墙以实墙为主，考虑商业建筑的通透和现代感，建议在入口处采用大面积玻璃幕墙。

(二)商住公寓

建筑形象公建化，形体简洁、造型丰富的公建化形象突出都市综合体的地标感，符合北方寒冷地区的居住习惯，不宜有太多玻璃幕墙。

(三)酒店

以实墙为主的气派现代风格营造都市感。

（四）住宅

住宅地处市中心，建议住宅立面为简洁明快都市感的现代风格，与都市综合体形象成为一个整体。

（五）建筑形象

总体形象：简洁明快现代的都市风格

建材：多用虚实结合的手法，慎用大面积玻璃幕墙，为保证商业的氛围，入口处可采用大面积玻璃幕墙，营造通透现代感。

色彩：商住公寓和商务酒店用明快的色调，购物中心采用一些醒目的色彩可以调节商业的气氛。

【实训任务】

根据第四章任务成果，在整体规划设计基础上做出所选产品策划设计。报告包含产品种类设计、产品配套设计、产品草图。

Chapter 6

第 6 章 房地产开发投资

【导入案例】

万科地产的融资策略

国内房地产行业里，万科在资本市场融资方面一直是引领者和开拓者，为融资行为做出了创新性的飞跃。研究万科历年融资行为主要分两个阶段：1988—2008 年这 20 年的融资行为和 2008 年后的相关融资政策，表 6-1 作了概括性的说明。

表 6-1　万科 1988—2008 年融资行为

时间	融资行为事件
1988 年	企业更名为“万科企业股份有限公司”，并发行中国的第一份《招商通函》，向社会公开发行股票 2 800 万股，集资人民币 2 800 万元
1991 年 1 月	万科在深交所挂牌上市，通过配售等方式向社会公开发行股票 2 836 万股，共募集到资金 1.27 亿元，并且开始在不同城市开展房地产开发
1993 年 3 月	公司发行 B 股股票 4 500 万股，第一次实现与国际资本的对接。1993 年 5 月 28 日，万科此次发行的股票在深圳证券交易所上市交易，募集的 45 135 万港元资金都投向了房地产，房地产在公司业务中的地位有了很大提升
1997 年 6 月	增加配股的发行量，筹集到资金 3.83 亿元，主要用于广州地区的地产开发，这就进一步提高了万科房地产开发水平。在 2000 年，通过配股的方式，万科筹集到资金 6.25 亿元，加大了对北京、上海等大城市房地产市场的投资
2002 年 6 月	万科开始发行可转换公司债券，筹集社会资金达到了 15 亿元，这提高了房地产业务的资金能力

续表 6-1

时间	融资行为事件
2004 年	万科成为中国第一家取得境外贷款的房地产企业。万科与德国的银行达成合作协议，由银行出资 3 500 万美元，直接进行相关投资，建设万科城市花园项目，这在本质上就是商业贷款
2005 年 3 月	万科以 80％的股份控制了南都房产，这是国内影响力较大的一次并购，通过这个并购，万科获得很大一批土地资源
2008 年	在市场发行公司债 59 亿元，占 2007 年万科公司净收益的 40％

数据来源：万科年度发展报告(1988—2008 年)

万科地产的融资模式分析包括如下几方面。

(1)充分利用股市融资。

(2)并购与合作开发融资。

(3)开拓海外融资渠道。

(4)房地产信托。

(5)房地产基金。

【知识讨论】

房地产开发融资的形式以及融资成本对比分析。

【知识内容】

6.1 房地产开发投资概述

6.1.1 房地产投资的含义

投资是指投资主体为了获得预期效益，投入一定量的货币并使其不断转化为资产的经济活动。或者说，投资是指将一定数量的有形或无形资产投放于某种对象或事业中，以取得一定收益或社会效益的活动，也指为获得一定收益或社会效益而投入某种活动的资产。投资包括投资主体、投资目的、投资方式和投资的行为过程。

房地产投资是指房地产投资者为了获取预期的投资收益而不断地将资本投入到房地产开发经营领域内及房地产金融资产上的经济行为。因此，房地产投资可包括房地产实业投资和房地产金融资产投资。房地产实业投资主要是将资本投入到房地产开发、经营、中介服务及物业管理服务等经济活动上，而房地产金融资产投资则是指通过购买房地产证券(股票、债券)来达到进行房地产投资活动的目的。

6.1.2 房地产投资主体

房地产投资主体是指直接从事房地产投资活动的投资者，即直接投资者。目前我国房地产投资主体主要包括国家、企业和个人。

1. 国家

当前在我国，国家仍是房地产主要的投资主体，也是特殊的投资主体。一方面，大量的投资行为是国有企事业单位进行的；另一方面，重大的房地产投资项目中，很多是国家投资的。从另一角度来看，作为投资主体的国家一般并不以国家的面目出现，而是以有关行政管理部门组织的某种投资机构或相关的企事业单位去实现的。

2. 企业

企业是房地产投资的投资主体。在我国，房地产投资企业包括许多事业性质的投资单位。从经济成分看，有全民所有、集体所有、个体所有、外资所有、股份制、混合所有等几种形式。我国目前专业的房地产投资企业较少，投资活动主要由房地产开发企业承担。根据国家统计资料，2010 年，我国房地产开发企业 85 218 个（其中：内资企业 79 489 个，港、澳、台投资企业 3 677 个，外商投资企业 2 052 个），平均从业人数 209.11 万人（其中：内资企业 190.90 万人，港、澳、台投资企业 10.58 万人，外商投资企业 7.63 万人），当年完成投资总额 48 259.4 亿元。

3. 个人

根据我国法律有关规定，个人必须先注册成立企业法人才可以从事房地产开发投资活动。因此，个人作为房地产投资主体一般只能从事房地产买卖活动。

房地产投资主体不同，其投资目标不同。一般地，政府投资注重宏观经济效益、社会效益和环境效益；企业投资注重于利润目标；而个人若购置房地产自用，则注重它的使用功能及保值增值功能的发挥，若购置房地产用于其他形式的投资或出售、出租，则注重其投资收益能力。

6.1.3 房地产投资的分类

房地产投资按不同的方法可以划分为不同的投资类型，它们之间既相互联系又各有其基本特点。

1. 按房地产经济内容划分

(1)土地开发投资。主要包括新区土地开发投资和旧城区土地再开发投资。土地开发投资主要是进行“三通一平”或“七通一平”等土地平整和基础设施建设。

(2)房屋开发投资。房屋开发投资是指在已开发好的土地上进行的房屋以及市政公用和生活服务房屋开发建设的投资，包括住宅房屋开发投资和非住宅房屋开发投资等。

(3)房地产经营投资。房地产经营投资是指用于房地产出租、出售、信托、互换等经营活动的投资。

(4)房地产中介服务投资。房地产中介服务投资是指用于房地产咨询、估价、经纪等中介服务的投资。

(5)房地产管理和服务投资。房地产管理和服务投资是指用于房地产管理、维修和保养等服务的投资。

6.1.4　按房地产投资形式划分

按房地产投资形式，房地产投资可分为直接投资和间接投资两类。

1. 直接投资

直接投资是指投资者直接参与房地产开发或购买房地产的过程，参与有关的管理工作，包括从购地开始的开发投资和物业建成后的置业投资两种形式。其中开发投资的投资者主要是赚取开发利润，风险较大但回报亦丰厚；置业投资的投资者则从长期投资的角度出发，可获得收益、保值、增值和消费四方面的利益。房地产直接投资主要包括房地产开发投资和房地产置业投资。

(1)房地产开发投资。房地产开发投资是指投资者从购买土地使用权开始，通过在土地上的进一步投资活动，即经过规划设计和施工建设等过程，建成可以满足人们某种入住需要的房屋及附属物，然后将其推向市场进行销售，转让给新的投资者或使用者，并通过这个转让过程收回投资，实现开发商获取投资收益的目标。房地产开发投资通常属于短期投资，它形成了房地产市场上的增量供给。当房地产开发投资者将建成后的房地产用于出租(如写字楼、公寓、别墅、货仓等)或经营(如商场、酒店等)时，短期开发投资就转变成了长期置业投资。

(2)房地产置业投资。房地产置业投资的对象可以是开发商新建成的物业(市场上的增量房地产)，也可以是房地产市场上的二手货(市场上的存量房地产)。这类投资的目的一般有两个：一是满足自身生活居住或生产经营的需要；二是作为投资将购入的物业出租给最终的使用者，获取较为稳定的经常性收入。这种投资的另一个特点是在投资者不愿意继续持有该项置业投资时，可以将其转售给另外的置业投资者，并获取转售收益。这种置业投资，同时达到了自用(消费)、获取经常性收益、投资保值和增值等几方面的目的。

2. 间接投资

间接投资主要是指将资金投入与房地产相关的证券市场的行为，房地产的间接投资者不需直接参与有关投资管理工作，具体投资形式包括：购买房地产开发、投资企业的债券、股票，购买房地产投资信托基金、房地产抵押贷款证券等。房地产间接投资包括如下方面。

(1)购买住房抵押贷款证券。所谓抵押贷款证券化，就是把金融机构所持有的个人住房抵押贷款转化为抵押贷款证券(MBS)，然后通过出售证券融通资金，购买证券的投资者也就成为房地产间接投资者。主要的做法就是将银行所持有的个人住房抵押贷款汇集重组成抵押贷款集合，每个集合内贷款的期限、计息方式和还款条件大体一致，通过政府、银行、保险公司或担保公司等担保，转化为信用等级较高的证券出售给投资者。购买抵押贷款证券的投资者可以间接地获取房地产投资的收益。个人住房抵押贷款证券化兴起于20世纪70年代，经过40多年的发展，已成为美国、加拿大等发达资本主义国家住房金融市场上的重要筹资工具和手段，新兴国家和地区如泰国、韩国、马来西亚、中国香港等也已广泛开展住房抵押贷款证券化的实践，使住房抵押贷款证券成了一种重要的房地产间接投资工具。中国推行抵押贷款证券化已成为住房金融界各级人士的共识。

(2)购买房地产投资企业的债券、股票。为了降低融资成本，越来越多的大型房地产投资企业希望通过资本市场直接融资，以支持其开发投资计划。例如，北京中关村科技园建设股份有限公司拟采用发行土地债券的方式，筹集中关村科技园区土地一级开发和基础设施建设所需的资金；北京北辰房地产、深万科、北京华远集团等则通过公司上市，解决了房地产开发所需的资本金投入问题。债券或股票的投资者，也就分享了部分房地产投资收益，成为间接的房地产投资者。

(3)投资于房地产投资信托基金。房地产投资信托基金(REITs)是购买、开发、管理和出售房地产资产的公司。REITs的出现，使得投资者可以把资金投入到由职业投资经理管理的房地产投资组合中，REITs将其收入现金流的主要部分分配给投资者，而本身仅起到一个投资代理作用。投资者将资金投入REITs有很多优越性：第一，收益稳定，因为REITs的投资收益主要来源于其所拥有物业的经常性租金收入；第二，REITs投资的流动性很好，投资者很容易将持有的REITs的股份转换为现金，这是因为，其股份可在主要的交易所交易，买卖房地产投资信托基金的资产或股份比在市场上买卖房地产更容易。

房地产投资信托基金选择投资的领域非常广泛，其投资涉及许多地区的各种不同类型的房地产和抵押资产。由于有职业投资经理管理，其收益水平通常高于一般的股票收益，因而房地产投资信托基金成了千百万个人投资者以及大型机构投资者(包括退休基金、慈善基金、保险公司、银行信托部门和共同基金等)间接投资于房地产的工具。

6.1.5 房地产投资的优缺点

1.房地产投资的优点

(1)相对较高的收益水平。房地产开发投资中，大多数房地产投资的收益率都较高，在有效使用信贷资金、充分利用财务杠杆原理的情况下，其收益率甚至会更高。房地产置业投资在寿命周期内一般也可获得高于储蓄、股票分红、债券等其他类型收益。

(2)能够得到税收方面的好处。置业投资的所得税是以毛租金收入扣除经营成本、贷款利息和建筑物折旧后的净经营收入为基数以固定税率征收的。从会计角度来说，建筑物随着楼龄的增长，每年的收益能力都在下降，所以税法中规定的折旧年限相对于建筑物的自然寿命和经济寿命来说要短得多。这就使建筑物每年的折旧额要比物业年收益能力的实际损失高得多，致使置业投资者账面上的净经营收益减少，相应地也就减少了投资者的纳税支出。

从另外一个角度来说，即使某项置业投资的净经营收益为负值，投资者不能享受到置业投资税收上的好处，但只要物业的经营收入能支付该项置业投资的经营费用和抵押贷款的利息，投资者就没有遭受太大的损失。相反投资者却能以置业投资的亏损来充抵其他投资的净经营收入，从而在总体上获得减少交纳所得税的好处，因为置业投资往往仅是投资者众多投资项目或经营内容中的一种，所以置业投资有时可以起到蓄水池的作用。从城镇居民购买自住住宅的政策来看，自置居所投资往往能得到政府的免税或减税优惠。

(3)易于获得金融机构的支持。由于可以将物业作为抵押担保品,置业投资者可以较容易地获得金融机构的支持,得到其投资所需要的大部分资金。包括商业银行、保险公司和抵押公司等在内的许多金融机构都愿意提供抵押贷款服务,这使得置业投资者有很大的选择余地。

金融机构通常认为作为抵押物的房地产,是保证能按期安全地收回贷款的最有效方式。因为除了投资者的资信情况和自有资金投入的数量外,房地产本身也是一种重要的信用保证。且金融机构看到,通常房地产的租金收入就能满足投资者分期付款对资金的需要。所以金融机构可以提供的抵押贷款比例也相当高。

(4)能抵消通货膨胀的影响。由于通货膨胀的影响,房地产和其他有形资产的重建成本不断上升,从而导致了房地产和其他有形资产价值的上升,因此房地产投资具有增值性。又由于房地产是为人类生活居住、生产经营所必需的,即使在整个经济的衰退过程中,房地产的使用价值仍然不变,所以房地产投资又是有效的保值手段。

(5)提高投资者的资信等级。由于拥有房地产并不是每个公司或个人都能做到的事,所以拥有房地产便成了占有资产、具有资金实力的最好证明。这对于提高置业投资者或房地产资产拥有者的资信等级、获得更多更好的投资交易机会具有重要意义。

2. 房地产投资的缺点

(1)变现性差。房地产被认为是一种非流动性资产,由于把握房地产的质量和价值需要一定的时间,其销售过程复杂且交易成本较高,因此它很难迅速无损地转换为现金。房地产的变现性差往往会使房地产投资者因为无力及时偿还债务而破产。

(2)投资数额巨大。不论是开发投资还是置业投资,所需的资金常常涉及几百万、几千万甚至数亿元人民币,即使投资者只支付30%的股本金用作前期投资或首期付款,也会使众多的投资者望楼兴叹。大量的自有资本占用,使得在宏观经济出现短期危机时,投资者的净资产迅速减少。

(3)投资回收周期较长。除了房地产开发投资随着开发过程的结束在三至五年就能收回投资外,置业投资的回收期少则十年八年,长则二三十年甚至更长。要承受这么长时间的资金压力和市场风险,对投资者资金实力的要求很高。

(4)需要专门的知识和经验。由于房地产开发涉及的程序和领域相当复杂,直接参与房地产开发投资时就要求投资者具备专门的知识和经验,这就限制了参与房地产开发投资的人员数量。置业投资同样也对专业知识和经验有较高的要求。置业投资者要想达到预期的投资目标,必须进行有效的资产管理和物业管理。

6.2 房地产开发资金筹措

6.2.1 项目资金筹措的渠道与方式

从总体上看,项目的资金来源可分为投入资金和借入资金,前者形成项目的资本金,后者形成项目的负债。

1. 项目资本金筹集的渠道与方式

项目资本金是指项目总投资中必须包含一定比例的、由出资方实缴的资金，这部分资金对项目法人而言同非负债资金。除了主要由中央和地方政府用财政预算投资建设的公益性项目等部分特殊项目外，大部分投资项目都应实行资本金制度。项目资本金的形式，可以是现金、实物、无形资产，但无形资产的比重要符合国家有关规定。注册资金必须使用企业自有资金，严禁用借入资金注册。根据国家法律、法规规定，建设项目可通过争取国家财政预算内投资、发行股票、自筹投资和利用外资直接投资等多种方式来筹集资本金。

(1)国家预算内投资。国家预算内投资，简称"国家投资"，是指以国家预算资金为来源并列入国家计划的固定资产投资。目前包括：国家预算、地方财政、主管部门和国家专业投资拨给或委托银行贷给建设单位的基本建设拨款及中央基本建设基金，拨给企业单位的更新改造的拨款，以及中央财政安排的专项拨款中用于基本建设的资金。国家预算内投资目前虽然占全社会固定资产总投资的比重较低，但它是能源、交通、原材料以及国防科研、文教卫生、行政事业建设项目投资的主要来源，对于整个投资结构的调整起着主导性的作用。

(2)自筹投资。自筹投资指建设单位报告期收到的用于进行固定资产投资的上级主管部门、地方和单位、城乡个人的自筹资金组成。目前，自筹投资已成为筹集建设项目资金的主要渠道。建设项目自筹资金来源必须正当，应上交财政的各项资金和国家有指定用途的专款，以及银行贷款、信托投资、流动资金不可用于自筹投资；自筹投资必须纳入国家计划，并控制在国家确定的投资总规模以内；自筹投资要符合一定时期国家确定的投资使用方向，投资结构趋向应合理，以提高自筹投资的经济效益。

(3)发行股票。股票是股份公司发给股东作为已投资入股的证书和索取股息的凭证，是可作为买卖对象或质押品的有价证券。按股东承担风险和享有权益的大小，股票可分为普通股和优先股两大类。

发行股票筹资的优点是：①以股票筹资是一种有弹性的融资方式。由于股息或红利不像利息那样必须按期支付，当公司经营不佳或现金短缺时，董事会有权决定不发股息或红利，因而公司融资风险低。②股票无到期日。其投资属永久性投资，公司不需为偿还资金而担心。③发行股票筹集资金可降低公司负债比率，提高公司财务信用，增加公司今后的融资能力。

发行股票筹资的缺点：①资金成本高。购买股票承担的风险比购买债券高，投资者只有在股票的投资报酬高于债券的利息收入时，才愿意投资于股票。另外，债券利息可在税前扣除，而股息和红利须在税后利润中支付，这样就使股票筹资的资金成本大大高于债券筹资的资金成本。②增发普通股须给新股东投票权和控制权，降低原有股东的控制权。③吸收国外资本直接投资。吸收国外资本直接投资主要包括与外商合资经营、合作经营、合作开发及外商独资经营等形式，国外资本直接投资方式的特点是：不发生债权债务关系，但要让出一部分管理权，并且要支付一部分利润。

2. 项目负债筹资的渠道与方式

项目的负债是指项目承担的能够以货币计量且需要以资产或者劳务偿还的债务。它是项目筹资的重要方式，一般包括银行贷款、发行债券、设备租赁和借入国外资金等筹资渠道。

(1)银行贷款。项目银行贷款是银行利用信贷资金所发放的投资性贷款。目前银行贷款已成为我国建设项目投资资金的重要组成部分。银行贷款的发放和使用应当符合国家法律、行政法规和中国人民银行发布的行政规章，应当遵循效益性、安全性和流动性的原则。

(2)发行债券。债券是借款单位为筹集资金而发行的一种信用凭证，它证明持券人有权按期取得固定利息并到期收回本金。我国发行的债券又可分为国家债券、地方政府债券、企业债券和金融债券等。

(3)设备租赁。设备租赁是指出租人和承租人之间订立契约，由出租人应承租人的要求购买其所需的设备，在一定时期内供其使用，并按期收取租金。租赁期间设备的产权属出租人，用户只有使用权，且不得中途解约。期满后，承租人可以从以下的处理方法中选择：将所租设备退还出租人、延长租期、作价购进所租设备、要求出租人更新设备、另定租约。设备租赁的方式可分为融资租赁、经营租赁和服务出租等。

(4)借用国外资金。借用国外资金大致可分为外国政府贷款、国际金融组织贷款、国外商业银行贷款、在国外金融市场上发行债券、吸收外国银行、企业和私人存款以及利用出口信贷等途径。

6.2.2　房地产开发资金来源

房地产投资资金的来源主要有：自有资金、银行贷款、社会集资、利用外资、财政拨款、预售款等。

1. 自有资金

具有一定的自有资金，是项目开发的前提和条件。国家曾规定：房地产开发项目应建立资本金制度，资本金占项目总投资的比例不得低于 20%。2004 年 4 月国务院发布了《关于调整部分行业固定资产项目资本金比例的通知》，将房地产开发固定资产投资项目(不包含经济适用房)资本金比例从 20%提高到 35%及以上。在我国当前情况下，自有资金一般包括企业自身积累、主管部门投入的资金和联营企业单位提供的资金三个部分。

企业自身积累。企业自身积累是企业依据财务制度，从产品生产成本和税后留利两个渠道中提取的资金，主要表现为计提折旧形成的临时沉淀资金、生产发展基金、后备基金、闲置资产变现、员工福利基金、未分配利润等。其中，生产发展基金即企业从税后留利中提取的，用于补充流动资金不足部分的资金。

主管部门投入资金。主管部门投入资金是指房地产开发企业的主管部门根据城市建设综合开发计划拨给企业无偿使用的配套资金，这部分资金来源于收取的城市维护税和城市市政建设配套费。

联营企业单位提供的资金。联营企业单位提供的资金因联营方式的不同而呈多样化。如果联营各方共同出资组建房地产企业，则各方按协议或企业章程投入到联营房地产企业的资金均为该房地产企业的自有资金;如果联营各方仅就一个具体房地产项目按协议或合同投入资金,没有设立联营企业,则这些资金作为借入资金。

2.银行贷款

银行向房地产开发、经营、流通和消费领域发放的贷款按资金性质、贷款对象、贷款用途等有多种方式分类。其中,按资金性质划分,房地产贷款可分为自营性房地产贷款和政策性住房贷款两大类。自营性房地产贷款是指银行以本外币存款作为主要信贷资金来源自主发放的用于房地产开发、经营、流通和消费领域的贷款。这类贷款的风险由银行承担,并由银行负责收回本金和利息。自营性房地产贷款包括房地产开发企业流动资金贷款、房地产开发贷款和个人住房贷款,前两者合称房地产开发类贷款。政策性住房贷款,是指银行受各级地方人民政府和单独实施房改的系统、单位的委托,以委托性住房资金为来源发放的用于住房的贷款。政策性住房贷款主要用于实行房改的单位建造住房和支持职工购买、建造、大修自住住房。

房地产开发类贷款是指用于房屋建造、土地开发过程中所需建设资金的贷款,其贷款的对象是经工商行政管理机关(或主管机关)核准登记的房地产开发企业和利用单位自有土地建设经济适用住房的企(事)业法人。房地产开发类贷款包括房地产开发企业流动资金贷款和房地产开发贷款。

房地产开发企业流动资金贷款。这类贷款是银行向为社会提供房地产产品的房地产开发企业发放的用于生产周转的流动资金贷款。房地产开发企业流动资金贷款主要用于垫付城市综合开发、商品房开发、土地开发以及旧城改造等项目所需的生产性流动资金。房地产开发企业开发经营周转资金不足的部分,可向银行申请贷款。

房地产开发企业流动资金贷款属于垫支性的生产资金,一般用于以下四方面:①开发前期所需占用的资金,包括总体规划设计费,可行性研究费,水文、地质勘察测绘费等。②土地开发和基础设施建设所占用的资金,包括土地补偿费,青苗补偿费,安置补助费,国有土地上房屋征收补偿费和道路、供水、供气、供电、排水、通讯、照明等建设资金。③建筑安装工程所需占用的资金。④公共设施配套工程所需占用的资金,包括各种生活小区、公共设施,直接摊入商品房价格中的配套工程等。

房地产开发贷款。房地产开发贷款是银行向房地产开发企业开发的房地产项目发放的贷款。由于房地产开发项目开发期长,相应占用资金时间也长,因此这类贷款属于中长期贷款。房地产开发贷款用于开发项目的土地使用及国有土地上房屋征收补偿、前期工程、基础设施建设、房屋建筑安装以及公共配套设施等发生的费用支出。

3.社会集资

社会集资主要是指房地产企业以发行房地产股票和房地产债券的方式筹集资金。

房地产股票。股份制房地产企业在投资开发房地产项目时,可以通过发行股票的方式筹措资金。房地产股票是房地产股份有限公司发给股东的所有权凭证,股票持有者作为股东承担公司的有限责任,同时享有相应的权利,承担相应的义务。房地产股票作为特殊行业的股票,既有一般工商企业的特点,又有本行业的一些特点,如股本总额大,房地产股票收益较高、升值较快,房地产股票资信较高、市场稳定。

房地产投资者发行房地产股票往往是出于以下的目的:①筹集注册资本。②扩大公司规模或因新上项目而追加投资。③兼并其他公司。④公积金或资产增值转化为新股票。⑤债券转化为股票。⑥分割或合并股份。⑦在公司经营不景气或在扩大业务急需资金时，按原股东股息配股，达到集资的目的。

房地产开发企业可以根据企业不同时期、不同经营情况的需要，选择发行不同种类的房地产股票，以满足自己的资金需求和投资人的需求。房地产股票可按不同的标准进行分类，其中最主要的是按股东权益与承担风险程度的不同，分为普通股和优先股。优先股在收益分配上享有优先权，但一般没有公司的经营管理权。优先股又可分为累积优先股、股息可调整的优先股和可转换优先股三类。普通股代表持股人在股份中的财产和所有权。持有普通股的股东对公司的经营管理行使权力，参加股东大会并有投票权，但普通股的股息要视公司经营业绩的好坏和收益高低而升降，不予固定。另外，普通股股东可以通过股份公司资产增值和股票交易价格的上升来取得收益，股份公司发行股票时，必须发行一定数量的普通股。

股票的发行一般有两种方式：一是由股份公司直接向社会发行，由银行或其他金融机构协助；二是由银行或债券公司代理发行或包销。股票的发行价格有四种确定方式：一是按面值发行，即按票面价格发行；二是按市价发行，即按照或接近股票市场上该种已发行股票或同类股票的近期买卖价格发行；三是按折价发行，即按股票票面价格打折扣后发行；四是按股票票面价格和市场价格的中间价发行。

利用房地产股票进行投资或进行筹资，有很多的好处：可以解决急需资金的问题、可以使企业获得永久性资本、可以分散风险、可以减轻财务负担等。

房地产债券。房地产债券是为了筹措房地产资金而发行的借款信用凭证，是证明债券持有人向发行人取得预期收益和到期收回本金的一种凭证。房地产债券具有下列特点：发行总额大、票面利率高、期限长、可与购房相结合、较安全、风险小。

房地产债券的种类繁多，可按照不同的标准进行分类，其中最主要的一种是按发行主体的不同分为房地产政府债券、房地产金融债券、房地产企业债券。房地产企业债券是我国房地产债券中最常见的一种，是指房地产企业为了筹集长期资金而发行的债券，其种类繁多，可以按照一般企业债券的分类来划分，如按发行目的可分为合并债券、购价债券、偿债债券等。我国房地产企业债券主要有住房建设债券、土地开发债券、房地产投资债券、危房改造债券、小区开发债券、住房有奖债券等。

房地产债券有记名式和无记名式两种，由于记名式房地产债券具有手续烦琐、流通性差等特点，而无记名式房地产债券手续简便、流通性良好、风险小，所以房地产投资者应以选择无记名式房地产债券为主。按照期限划分，房地产债券又可分为长期债券(10年以上)、中期债券(1～10年)、短期债券(1年以内)三种。

发行房地产债券的好处很多，它可在需要资金时及时筹集到账，又可在资金充裕时停止筹措行为，灵活且高效；它没有银行贷款那种中途停贷或收回的风险，而且发行债券易被大众接受。

4.利用外资

房地产开发是一个耗资大、发挥效益时间长的事业，引进外资具有重要的意义，它不仅可以弥补国家房地产开发资金的不足，还可以引进先进的开发技术和管理经验。引用外资对于我国房地产业的发展有着很大的促进作用。

房地产投资者利用外国资金进行房地产投资活动，其主要方式有：外国政府贷款、国际金融组织贷款、外国商业银行贷款、与外资合营、发行国际债券、租赁开发等。其中租赁开发是以土地使用权出租为基础的开发方式。通过租赁，承租方取得一定时期的土地使用权，在土地上进行规定项目的开发，项目开发后，承租方享有租赁期内的经营权，一旦租赁期到，土地使用权及地上房屋所有权归国家所有。这种开发方式，在新区的开发中有较大的作用，能有效地吸引巨额外资进行房地产开发。

5. 预售款

预售款是房地产开发企业通过商品房预售预先向购房者收取的房款。商品房预售是指房地产开发企业将正在建设中的房屋预先出售给承购人，由承购人支付定金或房价款的行为。商品房预售应符合规定的条件。根据我国《城市商品房预售管理办法》，商品房预售应当符合的条件包括：已交付全部土地使用权出让金，取得土地使用权证书；持有建设工程规划许可证和施工许可证；按提供预售的商品房计算，投入开发建设的资金达到工程建设总投资的25%以上，并已经确定施工进度和竣工交付日期。

商品房预售可以使房地产开发企业筹集到必需的建设资金，又可将部分市场风险转移给购房者。

6.3 房地产投资资金成本

6.3.1 资金成本的概念

资金成本是指企业为筹集和使用资金而付出的代价。企业筹集和使用任何资金都要付出代价，这一代价由两部分组成：资金筹集成本和资金使用成本。

1. 资金筹集成本

资金筹集成本是指在资金筹措过程中支付的各项费用。主要包括向银行借款的手续费；发行股票、债券而支付的各项代理发行费用，如印刷费、手续费、公证费、担保费、广告费等。资金筹集成本一般属于一次性费用，筹资次数越多，资金筹集成本也就越大。

2. 资金使用成本

资金使用成本主要包括支付给股东的各种股利、向债权人支付的贷款利息以及支付给其他债权人的各种利息费用等。资金使用成本一般与所筹资金的多少以及所筹资金使用时间的长短有关，具有经常性、定期性支付的特征，是资金成本的主要内容。

资金筹集成本与资金使用成本是有区别的，前者是在筹措资金时一次性支付的，在使用资金过程中不再发生，因此可作为筹资金额的一项扣除，而后者是在资金使用过程中多次、定期发生的。

6.3.2　资金成本的计算

1.资金成本计算的一般形式

资金成本可用绝对数表示，也可用相对数表示。为便于分析比较，资金成本一般用相对数表示，称之为资金成本率。其一般计算公式为：

$$K=\frac{D}{P-F}\text{或}K=\frac{D}{P(1-f)}$$

式中：K——资金成本率（一般通称为资金成本）；P——筹集资金总额；D——资金使用费；F——资金筹集费；f——资金筹集费费率（即筹资费占筹集资金总额的比率）。

2.各种资金来源的资金成本

下面分别说明不同筹资来源的资金成本的计算方法。

(1)优先股成本。公司发行优先股股票筹资，需支付的资金筹集费有注册费、代销费等，其股息也要定期支付，但它是公司用税后利润来支付的，不会减少公司应上缴的所得税。优先股资金成本率可按下式来计算：

$$K_P=\frac{D_P}{P_0(1-f)}\text{或}K_P=\frac{P_0\cdot i}{P_0(1-f)}=\frac{i}{1-f}$$

式中：K_P——优先股成本率；D_P——优先股每年股息；P_0——优先股票面值；i——股息率。

例 6-1　某房地产开发企业发行优先股股票，票面额按正常市价计算为200万元，筹资费费率为4%，股息年利率为14%，则其资金成本率为：

$$K_P=\frac{200\times14\%}{200\times(1-4\%)}=\frac{14\%}{1-4\%}=14.58\%$$

(2)普通股的成本。如果普通股各年的股利固定不变，则其资金成本率可按下式计算：

$$K_c=\frac{D_P}{P_0(1-f)}\text{或}K_c=\frac{P_0\cdot i}{P_0(1-f)}=\frac{i}{1-f}$$

式中：K_c——普通股成本率；P_0——普通股票总面值或市场发行总额；D_p——每年固定股利总额；i——固定股利率。

但是，普通股的股利往往不是固定的，通常有逐年上升的趋势。如果假定每年股利增长率为g，第一年的股利为D_1，则第二年为$D_1(1+g)$，第三年为$D_1(1+g)^2\cdots$，第n年为$D_1(1+g)^{n-1}$。因此，计算普通股成本率的公式为：

$$K_c=\frac{D_1}{P_0(1-f)}+g=\frac{i}{1-f}+g$$

例 6-2　某房地产开发企业发行普通股正常市价为300万元，筹资费率为4%，第一年的股利率为10%，以后每年增长5%，则其成本率为：

$$K_c=\frac{300\times10\%}{300\times(1-4\%)}+5\%=15.4\%$$

(3)债券成本。企业发行债券后，所支付的债券利息列入企业的费用开支，因而使企业少缴一部分所得税，两者抵消后，实际上企业支付的债券利息仅为：债券利息×(1－所得税税率)。因此，债券成本率可以按下式计算：

$$k_B = \frac{I(1-T)}{B_0(1-f)} \text{ 或 } k_B = i\,\frac{(1-T)}{(1-f)}$$

式中：k_B——债券成本率；B_0——债券的票面价值；I——债券年利息总额；T——所得税税率；i——债券年利息利率。

例 6-3 某房地产开发企业发行长期债券 400 万元，筹资费率为 2%，债券利息率为 12%，所得税税率为 33%，则其成本率为：

$$k_B = \frac{12\% \times (1-33\%)}{(1-2\%)} = 8.2\%$$

(4)银行借款。向银行借款，企业所支付的利息和费用一般可作企业的费用开支，相应减少部分利润，会使企业少缴一部分所得税，因而使企业的实际支出相应减少。对每年年末支付利息、贷款期末一次全部还本的借款，其借款成本率为：

$$k_g = \frac{I(1-T)}{G-F} = i\,\frac{(1-T)}{(1-f)}$$

式中：k_g——借款成本率；G——贷款总额；I——贷款年利息(i 为贷款年利率)；F——贷款费用。

(5)租赁成本。企业租入某项资产，获得其使用权，要定期支付租金，并且租金列入企业成本，可以减少应付所得税。因此，其租金成本率为：

$$k_L = \frac{E}{P_L} \times (1-T)$$

式中：K_L——租赁成本率；P_L——租赁资产价值；E——年租金额。

(6)保留盈余成本。保留盈余又称为留存收益，其所有权属于股东，是企业资金的一种重要来源。企业保留盈余，等于股东对企业进行追加投资。股东对这部分投资与以前缴给企业的股本一样，也要求有一定的报酬，所以保留盈余也有资金成本。它的资金成本是股东失去向外投资的机会成本，因此与普通股成本的计算基本相同，只是不考虑筹资费用。其计算公式为：

$$k_R = \frac{D_P}{P_0} + g = i + g$$

式中：k_R——保留盈余成本率。

3. 平均资金成本

项目从不同来源取得的资金，其成本各不相同。由于种种条件的制约，项目不可能只从某种资金成本较低的来源筹集资金，而是各种筹资方式的有机组合。为了进行筹资和投资决策，需要计算全部资金来源的平均资金成本率，即综合资金成本率。它通常是用加权平均来计算的，其计算公式如下：

$$K = \sum_{i=1}^{n} w_i K_i$$

式中：K——平均资金成本率；W_i——第 i 种资金来源占全部资产的比重；K_i——第 i 种资金来源的资金成本率。

例 6-4　某建设房地产开发项目通过三种方式共筹资 10 000 万元，其中股票筹资 4 000 万元，资金成本为 8.5%；债券筹资 4 000 万元，资金成本为 8%，借款 2 000 万元，资金成本为 6%，则平均资金成本为：

$$K = 4\ 000/10\ 000 \times 8.5\% + 4\ 000/10\ 000 \times 8\% + 2\ 000/10\ 000 \times 6\% = 7.8\%$$

房地产开发企业在进行筹资方案决策时，应选择平均资金成本率或综合资金成本率低的方案。

【延伸阅读】

"宝安山水龙城"房地产项目估算范围及金额

一、"宝安山水龙城"房地产项目销售收入的估算

(一)项目可售面积

本项目为"宝安山水龙城"工程，开发总建筑面积为 299 810 m^2，其中：地上总建筑面积为 227 810 m^2，商业面积为 12 560 m^2，住宅面积为 207 500 m^2，公建面积 7 750 m^2(会所 2 000 m^2、幼儿园 4 800 m^2 及其他 950 m^2)；地下室(包括车库及设备用房)面积 72 000 m^2，建筑占地面积为 26 372.95 m^2。建筑密度 23%，绿地率 40%，总户数 1 553 户，停车位 2 271 个。

(二)项目经营收入确定

考虑相同区位，相同档次的住宅楼目前销售状况，结合本项目的特点，综合确定本项目住宅 7 000 元/m^2，商铺 15 000 元/m^2，地下车位 80 000 元/个。该项目近三年销售期内的销售比例分别为 20%、40%、40%。

(三)项目收入估算

项目总销售收入为万元，详见表 6-2。

表 6-2　项目销售收入预测

项目	基础指标		2011 年		2012 年		2013 年		收入合计
	价格/万元/m^2	面积/m^2	销售比例/%	收入/万元	销售比例/%	收入/万元	销售比例/%	收入/万元	收入/万元
住宅	0.7	207 500	20	28 896	20	57 792	20	57 792	144 480
商铺	1	12 560	20	2 668	20	5 336	20	5 336	13 340
车位	8	1 362.6	20	2 180.26	20	4 360.32	20	4 360.32	10 901
合计		292 840	20	33 744.16	20	67 488.32	20	67 488.32	168 721

二、"宝安山水龙城"房地产项目总投资估算

"宝安山水龙城"项目的开发成本总计为 10 822 797 万元，其中包括土地成本(含前期安置拆迁补偿费)及前期工程费用 32 712 万元、建安工程及小区配套费用 59 879.97 万元、不可预见费用 7 000 万元、其他费用 8 636 万元；按销售收入的 3%计算金额为 5 061.62 万元，管理费用按销售收入的 1%计算金额为 1 687.21 万元，银行贷款一年期利率为 6.44%利息为 5 023.2 万元。上述各种项目费用均已计入该房地产项目总投资额，详见表 6-3。

表 6-3 项目总投资估算 万元

序号	项目	投资	备注
1	房地产开发成本	108 228	
1.1	土地费用	25 696	
1.2	前期工程费	7 016	
1.3	基础设施建设费用	11 402	
1.4	建筑安装工程费	48 477.97	
1.5	其他费用	8 636	
1.6	不可预见费	7 000	
2	房地产开发费用	11 772.03	
2.1	销售费用	5 061.62	按销售收入的3%汲取
2.2	管理费用	1 687.21	按销售收入的1%汲取
2.3	财务费用	10 867.53	按一至三年期银行贷款利率8.92%计算
	合计	120 000	

三、"宝安山水龙城"房地产项目损益预测

在损益计算中，计算各种税金(表6-4)。"宝安山水龙城"项目房地产销售的营业税按销售收入的5%计算征收，城市维护建设费按营业税税额的7%计算征收，教育费附加按营业税税额的3%计算征收，预征收按销售收入2%计算的土地增值税。

表 6-4 项目损益预测 万元

序号	项目	2011年	2012年	2013年	合计
1	销售收入	33 744.16	67 488.32	67 488.32	168 720.8
2	总成本费用	24 000	48 000	48 000	120 000
3	土地增值税	674.89	1 349.77	1 349.76	3 374.42
4	销售税金及附加	1 896.42	3 792.84	3 792.84	9 482.1
5	利润总额	7 172.85	14 345.71	14 345.72	35 864.28
6	所得税	1 793.21	3 586.43	3 586.43	8 966.07

【实训任务】

根据第5章产品设计方案做出投资估算报告并提出融资方案，要注意测量风险概率和风险防范。

Chapter 7

第7章

房地产开发项目可行性研究

【导入案例】

世联地产品牌发展历程

世联地产是一家专业从事房地产中介服务的企业。其总部在深圳，面向全国提供房地产综合服务。公司的三大类主营业务覆盖了房地产开发价值链上的各个环节，包括：顾问策划业务、代理销售业务和经纪业务，为房地产一、二、三级市场的参与者——相关政府部门、房地产开发商、机构及个人业主等提供全方位、跨区域的房地产中介服务。截至2006年年底，世联地产参与了国内570多个房地产顾问项目、500个策划和销售代理项目。服务覆盖全中国100多个城市的900多家海内外机构。

世联地产以"为客户挖掘物业价值，降低交易成本，解决房地产问题"作为经营之本，不断强化推动中国房地产市场发展的服务力量，致力于成为中国房地产服务市场的第一选择。

最近3年，公司凭借专业的服务能力和较高的品牌知名度不断提高市场份额，并表现出良好的盈利能力。2008年公司营业收入和归属于母公司股东净利润分别为51 124万元和6 636万元。世联的主要财务数据见表7-1。

表7-1　世联地产合并资产负债表主要数据　　万元

项目	2009.06.30	2008.12.31	2007.12.31	2006.12.31
资产总计	39 776.32	36 382.12	30 827.07	21 524.79
负债总计	9 585.51	12 508.45	13 413.15	10 873.59

续表 7-1

项目	2009.06.30	2008.12.31	2007.12.31	2006.12.31
所有者权益	30 190.8	23 873.67	17 413.92	10 651.2
归属母公司权益	30 190.8	23 376.72	15 668.54	10 480.99

世联地产自1993年设立以来,专注从事房地产顾问策划、代理销售业务、经纪业务。公司凭借稳定的管理团队、专业的员工队伍为客户提供房地产中介服务,积累了丰富的经验,并不断总结、固化经验,形成方法体系和构建专业模式,建立了知识管理平台。凭借持续的专业积累优势,公司在房地产业内塑造了较高的品牌知名度,得到了众多房地产开发商的认可。

2010年年初,国务院发展研究中心企业研究所、清华大学房地产研究所和中国指数研究院在北京联合发布2009年中国房地产品牌价值研究结果,房地产开发商的平均品牌价值为45.43亿元,比去年提高24.82%;房地产策划代理公司的平均品牌价值也由去年的9.2亿元增至10.6亿元。研究组对房地产策划代理公司进行了品牌价值评估。易居中国、世联地产以超过20亿元的品牌价值分别排名前两位,同策咨询、合富辉煌、伟业顾问思源、新联康、华燕置业、新景祥和中原地产分列三至十位。

【知识讨论】

1. 了解房地产中介服务企业,房地产顾问策划企业的经营概况。
2. 房地产可行性研究报告的基本内容有哪些?

【知识内容】

7.1 房地产开发项目可行性研究概述

7.1.1 可行性研究的含义和目的

可行性研究是在投资决策前,对建设项目进行全面的技术经济分析、论证的科学方法。具体地讲,就是在工程项目投资决策前,对与项目有关的社会、经济和技术等方面情况进行深入细致的研究;对拟定的各种可能建设方案或技术方案进行认真的技术经济分析、比较和论证;对项目的经济、社会、环境效益进行科学的预测和评价。在此基础上,综合研究建设项目的技术先进性和适用性、经济合理性以及建设的可能性和可行性,由此确定该项目是否应该投资和如何投资等结论性意见,为决策部门最终决策提供可靠的、科学的依据,并作为开展下一步工作的基础。

可行性研究的根本目的是实现项目决策的科学化、程序化,减少或避免投资决策的失误,提高项目开发建设的经济、社会和环境效益。

房地产开发是一项综合性经济活动，投资额大，建设周期长，涉及面广。要想使开发项目达到预期的经济效果，首先必须做好可行性研究工作，才能使房地产开发项目的许多重大经济技术原则和基础资料得到切实地解决和落实。最后提出结论，使开发商决策建立在科学的而不是经验或感觉的基础上。

7.1.2 可行性研究的作用

1. 是项目投资决策的依据

一个开发建设项目，特别是大中型项目，花费的人力、物力、财力很多，不是只凭经验或感觉就能确定的，而是要通过投资决策前的可行性研究，明确该项目的建设地址、规模、建设内容与方案等是否可行，房地产开发项目的产品有无销路、有无竞争能力、投资效果如何等，从而得出这项工程应不应该建或建设时应按哪种方案会取得最佳的效果，作为开发建设项目投资决策的依据。国家规定，凡是没有经过可行性研究的开发建设项目，不能批准设计任务书，不能进行设计，不能列入计划。

2. 是筹集建设资金的依据

银行等金融机构都把可行性研究报告作为建设项目申请贷款的先决条件。他们对可行性研究报告进行全面、细致的分析评估后，才能确定是否给予贷款。

3. 是开发商与有关各部门签订协议、合同的依据

项目所需的建筑材料、协作条件以及供电、供水、供热、通讯、交通等很多方面，都需要与有关部门协作。这些供应的协议、合同都需根据可行性研究报告进行商谈。有关技术引进和设备进口必须在可行性研究报告审查批准后，才能据以同国外厂商正式签约。

4. 是编制下一阶段规划设计方案的依据

在可行性研究报告中，对项目的规模、地址、建筑设计方案构想、主要设备选型、单项工程结构型式、配套设施和公用辅助设施的种类、建设速度等都进行了分析和论证，确定了原则，推荐了建设方案。可行性研究报告批准后，规划设计工作就可据此进行。

7.1.3 可行性研究的工作阶段

可行性研究是在投资前期所做的工作，它分为四个工作阶段，每阶段的内容逐步由浅到深。

1. 投资机会研究

该阶段的主要任务是对投资项目或投资方向提出建议，即在一定的地区和部门内，以自然资源和市场的调查预测为基础，寻找最有利的投资机会。

投资机会研究分为一般投资机会研究和特定项目的投资机会研究，前者又分三种：地区研究、部门研究和以利用资源为基础的研究，目的是指明具体的投资方向。后者是要选择确定项目的投资机遇，将项目意向变为概略的投资建议，使投资者可据以决策。

投资机会研究的主要内容有：地区情况、经济政策、资源条件、劳动力状况、社会条件、地理环境、国内外市场情况、工程项目建成后对社会的影响等。

投资机会研究相当粗略，主要依靠笼统的估计而不是依靠详细的分析。该阶段投资估算的精确度为±30%，研究费用一般占总投资的0.2%～0.8%。

如果机会研究认为是可行的，就可以进行下一阶段的工作。

2.初步可行性研究

初步可行性研究亦称“预可行性研究”。在机会研究的基础上，进一步对项目建设的可能性与潜在效益进行论证分析。主要解决的问题包括：分析机会研究的结论，在详细资料的基础上做出是否投资的决定；是否有进行详细可行性研究的必要；有哪些关键问题需要进行辅助研究。

在初步可行性研究阶段需对以下内容进行粗略的审查：市场需求与供应、建筑材料供应状况、项目所在地区的社会经济情况。项目地址及其周围环境、项目规划设计方案、项目进度、项目销售收入与投资估算、项目财务分析等。

初步可行性研究阶段投资估算的精度可达±20%，所需费用占总投资的0.25%～1.5%。所谓辅助研究，是对投资项目的一个或几个重要方面进行单独研究，用作初步可行性研究和详细可行性研究的先决条件，或用以支持这两项研究。

3.详细可行性研究

详细可行性研究是开发建设项目投资决策的基础，是在分析项目技术、经济可行性后做出投资与否决策的关键步骤。

这一阶段对建设投资估算的精度在±10%，所需费用，小型项目占投资的1.0%～3.0%，大型复杂的工程占0.2%～1.0%。

4.项目的评估和决策

按照国家有关规定，对于大中型和限额以上的项目及重要的小型项目，必须经有权审批单位委托有资格的咨询评估单位就项目可行性研究报告进行评估论证。未经评估的建设项目，任何单位不准审批，更不准组织建设。

项目评估是由决策部门组织或授权于建设银行、投资银行、咨询公司或有关专家，代表国家对上报的建设项目可行性研究报告进行全面审核和再评估阶段。

7.1.4 可行性研究的具体步骤

房地产开发项目可行性研究一般按以下五个步骤进行。

1.接受委托

在项目建议被批准之后，开发商即可委托咨询评估公司对拟开发项目进行可行性研究。双方签订合同协议，明确规定可行性研究的工作范围、目标意图、进度安排、费用支付办法及协作方式等内容；承担单位接受委托时，应获得项目建议书和有关项目背景介绍资料，搞清楚委托者的目的和要求，明确研究内容，制定计划，并收集有关的基础资料、指标、规范、标准等基本数据。

2.调查研究

主要从市场调查和资源调查两方面进行。市场调查应查明和预测市场的供给和需求量、价格、竞争能力等，以便确定项目的经济规模和项目构成。资源调查包括建设地点调查、开发项目用地现状、交通运输条件、外围基础设施、环境保护水文地质、气象等方面的调查，为下一步规划方案设计、技术经济分析提供准确的资料。

3.方案选择和优化

根据项目建议书的要求，结合市场和资源调查，在收集到的资料和数据的基础上，建立若干可供选择的开发方案，进行反复的方案论证和比较，会同委托部门明确方案选择的重大原则问题和优选标准，采用技术经济分析的方法，评选出合理的方案。研究论证项目在技术上的可行性，进一步确定项目规模、构成、开发进度。

4.财务评价和国民经济评价

对经上述分析后所确定的最佳方案，在估算项目投资、成本、价格、收入等基础上，对方案进行详细财务评价和国民经济评价。研究论证项目在经济上的合理性和盈利能力。进一步提出资金筹措建议和项目实施总进度计划。

5.编制可行性研究报告

经过上述分析与评价，即可编制详细的可行性研究报告，推荐一个以上的可行性方案和实施计划，提出结论性意见、措施和建议，供决策者作为决策依据。

7.1.5 房地产开发项目可行性研究的内容

由于开发项目的性质、规模和复杂程度不同，其可行性研究的内容不尽相同，各有侧重。一般房地产开发项目可行性研究的内容主要包括以下几方面。

1.项目概况

(1)项目名称、开发建设单位。

(2)项目的地理位置。包括项目所在城市、区和街道，项目周围主要建筑物等。

(3)项目所在地周围的环境状况。主要从工业、商业及相关行业现状及发展潜力、项目建设的时机和自然环境等方面说明项目建设的必要性和可行性。

(4)项目的性质及主要特点。

(5)项目开发建设的社会、经济意义。

(6)可行性研究工作的目的依据和范围。

2.开发项目用地的现状调查及房屋征收安置方案的制定

(1)土地调查。包括开发项目用地范围内的各类土地面积及使用单位等。

(2)人口调查。包括开发项目用地范围内的总人口数、总户数，需动迁的人口数、户数等。

(3)调查开发项目用地范围内建筑物的种类，各种建筑物的数量及面积，需要房屋征收的建筑物种类、数量和面积等。

(4)调查生产、经营企业以及个体经营者的经营范围、占地面积、建筑面积、营业面积、职工人数、年营业额、年利润额等。

(5)各种市政管线。主要应调查上水管线、雨水管线、污水管线、热力管线、燃气管线、电力和电讯管线的现状及规则目标和其可能实现的时间。

(6)其他地下、地上物现状。开发项目用地范围内地下物调查了解的内容包括水井、人防工程、菜窖、各种管线等;地上物包括各种树木、植物等。开发项目用地的现状一般要附平面示意图。

(7)制订动迁计划。

(8)制定安置方案。包括需要安置的总人数和户数,需要安置的各房屋套数及建筑面积,需要安置的劳动力人数等。

3.市场分析和建设规模的确定

(1)市场供给现状分析及预测。

(2)市场需求现状分析及预测。

(3)市场交易的数量与价格。

(4)服务对象分析、制订租售计划。

(5)拟建项目建设规模的确定。

4.规划设计方案选择

(1)市政规划方案选择。市政规划方案的主要内容包括各种市政设施的布置、来源、去路和走向,大型商业房地产开发项目重点要规划安排好交通的组织和共享空间等。

(2)项目构成及平面布置。

(3)建筑规划方案选择。建筑规划方案的内容主要包括各单项工程的占地面积、建筑面积、层数、层高、房间布置、各种房间的数量、建筑面积等。附规划设计方案详图。

5.资源供给条件分析

(1)建筑材料的需要量、采购方式和供应计划。

(2)施工力量的组织计划。

(3)项目施工期间的动力、水等供应方案。

(4)项目建成投入生产或使用后水、电、热力、煤气、交通、通讯等供应条件。

6.环境影响评价

(1)建设地区的环境现状。

(2)主要污染源和污染物。

(3)开发项目可能引起的周围生态变化。

(4)设计采用的环境保护标准。

(5)控制污染与生态变化的初步方案。

(6)环境保护投资估算。

(7)环境影响的评价结论和环境影响分析。

(8)存在问题及建议。

7.项目开发组织机构清理费用的研究

(1)开发项目的管理体制、机构设置。

(2)管理人员的配备方案。

(3)人员培训计划。

(4)年管理费用估算。

8.开发建设计划的编制

(1)前期开发计划。包括项目从立项、可行性研究。下达规划任务、征地与房屋征收、委托规划设计、取得开工许可证直至完成开工前准备等一系列工作计划。

(2)工程建设计划。包括各个单项工程的开工、竣工时间、进度安排、市政工程的配套建设计划等。

(3)建设场地的布置。

(4)施工队伍选择。

9. 项目经济及社会效益分析

(1)项目总投资估算。包括固定资产投资和流动资金两部分。

(2)项目投资来源、筹措方式的确定。

(3)开发成本估算。

(4)销售成本、经营成本估算。

(5)销售收入、租金收入、经营收入和其他营业收入估算。

(6)财务评估。运用静态和动态分析方法分析计算项目投资回收期、净现值、内部收益率和投资利润率、借款偿还期等技术经济指标,对项目进行财务评估。

(7)国民经济评价。对于工业开发区等大型房地产开发项目,还需运用国民经济评价方法计算项目经济净现值、经济内部收益率等指标,对项目进行国民经济评价。

(8)风险分析。一方面采用盈亏平衡分析、敏感性分析、概率分析等定量分析方法进行风险分析;另一方面从政治形势、国家方针政策、经济发展状况、市场周期、自然等方面进行定性风险分析。

(9)项目环境效益、社会效益及综合效益评价。

10. 结论及建议

(1)运用各种数据从技术、经济、财务等方面论述开发项目的可行性,并推荐最佳方案。

(2)存在的问题及相应的建议。

7.2 房地产开发项目成本费用与收入估算

7.2.1 房地产开发项目总投资估算

房地产项目总投资包括开发建设投资和经营资金。

1. 开发建设投资

开发建设投资是指在开发期(指从房地产项目大量资金正式投入工程开始,到开发建设完成的期间)内完成房地产产品开发建设所需投入的各项费用,主要包括:土地费用、前期工程费用、基础设施建设费用、建筑安装工程费用、公共配套设施建设费用、开发间接费用、财务费用、管理费用、销售费用、开发期税费、其他费用以及不可预见费用等。

开发建设投资在开发建设过程中形成以出售和出租为目的的开发产品成本和以自营

自用为目的的固定资产及其他资产，应注意开发建设投资在开发产品成本与固定资产和其他资产之间的合理分摊划转。

(1)开发产品成本。开发产品成本是指房地产项目产品建成时，按照国家有关财务和会计制度转入房地产产品的开发建设投资。当房地产项目有多种产品时，可分别估算每种产品的成本费用，但应注意开发建设投资在不同开发产品之间的合理分摊。

在房地产产品出售、出租时，将开发产品成本按照国家有关财务和会计制度结转为经营成本，主要包括：土地转让成本、出租土地经营成本、房地产销售成本、出租经营成本。对于分期收款的房地产项目，房地产销售成本和出租经营成本可按其当期收入占全部销售收入和租金收入的比率，计算本期应结转的经营成本。

(2)固定资产及其他资产。房地产项目开发建设完成后，可能形成一定比例的开发企业资产，主要包括固定资产、无形资产和递延资产。固定资产包括开发企业办公用房、开发企业机器设备和运输设备以及自营的商业和服务业用房等；无形资产主要包括土地使用权等；递延资产主要包括开发企业的开办费和租入固定资产的改良支出等。

2. 经营资金

经营资金是指开发企业用于日常经营的周转资金。

房地产开发项目总投资估算详见表 7-2。

表 7-2　房地产开发项目总投资估算表　　万元

序号	项目	总投资	估算说明
1	开发建设投资		
1.1	土地费用		
1.2	前期工程费		
1.3	基础设施建设费		
1.4	建筑安装工程费		
1.5	公共配套设施建设费		
1.6	开发间接费		
1.7	管理费用		
1.8	财务费用		
1.9	销售费用		
1.10	开发期税费		
1.11	其他费用		
1.12	不可预见费		
2	经营资金		
3	项目总投资		
3.1	开发产品成本		

续表 7-2

序号	项目	总投资	估算说明
3.2	固定资产投资		
3.3	经营资金		

注：项目建成开始运营时，固定资产将形成固定资产、无形资产与递延资产。

7.2.2 房地产开发项目各项费用的估算

房地产开发项目所需投入的各项费用主要包括：土地费用、前期工程费用、基础设施建设费用、建筑安装工程费用、公共配套设施建设费用、开发间接费用、财务费用、管理费用、销售费用、开发期税费、其他费用以及不可预见费用等。

1. 土地费用

房地产项目土地费用是指为取得房地产项目用地而发生的费用。房地产项目取得土地有多种方式，所发生的费用各不相同。主要有下列几种：划拨或征收土地的土地征收拆迁费、出让土地的土地出让地价款、转让土地的土地转让费、租用土地的土地租用费、股东投资入股土地的投资折价。

(1)土地征收拆迁费。土地征收拆迁费分为：农村土地征收拆迁费和国有土地上房屋征收补偿费。

农村土地征收拆迁费主要包括：土地补偿费、青苗补偿费、地上附着物补偿费、安置补助费、新菜地开发建设基金、征地管理费、耕地占用税、拆迁费、其他费用。

国有土地上房屋征收补偿费主要包括：地上建筑物、构筑物、附着物补偿费，搬家费，临时搬迁安置费、周转房摊销以及对于原用地单位停产、停业补偿费等。

(2)土地出让地价款。土地出让地价款是指国家以土地所有者的身份将土地使用权在一定年限内转让给土地使用者，并由土地使用者向国家支付土地使用权出让地价款。主要包括向政府缴付的土地使用权出让金和根据土地原有状况需要支付的房屋征收补偿费、安置费、城市基础设施建设费或征地费等。例如，以出让方式取得城市熟地土地使用权，土地出让地价款由土地出让金加上房屋征收补偿费和城市基础设施建设费构成。

土地出让地价款的数额由土地所在城市、地区、地段、土地的用途以及使用条件、合同条件等许多方面的因素决定。许多城市对土地制定了基准地价，具体宗地的土地出让地价款要在基准地价的基础上加以适当调整确定。

(3)土地转让费。土地转让费是指土地受让方向土地转让方支付土地使用权的转让费。依法通过土地出让或转让方式取得的土地使用权可以转让给其他合法使用者。土地使用权转让时，地上建筑物及其他附着物的所有权随之转让。

(4)土地租用费。土地租用费是指土地租用方向土地出租方支付的费用。以租用方式取得土地使用权可以减少项目开发的初期投资，但在房地产项目开发中较为少见。

(5)土地投资折价。房地产项目土地使用权可以来自房地产项目的一个或多个投资者的直接投资。在这种情况下，不需要筹集现金用于支付土地使用权的获取费用，但一般需要对土地使用权评估作价。

土地费用估算见表 7-3。

表 7-3　土地费用估算表　　万元

序号	项目	金额	估算说明
1	土地出让金		
2	征地费		
3	拆迁或征收安置补偿费		
4	土地转让费		
5	土地租用费		
6	土地投资折价		
	合计		

2. 前期工程费

房地产项目前期工程费主要包括项目前期规划、设计、可行性研究，水文、地质勘测，以及“三通一平”等阶段的费用支出。

项目规划、设计、可行性研究所需费用支出一般可按项目总投资的一定百分比估算，也可按估计的工作量乘以正常工日费率估算。项目水文、地质勘测所需费用支出根据工作量估算。一般情况下，规划设计费为建安工程费的 3%左右，可行性研究费占项目总投资的 1%～3%，水文、地质勘探所需的费用可根据所需工作量结合有关收费标准估算，一般为设计概算 0.5%左右。“三通一平”等土地开发费用，主要包括地上原有建筑物、构筑物拆除费用、场地平整费用和通水、电、路的费用。这些费用的估算，可根据实际工作量，参照有关计费标准估算。

前期工程费估算见表 7-4。

表 7-4　前期工程费估算表　　万元

序号	项目	金额	估算说明
1	规划、设计、可研费		
2	水文地质勘察费		
3	道路费		
4	供水费		
5	供电费		
6	土地平整费		
	合计		

3. 基础设施建设费

基础设施建设是指建筑物 2 m 以外和项目用地规划红线以内的各种管线和道路工

程，其费用包括供水、供电、供气、排污、绿化、道路、路灯、环卫设施等建设费用，以及各项设施与市政设施干线、干管、干道的接口费用。一般按实际工程量估算。

基础设施建设费估算见表7-5。

表7-5　基础设施建设费估算表　　万元

序号	项目	建设费用	接口费用	合计
1	供电工程			
2	供水工程			
3	供气工程			
4	排污工程			
5	小区道路工程			
6	路灯工程			
7	小区绿化工程			
8	环卫设施			
	合计			

4.建筑安装工程费

建筑安装工程费是指建造房屋建筑物所发生的建筑工程费用、设备采购费用和安装工程费用等。在可行性研究阶段，建筑安装工程费用估算可以采用单元估算法、单位指标估算法、工程量近似匡算法、概算指标估算法、概预算定额法，也可以根据类似工程经验进行估算。具体估算方法的选择应视资料的可取性和费用支出的情况而定。当房地产项目包括多个单项工程时，应对各个单项工程分别估算建筑安装工程费用。

(1)单元估算法。单元估算法是指以基本建设单元的综合投资乘以单元数得到项目或单项工程总投资的估算方法。如以每间客房的综合投资乘以客房数估算一座酒店的总投资、以每张病床的综合投资乘以病床数估算一座医院的总投资等。

(2)单位指标估算法。单位指标估算法是指以单位工程量投资乘以工程量得到单项工程投资的估算方法。一般来说，土建工程、给排水工程、照明工程可按建筑平方米造价计算，采暖工程按耗热量(kcal/h，1 cal≈4.18 J，下同)，指标计算，变配电安装按设备容量(kVA)指标计算，集中空调安装按冷负荷量(kcal/h)指标计算，供热锅炉安装按每小时产生蒸汽量(m^3/h)指标计算，各类围墙、室外管线工程按长度(m)指标计算，室外道路按道路面积(m^2)指标计算等。

(3)工程量近似匡算法。工程量近似匡算法采用与工程概预算类似的方法，先近似匡算工程量，配上相应的概预算定额单价和取费，近似计算项目投资。

(4)概算指标法。概算指标法采用综合的单位建筑面积和建筑体积等建筑工程概算指标计算整个工程费用。常使用的估算公式是：直接费＝每平方米造价指标×建筑面积，主要材料消耗量＝每平方米材料消耗量指标×建筑面积。

建筑安装工程费用估算见表7-6。

表 7-6　建筑安装工程费用估算表　　　万元

项目	建筑面积	建安工程费		装饰工程费		金额合计
		单价	金额	单价	金额	
单项工程 1						
单项工程 2						
⋮						
合计						

5.公共配套设施建设费

公共配套设施建设费是指居住小区内为居民服务配套建设的各种非营利性的公共配套设施(又称公建设施)的建设费用,主要包括:居委会、派出所、幼儿园、公共厕所、停车场等。一般按规划指标和实际工程量估算。

公共配套设施建设费估算见表 7-7。

表 7-7　公共配套设施建设费估算表　　　万元

序号	项目	建设费用	估算说明
1	居委会		
2	派出所		
3	幼儿园		
4	公共厕所		
5	停车场		
	合计		

6.开发间接费用

开发间接费用是指房地产开发企业所属独立核算单位在开发现场组织管理所发生的各项费用。主要包括:工资、福利费、折旧费、修理费、办公费、水电费、劳动保护费、周转房摊销和其他费用等。

当开发企业不设立现场机构,由开发企业定期或不定期派人到开发现场组织开发建设活动时,所发生的费用可直接计入开发企业的管理费用。

7.管理费用

管理费用是指房地产开发企业的管理部门为组织和管理房地产项目的开发经营活动而发生的各项费用。主要包括:管理人员工资、职工福利费、办公费、差旅费、折旧费、修理费、工会经费、职工教育经费、劳动保险费、待业保险费、董事会费、咨询费、审计费、诉讼费、排污费、绿化费、房地产税、车船使用税、土地使用税、技术转让费、技术开发费、无形资产摊销、开办费摊销、业务招待费、坏账损失、存货盘亏、毁损和报废损失以及其他管理费用。管理费可按项目总投资的 3%～5%估算。

如果房地产开发企业同时开发若干房地产项目,管理费用应在各个项目间合理分摊。

8.财务费用

财务费用是指房地产开发企业为筹集资金而发生的各项费用。主要包括借款和债券的利息、金融机构手续费、代理费、外汇汇兑净损失以及其他财务费用。利息的计算,可参照金融市场利率和资金分期投入的情况按复利计算;利息以外的其他融资费用,一般占利息的10%左右。

9.销售费用

销售费用是指房地产开发企业在销售房地产产品过程中发生的各项费用,以及专设销售机构的各项费用。主要包括销售人员工资、奖金、福利费、差旅费、销售机构的折旧费、修理费、物料消耗、广告费、宣传费、代销手续费、销售服务费及预售许可证申领费等。

10.开发期税费

房地产项目投资估算中应考虑项目所负担的与房地产投资有关的各种税金和地方政府或有关部门征收的费用。主要包括:固定资产投资方向调节税、土地使用税、市政支管线分摊费、供电贴费、用电权费、绿化建设费、电话初装费、分散建设市政公用设施建设费等。在一些大中型城市,这部分税费已经成为房地产项目投资费用中占较大比重的费用。各项税费应根据当地有关法规标准估算。

开发期税费估算见表7-8。

表7-8　开发期税费估算表　　万元

序号	项目	金额	估算说明
1	固定资产投资方向调节税		
2	土地使用税		
3	市政支管线分摊费		
4	供电贴费		
5	用电权费		
6	分散建设市政公用设施建设费		
7	绿化建设费		
8	电话初装费		
	合计		

11.其他费用

其他费用主要包括:临时用地费和临时建设费、工程造价咨询费、总承包管理费、合同公证费、施工执照费、工程质量监督费、工程监理费、竣工图编制费、工程保险费等。这些费用一般按当地有关部门规定的费率估算。

其他费用估算见表7-9。

表7-9　其他费用估算表　　万元

序号	项目	金额	估算说明
1	临时用地费		
2	临建费		
3	施工图预算或标底编制费		
4	工程合同预算或标底审查费		

续表 7-9

序号	项目	金额	估算说明
5	招标管理费		
6	总承包管理费		
7	合同公证费		
8	施工执照费		
9	工程质量监督费		
10	工程监理费		
11	竣工图编制费		
12	工程保险费		
	合计		

12.不可预见费

房地产项目投资估算应考虑适当的不可预见费用。不可预见费根据项目的复杂程度和前述各项费用估算的准确程度，以上述各项费用之和的3%～7%估算。

另外，当房地产开发项目竣工后采用出租或自营方式经营时，还应估算项目经营期间的运营费用和修理费用。运营费用是指房地产项目开发完成后，在项目经营期间发生的各种运营费用。主要包括：管理费用、销售费用等。修理费用是指以出租或自营方式获得收益的房地产项目在经营期间发生的物料消耗和维修费等。

同时，房地产项目应根据可能的建设进度和将会发生的实际付款时间和金额编制资金使用计划表。在房地产项目可行性研究阶段，计算期可取年、半年、季甚至月为单位，资金使用计划应按期编制。编制资金使用计划应考虑各种投资款项的付款特点，要考虑预收款、欠付款、预付定金以及按工程进度中间结算付款等方式对编制资金使用计划的影响。

7.2.3 房地产开发项目收入估算

1.房地产开发项目租售计划

房地产项目应在项目策划方案的基础上，制定切实可行的出售、出租、自营等租售计划。租售计划应遵守政府有关房地产租售和经营的规定，并与开发商的投资策略相结合。租售计划包括拟租售的房地产类型、时间和相应的数量、租售价格、租售收入及收款方式。

2.房地产开发项目租售价格

租售价格应根据房地产项目的特点确定，一般应选择在位置、规模、功能和档次等方面可比的交易实例，通过对其成交价格的分析与修正，最终得到房地产项目的租售价格。

确定租售价格要与开发商市场营销策略相一致，在考虑政治、经济、社会等宏观环境对项目租售价格影响的同时，还应对房地产市场供求状况进行分析，考虑已建成的、正在建设的以及潜在的竞争项目对房地产项目租售价格的影响。

3.房地产开发项目收入

房地产项目的收入主要包括房地产产品的销售收入、租金收入、土地转让收入、配套设施销售收入和自营收入。其中，销售收入、租金收入和土地转让收入统称租售收入。

(1)租售收入。租售收入等于可供租售的房地产数量乘以单位租售价格。租售收入估算时，对于房地产销售的，应注意可出售面积比例的变化对销售收入的影响，以及由于规划设计的原因导致不能售出面积比例的增大对销售收入的影响。对于房地产出租的，应注意空置期(项目竣工后暂时找不到租户的时间)和出租率对租金收入的影响。租售收入的估算，可借助表7-10和表7-11所提供的格式进行。

表7-10　销售收入与经营税金及附加估算表　　万元

序号	项目	合计	1	2	3	……	*N*
1	销售收入						
1.1	可销售面积						
1.2	单位售价						
1.3	销售比例						
2	经营税金及附加						
2.1	营业税						
2.2	城市维护建设税						
2.3	教育费附加						
⋮							

表7-11　出租收入与经营税金及附加估算表

序号	项目	合计	1	2	3	…	*N*
1	租金收入						
1.1	可出租面积/m^2						
1.2	单位租金/万元						
1.3	出租率						
2	经营税金及附加						
2.1	营业税/万元						
2.2	城市维护建设税/万元						
2.3	教育费附加/万元						
⋮							
3	净转售收入/万元						
3.1	转售价格/万元·m^{-2}						
3.2	转售成本/万元						
3.3	转售税金/万元						

注：当房地产开发项目有预租时，在开发期存在租金收入；净转售收入一般在期末实现。

(2)自营收入。自营收入是指开发企业以开发完成后的房地产为其进行商业和服务业等经营活动的载体，通过综合性的自营方式得到的收入。在进行自营收入估算时，应充分考虑目前已有的商业和服务业设施对房地产项目建成后产生的影响，以及未来商业、服务业市场可能发生的变化对房地产项目的影响。

7.3 房地产开发项目财务评价

房地产项目财务评价是在房地产市场调查与预测，项目策划，投资、成本与费用估算，收入估算与资金筹措等基本资料和数据的基础上，通过编制基本财务报表，计算财务评价指标，对房地产项目的财务盈利能力、清偿能力和资金平衡情况进行分析。

7.3.1 基本财务报表的编制

房地产项目财务评价应编制的基本财务报表主要有：现金流量表、资金来源与运用表、损益表和资产负债表。基本财务报表按照独立法人房地产项目（项目公司）的要求进行科目设置；非独立法人房地产项目基本财务报表的科目设置，可参照独立法人项目进行，但应注意费用与效益在项目上的合理分摊。

1. 现金流量表

现金流量表反映房地产项目开发经营期的现金流入和现金流出，按期编制，用以计算各项评价指标，进行房地产项目财务盈利能力分析。

按照投资计算基础的不同，现金流量表一般分为：全部投资现金流量表、资本金现金流量表、投资者各方现金流量表。

(1)全部投资现金流量表。该表不分投资资金来源，以全部投资作为计算基础，用以计算全部投资财务内部收益率、财务净现值及投资回收期等评价指标，考察房地产项目全部投资的盈利能力，为各个投资方案（不论其资金来源及利息多少）进行比较建立共同的基础。详见表 7-12。

表 7-12 全部投资财务现金流量表 万元

序号	项目	合计	1	2	3	…	N
1	现金流入						
1.1	销售收入						
1.2	出租收入						
1.3	自营收入						
1.4	净转售收入						
1.5	其他收入						
1.6	回收固定资产余值						
1.7	回收经营资金						
2	现金流出						

续表 7-12

序号	项目	合计	1	2	3	…	N
2.1	开发建设投资						
2.2	经营资金						
2.3	运营费用						
2.4	修理费用						
2.5	经营税金及附加						
2.6	土地增值税						
2.7	所得税						
3	净现金流量						
4	累计现金流量						

注:本表适用于独立法人房地产开发项目(项目公司)。非独立法人的房地产开发项目可参照本表使用,同时应注意开发企业开发建设投资、经营资金、运营费用、所得税和债务等的合理分摊。开发建设投资中应注意不含财务费用。在运营费用中应扣除财务费用、折旧费和摊销费。

(2)资本金现金流量表。该表从投资者整体的角度出发,以投资者的出资额作为计算基础,把借款本金偿还和利息支付视为现金流出,用以计算资本金财务内部收益率、财务净现值等评价指标,考察项目资本金的盈利能力。详见表 7-13。

表 7-13　资本金财务现金流量表　　万元

序号	项目	合计	1	2	3	…	N
1	现金流入						
1.1	销售收入						
1.2	出租收入						
1.3	自营收入						
1.4	净转售收入						
1.5	其他收入						
1.6	回收固定资产余值						
1.7	回收经营资金						
2	现金流出						
2.1	资本金						
2.2	经营资金						
2.3	运营费用						
2.4	修理费用						
2.5	经营税金及附加						
2.6	土地增值税						
2.7	所得税						
2.8	借款本金偿还						

续表 7-13

序号	项目	合计	1	2	3	…	N
2.9	借款利息支付						
3	净现金流量						
4	累计净现金流量						

注：本表适用于独立法人房地产开发项目（项目公司）。非独立法人的房地产开发项目可参照本表使用，同时应注意开发企业开发建设投资、经营资金、运营费用、所得税和债务等的合理分摊。

(3)投资者各方现金流量表。该表以投资者各方的出资额作为计算基础，用以计算投资者各方财务内部收益率、财务净现值等评价指标，反映投资者各方投入资本的盈利能力。详见表 7-14。

表 7-14　投资者各方现金流量表　　万元

序号	项目	合计	1	2	3	…	N
1	现金流入						
1.1	应得利润						
1.2	资产清理分配						
(1)	回收固定资产余值						
(2)	回收经营资金						
(3)	净转售收入						
(4)	其他收入						
2	现金流出						
2.1	开发建设投资出资额						
2.2	经营资金出资额						
3	净现金流量						
4	累计净现金流量						

2. 资金来源与运用表

资金来源与运用表反映房地产项目开发经营期各期的资金盈余或短缺情况，用于选择资金筹措方案，制订适宜的借款及偿还计划。详见表 7-15。

表 7-15　资金来源与运用表　　万元

序号	项目	合计	1	2	3	…	N
1	资金来源						
1.1	销售收入						
1.2	出租收入						
1.3	自营收入						
1.4	资本金						
1.5	长期借款						

续表 7-15

序号	项目	合计	1	2	3	…	*N*
1.6	短期借款						
1.7	回收固定资产余值						
1.8	回收经营资金						
1.9	净转售收入						
2	资金运用						
2.1	开发建设投资						
2.2	经营资金						
2.3	运营费用						
2.4	修理费用						
2.5	经营税金及附加						
2.6	土地增值税						
2.7	所得税						
2.8	应付利润						
2.9	借款本金偿还						
2.1	借款利息支付						
3	盈余资金						
4	累计盈余资金						

注:本表适用于独立法人房地产开发项目(项目公司)。非独立法人的房地产开发项目可参照本表使用,同时应注意开发企业开发建设投资、经营资金、运营费用、所得税和债务等的合理分摊。

3. 损益表

损益表反映房地产项目开发经营期内各期的利润总额、所得税及各期税后利润的分配情况,用以计算投资利润率、资本金利润率等评价指标。详见表 7-16。

表 7-16　损益表　　万元

序号	项目	合计	1	2	3	…	*N*
1	经营收入						
1.1	销售收入						
1.2	出租收入						
1.3	自营收入						
2	经营成本						
2.1	商品房经营成本						
2.2	出租房经营成本						
3	运营费用						
4	修理费用						
5	经营税金及附加						

续表 7-16

序号	项目	合计	1	2	3	…	N
6	土地增值税						
7	利润总额						
8	所得税						
9	税后利润						
9.1	盈余公积金						
9.2	应付利润						
9.3	未分配利润						

注:本表适用于独立法人房地产开发项目(项目公司)。非独立法人的房地产开发项目可参照本表使用,同时应注意开发企业开发建设投资、经营资金、运营费用、所得税和债务等的合理分摊。

(1)利润总额的计算。

利润总额=经营收入－经营成本－管理费用－销售费用－财务费用－经营税金及附加－土地增值税

经营收入=销售收入+租金收入+自营收入

销售收入=土地转让收入+商品房销售收入+配套设施销售收入

租金收入=出租房租金收入+出租土地租金收入

经营税金及附加=营业税+城市维护建设税+教育费附加

经营成本=土地转让成本+商品房销售成本+配套设施销售成本+出租房经营成本

(2)弥补亏损。房地产开发企业发生的年度亏损,可以用下一年度的所得税前利润弥补,下一年度税前利润不足弥补的,可以在五年内延续弥补;五年内不足弥补的,用税后利润弥补。

(3)利润分配。房地产开发企业交纳所得税后的利润,一般按照下列顺序分配。

一是弥补企业以前年度亏损。二是提取法定盈余公积金。法定盈余公积金按照税后利润扣除前项后的10%提取,法定公积金已达到注册资本的50%时可不再提取。三是提取公益金。四是向投资者分配利润。

7.3.2 房地产开发项目财务盈利能力分析

财务盈利能力分析主要是考察房地产项目的财务盈利能力水平。根据房地产项目研究阶段。研究深度以及项目类型的不同,可以通过上述基本报表,有选择地计算下列评价指标。

1.财务内部收益率($FIRR$)

房地产项目的财务内部收益率是指房地产项目在整个开发经营期内各期净现金流量现值累计等于零时的折现率。其表达式为:

$$\sum_{t=1}^{n}(CI-CO)_t(1+FIRR)^{-t}=0$$

式中　CI——现金流入量;

CO——现金流出量；

$(CI-CO)_t$——第 t 期的净现金流量；

n——开发经营期(开发期与经营期之和)。

财务内部收益率可根据财务现金流量表中的净现金流量用试差法求取。在财务评价中,将求出的全部投资或资本金(投资者的实际出资额)财务内部收益率与投资者可接受的最低收益率(MARR)或设定的基准收益率 i_c 比较,当 FIRR≥MARR 或 FIRR≥i_c 时,即认为其盈利能力已满足最低要求,在财务上是可以考虑接受的。

当财务报表按月、季或半年编制时,计算求出的财务内部收益率应换算为以年为期单位的财务内部收益率,然后再与企业最低可接受的收益率进行比较。如以季为期的单位,换算公式为:

$$FIRR_{年}=[(1+FIRR_{季})^4-1]\times 100\%$$

2.财务净现值(FNPV)

财务净现值是指按照投资者最低可接受的收益率或设定的基准收益率 i_c,将房地产项目开发经营期内各期净现金流量折现到开发期初的现值之和。以 i_c 为例,其表达式为:

$$FNPV=\sum_{t=1}^{n}(CI-CO)_t(1+i_c)^{-t}$$

财务净现值可根据财务现金流量表计算求得。财务净现值大于或等于零的房地产项目,在财务上是可以考虑接受的。

3.投资回收期

投资回收期主要适用于出租和自营的房地产项目。投资回收期是指以房地产项目的净收益抵偿总投资所需要的时间。一般以年表示,并从房地产项目开发期的起始年算起。其表达式为:

$$\sum_{t=1}^{n}(CI-CO)_t=0$$

投资回收期可根据财务现金流量表(全部投资)中累计净现金流量求得,其详细计算公式为:

投资回收期=(累计净现金流量开始出现正值期数−1)+(上期累计现金流量的绝对值÷当期净现金流量)

上式得出的是以期为单位的投资回收期,应再把它换算成以年为单位的投资回收期。

4.投资利润率

$$投资利润率=年平均利润总额÷总投资\times 100\%$$

5.资本金利润率

$$资本金利润率=年平均利润总额÷资本金\times 100\%$$

6.资本金净利润率

$$资本金净利润率=年平均所得税后利润总额÷资本金\times 100\%$$

7.3.3　房地产开发项目清偿能力分析

房地产项目清偿能力分析主要是考察房地产项目开发经营期内的财务状况及偿债

能力。

1.单利计息与复利计息

利息的计算有单利计息和复利计息两种。

(1)单利计息。单利计息是仅按本金计算利息,利息不再生息,其利息总额与借贷时间成正比。单利计息时的利息计算公式为:

$$I_n = P \cdot n \cdot i$$

式中:I_n——利息;P——本金;n——计息期;i——利率。

n个计息周期后的本利和为:

$$F_n = P(1 + i \cdot n)$$

我国个人储蓄存款和国库券的利息就是以单利计算的,计息周期为“年”。

(2)复利计息。复利计息是指对于某一计息周期来说,如果按本金加上先前计息周期所累计的利息进行计息,即“利息再生利息”。按复利方式计算利息时,利息的计算公式为:

$$I_n = P[(1 + i)^n - 1]$$

n个计息周期后的本利和为:

$$F_n = P(1 + i)^n$$

我国房地产开发贷款和住房抵押贷款等都是按复利计息的。由于复利计息比较符合资金在社会再生产过程中运动的实际状况,所以在投资分析中,一般采用复利计息。

2.有效利率与名义利率

利息通常是按年计算的。但在实际工作中,计算利息的周期与复利率周期可能会不完全相同,计算复利的次数会多于计息期数,也就是说,计算复利时,有时是一年计息一次,有时是半年计息一次,或每季度、每月计息一次。由于复利计算次数与计息期数不同,就会使计算得出的利息数额产生差异。因此,就需要将两种利率区别开来,一种是名义利率,另一种是有效利率。

(1)名义利率。以一年为计息基础,等于每一计息期的利率与每年的计息期数的乘积。它是采用单利计算的方法,把各种不同计息期的利率换算为以年为计息期的利率。例如,每月存款月利率为3‰,则名义利率为3.6%,即3‰×12=3.6%。

(2)有效利率。有效利率是采用复利计算方法,把各种不同计息期的利率换算成以年为计息期的利率。例如,每月存款月利率为3‰,则有效利率为3.66%,即$(1+3‰)^{12}-1=3.66\%$。需要指出的是,在资金的等值计算公式中所使用的利率都是指有效利率。当然如果计息期为一年,则名义利率就是有效利率,因此可以说两者之间的差异主要取决于实际计息期与名义计息期的差异。

(3)名义利率与有效利率的关系。名义利率与有效利率的关系为:有效利率$=[1+(r_t/m)]^m-1$。

式中　r_t——名义期利率;m——每期计息次数。

3.借款利息的计算方法

(1)按期计息时,为简化计算,假定借款发生当期均在期中支用,按半期计息,其后各期按全期计息;还款当期按期末偿还,按全期计息。每期应计利息的近似计算公式为:每期应计利息=(期初借款本息累计+本期借款÷2)×利率。

(2)等额偿还本金和利息总额的计算公式：$A = I_c \frac{i(1+i)^n}{(1+i)^n - 1}$。

式中：A——每期的还本付息额；I_c——宽限期末固定资产投资和开发产品成本的借款本金或本息与初始经营资金借款本金之和；i——期利率；n——贷款方要求的借款偿还时间(由还款期开始计算)。

等额还本付息中各期偿还的本金和利息不等，偿还的本金部分将逐期增多，支付的利息部分将逐期减少，其计算公式为：

每期支付利息=期初本金累计×期利率

每期偿还本金=A-每期支付利息

期初本金累计=I_c-本期以前各期偿还本金累计

(3)等额还本，利息照付计算公式：$A'_t = \frac{I_c}{n} + I_c\left(1 - \frac{t-1}{n}\right)i$

式中：A'_t——第t期还本付息额。

等额还本，利息照付：各期之间的本金及利息之和是不等的，偿还期内每期偿还的本金额是相等的，利息将随本金逐期偿还而减少。其计算公式为：

每期支付利息=期初本金累计×期利率

每期偿还本金=I_c/n

国外借款除支付银行利息外，还要另计管理费和承诺费等财务费用；为简化计算，可采用适当提高利率的方法进行处理。

4.借款偿还期的计算

(1)国内借款偿还期。具有自营部分的房地产项目应计算国内借款偿还期。仅含产品租售的房地产项目一般可不计算国内借款偿还期。

(1)国内借款偿还期。是指在国家规定及房地产项目具体财务条件下，在房地产项目开发经营期内，使用可用作还款的利润、折旧、摊销及其他还款资金，偿还房地产项目借款本息(I_d)所需要的时间。其计算公式为：

$$I_d = \sum_{t=1}^{P_d} R_t$$

式中：P_d——国内借款偿还期，从借款开始期计算；

R_t——第t期可用于还款的资金，包括：利润、折旧、摊销及其他还款资金。

借款偿还期可由资金来源与运用表或国内借款还本付息计算表直接计算，其详细计算公式为：

P_d=借款偿还后开始出现盈余期数-开始借款期数+(当期偿还借款额÷当期可用于还款的资金额)

以上计算结果是以期为单位，注意将其转换成以年为单位。

(2)国外借款偿还期。涉及利用外资的房地产项目，其国外借款的还本利息，一般是按已经明确或预计可能的借款偿还条件(包括宽限期、偿还期及偿还方式等)计算。当借款偿还期满足贷款机构的要求期限时，即认为房地产项目具有清偿能力。

7.4 房地产开发项目的不确定分析

7.4.1 房地产开发项目不确定性分析的含义

房地产项目不确定性分析是分析不确定性因素对项目可能造成的影响,并进而分析可能出现的风险。不确定性分析是房地产项目经济评价的重要组成部分,对房地产项目投资决策的成败有着重要的影响。房地产项目不确定性分析可以帮助投资者根据房地产项目投资风险的大小和特点,确定合理的投资收益水平,提出控制风险的方案,有重点地加强对投资风险的防范和控制。

房地产项目不确定性分析主要包括敏感性分析、临界点分析和概率分析。可进行不确定性分析的因素主要有:租售价格、销售进度、出租率、开发周期、项目总投资、土地费用、建安工程费、融资比例、融资成本等。

7.4.2 敏感性分析

1.敏感性分析的概念

敏感性分析是通过预计房地产项目不确定性因素发生的变化,分析对项目经济效益产生的影响;通过计算这些因素的影响程度,判断房地产项目经济效益对于各个影响因素的敏感性,并从中找出对于房地产项目经济效益影响较大的不确定性因素。敏感性分析包括单因素敏感性分析和多因素敏感性分析。

单因素敏感性分析是敏感性分析的最基本方法,进行单因素敏感性分析时,假设各因素之间相互独立,然后每次只考察一项可变参数的变化而其他参数保持不变时,项目经济评价指标的变化情况。

多因素敏感性分析是分析两个或两个以上的不确定性因素同时发生变化时,对项目经济评价指标的影响。由于项目评估过程中的参数或因素同时发生变化的情况非常普遍,所以多因素敏感性分析也有很强的实用价值。多因素敏感性分析一般是在单因素敏感性分析基础上进行,且分析的基本原理与单因素敏感性分析大体相同,但需要注意的是,多因素敏感性分析须进一步假定同时变动的几个因素都是相互独立的,且各因素发生变化的概率相同。

进行房地产项目敏感性分析时,可以采用列表的方法表示由不确定性因素的相对变动引起的评价指标相对变动幅度,也可以采用敏感性分析图对多个不确定性因素进行比较。

2.敏感性分析的步骤

房地产项目敏感性分析主要包括以下几个步骤。

(1)确定用于敏感性分析的经济评价指标。通常采用的指标为内部收益率,必要时也可选用其他经济指标。在具体选定评价指标时，应考虑分析的目的，显示的直观性、敏感性以及计算的复杂程度。

(2)确定不确定性因素可能的变动范围。

(3)计算不确定性因素变动时，评价指标的相应变动值。

(4)通过评价指标的变动情况，找出较为敏感的变动因素，做出进一步的分析。

3.敏感性分析方法应用

下面通过实例7-1，首先说明单因素敏感性分析方法的应用。

例7-1　某房地产开发项目的占地面积为2 000 m^2，建筑容积率为2.5，楼面地价为1 500元/m^2，建造费用为3 000元/m^2；预计项目建成后，建筑物可出租面积系数为0.75，初步确定项目的租金水平为230元/(m^2·月)(可出租面积)，出租费用为毛租金收入的25%；项目开发周期为2年，土地开发费用在开发初期一次性投入，建造费用在开发期内均匀投入，贷款利率为15%，专业人员费用为建造费用预算的10%；广告宣传及市场推广费为40万元；该类项目的投资收益率为18%，试进行项目的敏感性分析。项目的敏感性分析过程如下。

经初步分析，项目的建造费用、建设周期、租金水平和建筑面积对项目的经济评价指标影响可能较大，故确定这四个因素作为不确定性因素，采用的经济评价指标为利润和利润率。

(1)建造费用的敏感性分析。对建造费用的敏感性分析是假定建造费用在一定范围内变化，而其他因素均不变的情况下，计算项目的利润和利润率数值。具体计算过程见表7-17。

表7-17　建造费用的敏感性分析

	建造费用变化百分率/%				
	−10	−5	0	5	10
总开发价值/万元	4 312.5	4 312.5	4 312.5	4 312.5	4 312.5
土地费用总额/万元	991.9	991.9	991.9	991.9	991.9
建造费用总额/万元	1 707.8	1 802.6	1 897.5	1 992.4	2 087.3
广告宣传及市场推广费/万元	40.0	40.0	40.0	40.0	40.0
总开发费用/万元	2 739.7	2 834.5	2 929.4	3 024.3	3 119.2
开发商利润/万元	1 572.8	1 478	1 383.1	1 288.2	1 193.3
开发商投资利润率/%	57.4	52.1	47.2	42.6	38.3
投资利润率变化幅度/%	+10.2	+4.9	0	−4.6	−8.9

建造费用的变化，直接影响建造费用预算、专业人员费用和建筑费用利息的数值变化，而其他指标如总开发价值、土地费用等保持不变。

(2)建设周期的敏感性分析。对建设周期的敏感性分析是假定建设周期在一定范围内变化，而其他因素不变的情况下，计算项目利润和利润率数值。具体计算过程见表7-18。

表 7-18　建设周期的敏感性分析　万元

	建设周期变化/年				
	1	2	3	4	5
总开发价值/万元	4 312.5	4 312.5	4 312.5	4 312.5	4 312.5
土地费用总额/万元	862.5	924.9	991.9	1 063.7	1 140.7
建造费用总额/万元	1 769.4	1 832.3	1 897.5	1 965.0	2 034.8
广告宣传及市场推广费/万元	40.0	40.0	40.0	40.0	40.0
总开发费用/万元	2 671.9	2 797.2	2 929.4	3 068.7	3 215.5
开发商利润/万元	1 640.6	1 515.3	1 243.8	1 383.1	1 097.0
开发商投资利润率/%	61.4	54.2	47.2	40.5	34.1
投资利润率变化幅度/%	+14.2	+7	0	−6.7	−13.1

建设周期的变化，直接影响土地及建筑费用利息的数值变化，而其他指标如总开发价值、广告宣传及市场推广费无变化。计算过程举例如下。

当建设期为 1.5 年时，土地费用总额为：$750\times(1+15\%)^{1.5}=924.9$ 万元

建筑费利息支出为：$(1\,500+150)\times[(1+15\%)^{1.5/2}-1]=182.3$ 万元

建造费用总额为：$1\,650+182.3=1\,832.3$ 万元

由表 7-18 计算可知，当建设周期为 2.5 年时，增长率为 $(2.5-2)/2=25\%$，利润率下降了 6.7%；当建设周期为 3 年时，增长率为 $(3-2)/2=50\%$，利润率下降了 13.1%。

(3)租金的敏感性分析。租金的敏感性分析是假定租金在一定范围内变化，而其他因素均不变的情况下，计算利润和利润率数值。具体计算过程见表 7-19。

表 7-19　租金的敏感性分析

项目	租金变化百分率/%				
	−10	−5	0	5	10
租金水平/(元/m² · 月)	207	218.5	230	241.5	253
总开发价值/万元	3 881.3	4 096.9	4 312.5	4 528.1	4 743.8
总开发费用/万元	2 929.4	2 929.4	2 929.4	2 929.4	2 929.4
开发商利润/万元	951.9	1 167.5	1 383.1	1 598.7	1 814.4
开发商投资利润率/%	32.5	39.9	47.2	54.6	61.9
投资利润率变化幅度/%	−14.7	−7.3	0	+7.4	+14.7

租金的变化，直接影响项目的年净租金收入，从而影响项目的总开发价值的数值变化，而土地费用、建造总费用等均保持不变。计算过程举例如下。

当租金下降 5%，即租金为 218.5 元/(m² · 月)时，项目年净租金收入为：

$$5\,000\times0.75\times218.5\times(1-25\%)\times12=737.44\text{ 万元}$$

开发总价值为：$737.44/18\%=4\,096.9$ 万元

(4)建筑面积的敏感性分析。建筑面积的敏感性分析是假定建筑面积在一定范围内变化，而其他因素不变的情况下，计算利润和利润率数值。具体计算过程见表 7-20。

表 7-20　建筑面积的敏感性分析

项目	建筑面积变化百分率/%				
	−10	−5	0	5	10
建筑面积/m^2	4 500	4 750	5 000	5 250	5 500
总开发价值/万元	3 881.6	4 096.9	4 312.5	4 528.1	4 743.8
土地费用总额/万元	991.9	991.9	991.9	991.9	991.9
建造费用总额/万元	1 707.8	1 802.6	1 897.5	1 992.4	2 087.3
广告宣传及市场推广费/万元	40.0	40.0	40.0	40.0	40.0
总开发费用/万元	2 739.7	2 834.5	2 929.4	3 024.3	3 119.2
开发商利润/万元	1 141.6	1 262.4	1 383.1	1 503.8	1 624.6
开发商投资利润率/%	41.7	44.5	47.2	49.7	52.1
投资利润率变化幅度/%	−5.5	−2.7	0	+2.5	+4.9

建筑面积的变化，直接影响到总开发价值和建造费用的数值变化，而土地费用和广告宣传及市场推广费不变。计算过程举例如下。

当建筑面积减少 5%，即建筑面积为 4 750 m^2 时，

项目年净租金收入为：4 750×0.75×230×(1−25%)×12=737.44 万元

开发总价值为：737.44/18%=4 096.9 万元

总建造费用为：3 000×4 750×(1+10%)×15%=1 802.6 万元

其他计算同前。

从以上分析可以看出，当建造费用上升 5%时，投资利润率下降 4.6%；当建设周期上升 5%时，投资利润率下降 1.34%(6.7%/5)；当租金下降 5%时，投资利润率下降 7.3%；当建筑面积下降 5%时，投资利润率下降 2.7%。所以可以得出结论：以上四个因素从敏感性由大到小的排列顺序为：租金、建造费用、建筑面积和建设周期。如果考虑其他变化数据，也可得到相同的结论。

将上述一些数据描绘成图表，以便直接地看出哪些因素是敏感的，哪些数据是不敏感的。如图 7-1 所示，事实上，本例除租金的敏感性曲线为直线外，其余均不是直线，但接近直线，本例为了说明问题，均画成直线。

从图 7-1 中可见，租金和建造费用的斜率大，是敏感因素；建设周期的斜率最小，因此它是不敏感的。

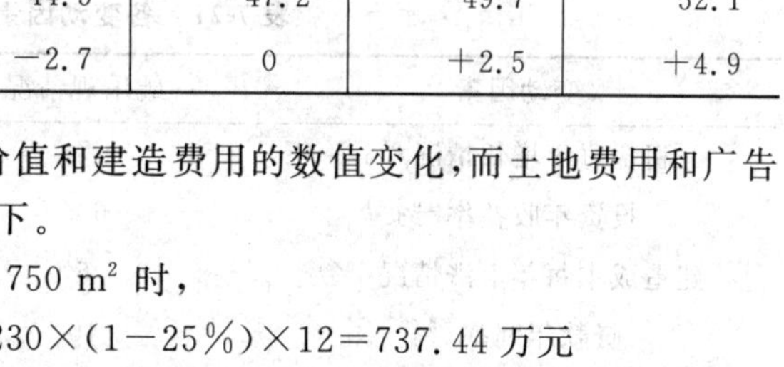

图 7-1　敏感性分析

前面介绍的敏感性分析方法是单因素的，即假设各因素之间相互独立，每次只考察一项可变参数，其他参数保持不变，它忽略了当几个因素共同变化时对结果的影响。而实际上多因素同时发生变化的可能性较大。因此，对一些重要的、投资额大的开发项目应进行多因素敏感性分析。多因素敏感性分析方法之一是"三项预测值"分析方法，其基本思路是，对房地产开发项目中所涉及的变动因素，分别给出三个预测值，即最乐观预测值、最可能预测值、最悲观预测值，根据各变动因素三个预测值的相互作用来分析、判断开发商利润受影响的情况。当然，对各因素三项预测值的估计并不是一件简单的事情，它依赖于评估人员的专业水平和所拥有市场资料的完整性。

例 7-2 某开发商拟在其以 20 万美元购得的一块土地上开发一栋普通写字楼，规划允许建筑面积 2 000 m^2，建造成本为 200 美元/m^2，项目的准备期为 3 个月，建造期为12 个月，第 4 个月到第 15 个月投入的建造成本分别占总建筑成本的 3.8%、4.7%、5.8%、6.9%、8.6%、10.3%、12.7%、13.5%、11.9%、8.5%、6.8%和 6.5%。预计项目投入使用后年租金收入为 6 万美元，贷款利率为 15%。经过对市场的全面调查、研究后，分别给出了各变动因素的三项预测值，如表 7-21 所示。

表 7-21 各变动因素的三项预测值

变动因素	最乐观情况	最可能情况	最悲观情况
租金每年增长情况/%	7	5	3
投资年收益率/%	6.5	7	7.50
建造成本每年上涨情况/%	6	7.50	9
贷款年利率/%	10	13	16
建造期	12 个月	12 个月	12 个月
租售期	建成即租出	3 个月	6 个月
准备期	3 个月	3 个月	6 个月
土地成本/万元	200 000	200 000	2 000 000

如果将表 7-21 中的 8 个不确定因素全部按最乐观情况考虑，或全部按最可能情况和最悲观情况考虑，则得出开发项目三组最有用的结果如表 7-22 所示。

表 7-22 该开发项目三组最有用的结果

变动因素	最乐观情况	最可能情况	最悲观情况	原始评估值
开发商利润值/美元	266 841	199 444	38 539	118 235
占总开发价值的百分比/%	24.5	20.0	4.2	13.4
占总开发成本的百分比/%	33.4	25.6	4.5	15.5
在原有评估结果基础上的变化/%	+126	+69	−67	

表 7-22 中的结果表明，当因素发生变化时，开发商利润值在 38 539～266 841 美元变化，最可能的利润值大约为 199 444 美元。

一般说来，评估中所涉及的因素全部为最乐观或最悲观情况，在实际开发过程中是很少出现的，除非政府给予某种特别优惠的政策或者宏观经济出现全面萧条。但不管怎样，对变动因素进行全面分析，有助于开发商或投资商进行正确的决策。

7.4.3　临界点分析

临界点分析是测算一个或多个不确定性因素变化时，房地产项目达到允许的最低经济效益时的极限值，并以不确定性因素的临界值组合显示项目的风险程度。不确定性因素临界值的分析计算可以采用列表或图解的方法。通常可进行临界点分析的因素有如下几种。

1. 最低售价和最低销售量、最低租金和最低出租率

售价和销售量是房地产项目重要的不确定性因素，能否在预定的价格下销售出预想的数量，通常是房地产项目成败的关键。最低售价是指房地产项目产品售价下降到预定可接受的最低盈利水平时的价格，售价低于这一价格时，项目盈利水平将不能满足预定的要求。最低销售量是指在预定的房屋售价下，要达到预定的最低盈利水平所必须达到的销售量。最低售价与预测售价之间的差距越大，最低销售量与房地产产品商品量之间的差距越大，说明房地产项目抗市场风险的能力越强。

当房地产产品以出租为主时，可相应进行最低租金和最低出租率的分析。

2. 最高土地取得价格

土地费用是影响房地产项目盈利性的重要因素，也是重要的不确定性因素。最高土地价格是指在房地产项目销售额和其费用不变的条件下，保持预期收益水平所能承受的最高土地费用。当土地费用超过这一价格时，项目将无法获得足够的收益。最高土地取得价格与实际估测的土地价格之间差距越大，最高土地取得价格越高，房地产项目承受土地使用权价格风险的能力就越强。

3. 最高工程费用

最高工程费用是指在预定销售额下，满足预期的项目收益要求所能承受的最高工程费用。当土地开发工程量不大时，最高工程费用是指最高建筑安装工程费用。最高工程费用与预测的可能工程费用之间差距越大，说明房地产项目承受工程费用增加风险的能力越强。

例 7-3　为考察某项目对开发产品效益有影响的因素变化的极限承受能力，对开发产品投资、售房价格、土地费用和售房面积等因素作临界点分析，其基本方案值和临界点值见表 7-23。

表 7-23　某项目临界点分析

敏感因素	基本方案值	临界点值	
全部投资税前内部收益率/%	19.8	期望值	15.0
开发产品投资/万元	17 623	最高值	18 281
售房价格/(元/m^2)	3 001	最低值	2 894
土地费用/万元	4 500	最高值	5 069
售房面积/m^2	73 100	最低值	70 335

从表 7-23 可以看出，若期望的内部收益率为 15%，则项目投资的临界点为 18 281 万元，比基本方案值增加 654 万元；每平方米售房价格的临界点为 2 894 元，下降 107 元；土地费用的临界点为 5 069 万元，增加 569 万元；售房面积的临界点为 70 335 m^2，减少 2 765 m^2。

7.4.4 概率分析

1. 概率分析的概念

概率分析又称风险分析，概率分析是使用概率研究预测不确定性因素对房地产项目经济效益影响的一种定量分析方法，通过分析不确定性因素的变化情况和发生的概率，计算在不同概率条件下房地产项目的经济评价指标，说明房地产项目在特定收益状态下的风险程度。

2. 概率分析的步骤

概率分析的一般步骤如下。

(1)列出需要进行概率分析的不确定性因素。

(2)选择概率分析使用的经济评价指标。

(3)分析确定每个不确定性因素发生的概率。

(4)计算在给定的概率条件下经济评价指标的累计概率，并确定临界点发生的概率。

3. 概率分析的方法

概率分析的方法有多种，常用的有期望值法和蒙特卡罗模拟法。

(1)期望值法。期望值法主要是计算开发项目净现值(NPV)的期望值和净现值大于或等于零时的累计概率，并以此判定项目的可行性。

净现值的期望值是反映净现值取值的平均值，但这个平均值决不是一般意义上的算术平均值，而是以净现值各种取值的概率为权重的加权平均值，项目净现值的期望值计算公式为：

$$E(\mathrm{NPV}) = \sum_{i=1}^{n} \mathrm{NPV}_i P_i$$

式中：$E(\mathrm{NPV})$——NPV 的期望值；NPV_i——各种现金流量情况下的净现值；P_i——对应于各种现金流量情况的概率值。

例 7-4 已知某项目投资方案各种因素可能出现的数值及其对应的概率如表 7-24 所示。

假设投资发生在期初，年净现金流量均发生在各年的年末。试计算其净现值的期望值和净现值大于或等于零时的累计概率，并判断该项目的可行性。已知标准折现率为 10%。

表 7-24 投资方案变量因素值及其概率

投资额		年净收益		寿命期	
数值/万元	概率	数值/万元	概率	数值	概率
120	0.30	20	0.25	10 个月	1.0
150	0.50	28	0.40		
170	0.20	33	0.35		

解:根据各因素的取值范围,共有9种不同的组合状态,各种状态的净现值及其对应的概率如表7-25所示。

表7-25　方案所有组合状态的概率及净现值

投资额/万元	120			150			175		
年净收益/万元	20	28	33	20	28	33	20	28	33
组合概率	0.075	0.120	0.105	0.125	0.200	0.175	0.050	0.080	0.070
净现值/万元	2.89	52.05	82.77	−27.11	22.05	52.77	−52.11	−2.95	27.77

根据净现值的期望值的计算公式,可求出:

$$E(NPV)=2.89\times0.075+52.05\times0.12+82.77\times0.105-27.11\times0.125+22.05\times0.2+52.77\times0.175-52.11\times0.05-2.95\times0.08+27.77\times0.07=24.51(\text{万元})$$

即项目投资方案净现值的期望值为24.51万元。

净现值大于或等于零时的累计概率为:

$$P(NPV\geqslant0)=0.075+0.12+0.105+0.2+0.175+0.07=0.745$$

净现值的期望值在概率分析中是一个非常重要的指标,在对项目进行概率分析时,一般都要计算项目净现值的期望值及净现值大于或等于零时的累计概率,累计概率越大,表明项目承担的风险越小。由于该项目的净现值的期望值为24.51万元,净现值大于或等于零的累计概率为0.745,说明该项目的风险较小,是可行的。

(2)蒙特卡罗模拟法。不确定因素是不可避免地存在着,但是它们的变化是有一定规律的,并且是可以预见的。对其进行模拟,通过大量统计试验,可以使之尽可能接近并反映出实际变化的情况。蒙特卡罗模拟法就是对变量值概率分布进行随机抽样,并计算相应的评价指标,经过多次重复,从而得到评价指标的概率分布。模拟的次数越多,结果就越准确,一般要借助于计算机来完成。其优点在于无需进行复杂的运算,就能得到一个足够准确的近似结果,尤其适合那些难以用数学求解的多变量项目的评估。这种方法的要点是需要准确估计各变量的变化范围以及各变量变化的概率,这是保证分析结果准确的前提,而在实际分析中,当市场资料不完整时是较困难的。但由于计算机的大量使用和信息收集、分析、处理等方面的大量研究,蒙特卡罗模拟法在风险分析中已得到普遍的应用。

7.5 房地产开发项目综合评价

7.5.1 房地产开发项目综合评价概念

房地产项目综合评价是从区域社会经济发展的角度,考察房地产项目的效益和费用,评价房地产项目的合理性。房地产项目综合评价包括综合盈利能力分析和社会影响分析。

7.5.2 房地产开发项目综合评价的效益

综合评价中项目的效益是指房地产项目对区域经济的贡献，分为直接效益和间接效益。

1. 直接效益

直接效益是指在房地产项目范围内政府能够得到的收益，一般包括以下几方面。

(1)出让国有土地使用权所得的收益。

(2)因土地使用权转让而得到的收益，如土地增值税等。

(3)项目范围内的工商企业缴纳的税费，如房产税、土地使用税、车船使用税、印花税、进口关税和增值税、营业税、城市维护建设税及教育费附加、消费税、资源税、所得税等。

(4)项目范围内基础设施的收益，如供电增容费、供水增容费、排水增容费、城市增容费、电费、水费、电讯费等。

2. 间接效益

间接效益是指由房地产项目引起的、在项目直接效益中未得到反映的那部分效益。主要有：增加地区就业人口、繁荣地区商贸服务、促进地区旅游业发展等带来的收益。

7.5.3 房地产开发项目综合评价的费用

综合评价中项目的费用是指区域经济为项目付出的代价，分为直接费用和间接费用。

1. 直接费用

直接费用是指在项目范围内政府所花费的投资和经营管理费用。一般包括下列方面。

(1)征地费用。

(2)土地开发和基础设施投资费用。

(3)建筑工程和城市配套设施费用。

(4)经营管理费用。

2. 间接费用

间接费用是指由项目引起的、在直接费用中未得到反映的那部分费用。主要有：在项目范围外为项目配套的基础设施投资，为满足项目需要而引起的基础服务供应缺口使区域经济产生的损失等。当基础服务(如电力)供不应求时，为满足项目需求而使区域经济产生的损失，可用该项服务的当地最高价格计算。

综合评价应遵循费用与效益计算口径对应一致的原则，防止重复计算或漏算。例如，具有行政职能的开发企业在开发过程中上缴政府的税费，如耕地占用税、建设期间的土地使用税等，在综合评价中应视作区域经济中的转移支付，不计为项目的效益或费用。一般商业性开发企业在开发过程中上缴政府的税费，在综合评价中应作为效益处理。同类基础服务在不同情况下，可能使项目产生不同的效益和费用，对此应注意识别。以电力供应为例，见表 7-26。

表 7-26　项目供电的效益与费用识别

电力供应特点	与供电有关的项目效果	
	效益	费用
电厂在项目范围外	供电增容费、电力销售收入减去电力购进支出	输变电投资、经营管理费用
电厂在项目范围内，由具有行政职能的开发企业投资经营	供电增容费、电力销售收入	全部电力投资、经营管理费用
电厂在项目范围内，由独立的电力公司投资经营	税费收入	无

7.5.4　房地产开发项目盈利能力分析

综合评价盈利能力分析是根据房地产项目的直接效益和直接费用，以及可以用货币计量的间接效益和间接费用，计算综合内部收益率(CIRR)，考察房地产项目投资的盈利水平。

综合内部收益率是指房地产项目在整个计算期内，各期净现金流量现值等于零时的折现率。它反映房地产项目所占用资金的盈利率，是考察房地产项目盈利能力的评价指标。其表达式为：

$$\sum_{t=1}^{n}(\mathrm{CI}-\mathrm{CO})_t(1+\mathrm{CIRR})^{-t}=0$$

综合内部收益率可根据综合评价现金流量表中的净现金流量用试差法计算求得，并可与政府的期望收益率或银行的贷款利率进行比较，判断项目的盈利能力。

综合评价盈利能力分析的主要报表是综合评价现金流量表。该表不分投资资金来源，以全部投资作为计算的基础，考虑直接与间接费用和效益，计算综合内部收益率指标，考察房地产项目的盈利能力。

7.5.5　房地产开发项目社会影响分析

社会影响分析是定性和定量的描述难以用货币计量的间接效益和间接费用对房地产项目的影响。社会影响分析主要包括下列内容。

(1)就业效果分析

就业效果分析主要是指考察房地产项目对区域劳动力就业的影响。如果当地并无就业压力，项目范围内主要使用外来劳动力，则不必进行就业效果分析。就业效果以就业成本和就业密度两项指标来进行描述，并可与当地的相应指标进行比较。

就业成本＝项目开发总投资÷项目范围内总就业人数

就业密度＝项目范围内总就业人数÷项目占地面积

(2)对区域资源配置的影响。

(3)对环境保护和生态平衡的影响。

(4)对区域科技进步的影响。

(5)对区域经济发展的影响

主要包括:对繁荣商业服务的影响、对促进旅游业的影响、对发展第三产业的影响等。

(6)对减少进口(节汇)和增加出口(创汇)的影响。

(7)对节约及合理利用国家资源(如土地、矿产等)的影响。

(8)对提高人民物质文化生活及社会福利的影响。

(9)对远景发展的影响。

7.6 可行性研究报告的撰写

可行性研究报告作为房地产投资项目可行性研究结果的体现,每个可行性研究报告必须说明评估什么、为什么评估、得出什么结论和凭什么得出这些结论。可行性研究报告通常由开发商委托房地产评估、研究机构来撰写。

7.6.1 可行性研究报告的基本构成

一般来说,一份正式的可行性研究报告应包括封面、摘要、目录、正文、附表和附图六部分。

1.封面

反映评估项目的名称、评估机构和委托评估机构的名称以及可行性研究报告编写的时间。

2.摘要

用简洁的语言概要介绍被评估项目的所处地区的市场情况、项目本身的情况和特点、评估的结论。字数以不超过1 000字为宜。

3.目录

如果可行性研究报告较长,最好要有目录,以使读者能方便地了解可行性研究报告所包括的具体内容以及前后关系,使之能根据自己的需要快速地找到其所要阅读的部分。

4.正文

这是可行性研究报告的主体,一般要按照逻辑的顺序,从总体到细节循序进行。要注意的是,报告的正文也不要太烦琐。对于一般的可行性研究报告,通常包括的具体内容有:项目总说明、项目概况、投资环境研究、市场研究、项目地理环境和附近地区竞争性发展项目、规划方案及建设条件、建设方式与进度安排、投资估算及资金筹措、项目评估基础数据的预测和选定、项目经济效益评价、风险分析和项目评估的结论与建议等方面内容。项目可行性研究报告如用于向国家计划管理部门办理立项报批手续,还应包括环境分析、能源消耗及节能措施、项目公司组织机构等方面的内容。因此,报告的正文中应包括什么内容，要视评估的目的和未来读者所关心的问题来具体确定，没有固定不变的模式。

5. 附表

附表是对于正文中不便于插入的较大型表格，为了使读者便于阅读，通常将其按顺序编号附于正文之后。按照在评估报告中的顺序，一般包括：项目工程进度计划表、财务评估的基本报表和辅助报表、敏感性分析表。当然，有时在投资环境分析、市场研究、投资估算等部分的表格也可以附表的形式出现在报告中。

6. 附图

为了辅助文字说明，使读者很快建立起空间的概念，通常要有一些附图。这些附图一般包括：项目位置示意图、项目规划用地红线图、建筑设计方案平面图、项目所在城市总体规划示意图和与项目性质相关的土地利用规划示意图、项目用地附近的土地利用现状图和项目用地附近竞争性项目分布示意图等。有时附图中还会包括评估报告中的一些数据分析图，如直方图、饼图、曲线图等。

当然，有时报告还应包括一些附件，如土地使用权证、建设用地规划许可证、建设工程规划许可证、建设工程施工许可证，销售(预售)许可证、审定设计方案通知书、建筑设计方案平面图、公司营业执照、经营许可证等。这些附件通常由开发商或委托评估方准备，与评估报告一同送交有关读者。

7.6.2　可行性研究报告正文的编写要点

正文部分是可行性研究报告的核心，一般包括以下内容。

1. 项目总说明

在项目总说明中，应着重就项目背景、项目主办者或参与者、项目评估的目的、项目评估报告编制的依据及有关说明等向读者予以介绍。

2. 项目概况

在这一部分内容中，应重点介绍项目的合作方式和性质、项目所处的地址、项目拟建规模和标准、项目所需市政配套设施的情况及获得市政建设条件的可能性、项目建成后的服务对象。

3. 投资环境研究

主要包括当地总体社会经济情况、城市基础设施状况、土地使用制度、当地政府的金融和税收等方面的政策、政府鼓励投资的领域等。

4. 市场研究

按照所评估项目的特点，分别就当地与所评估项目相关的土地市场、居住物业市场、写字楼物业市场、零售商业物业市场、酒店市场、工业物业市场等进行分析研究。市场研究的关键是占有大量的第一手市场信息资料，通过列举市场交易实例，令读者信服项目主办者对市场价格、供求关系、发展趋势等方面的理解。

5. 项目地理环境和附近地区竞争性发展项目

这一部分主要应就项目所处的地理环境(邻里关系)、项目用地的现状(熟地还是生地，需要哪些前期土地开发工作）和项目附近地区近期开工建设或筹备过程中的竞争性发展项目。竞争性发展项目的介绍十分重要，它能帮助开发商做到知己知彼，正确地为自己所开发的项目进行市场定位。

6.规划方案及建设条件

主要介绍开发项目的规划建设方案和建设过程中市政建设条件（水、电、路等）是否满足工程建设的需要。在介绍规划建设方案的过程中，可行性研究报告撰写者最好能根据所掌握的市场情况，就项目的规模、项目拟发展的档次、建筑物的装修标准和功能面积分配等提出建议。

7.建设方式及进度安排

项目的建设方式是指建设工程的发包方式，发包方式的差异往往会带来工程质量、工期、成本等方面的差异，因此这里有必要就建设工程的承发包方式提出建议。这一部分中还应就建设进度安排、物料供应（主要建筑材料的需要量）做出估计或估算，以便为投资估算做好准备。

8.投资估算及资金筹措

这一部分的主要任务是就项目的总投资进行估算，并按项目进度安排情况做出投资分年度使用计划和资金筹措计划。项目总投资的估算，应包括项目投资概况、估算依据、估算范围和估算结果。投资分年度使用计划实际是项目财务评估过程中有关现金流入的主要部分，应该分别就开发建设投资和建设投资利息分别列出。资金筹措计划主要是就项目投资的资金来源进行分析，包括自有资金（股本金）、贷款和预售（租）收入三个部分。应该特别指出的是，当资金来源中包括预售（租）收入时，还要和后面的销售（出租）收入计划配合考虑。

9.项目评估基础数据的预测和选定

这一部分通常包括销售收入测算、成本及税金和利润分配三个部分。要测算销售收入，首先要根据项目设计情况确定按功能分类的可销售或出租面积的数量；其次依据市场研究结果，确定项目各部分功能面积的租金或售价水平；再次根据工程建设进度安排和开发商的市场销售策略，确定项目分期或分年度的销售或出租面积及收款计划；最后汇总出分年度的销售收入。成本和税金部分，一是要对项目的开发建设成本、流动资金、销售费用和投入运营后的经营成本进行估算；二是对项目需要交纳的税项种类及其征收方式和时间、税率等做出说明，以便为后面的现金流分析提供基础数据。利润分配主要反映项目的获利能力和可分配利润的数量，属于项目盈利性分析的内容。

10.项目经济效益评价

这是项目评估报告中最关键的部分，在这里，要充分利用前述各部分的分析研究结果，对项目的经济可行性进行分析。这部分的内容一般包括现金流量分析、资金来源与运用表以及贷款偿还分析。现金流量分析，要从全部投资和资本金两方面对反映项目经济效益的财务内部收益率、财务净现值和投资回收期进行分析测算。资金来源与运用表集中体现了项目自身资金收支平衡的能力，是财务评价的重要依据。贷款偿还分析主要是就项目的贷款还本付息情况做出估算，用以反映项目在何时开始、从哪项收入中偿还贷款本息以及所需的时间长度，以帮助开发商安排融资计划。

11. 风险分析

一般包括盈亏平衡分析和敏感性分析，根据委托方的要求，有时还要进行概率分析。风险分析的目的，是就项目面临的主要风险因素（如建造成本、售价、租金水平、开发周期、贷款利率、可建设建筑面积等）的变化对项目经济效果评价，主要技术经济指标（如财务内部收益率、财务净现值和投资回收期等）的影响程度进行定量研究；对当地政治、经济、社会条件可能变化的影响进行定性分析。

12. 可行性研究的结论

可行性研究的结论主要是说明项目的经济效益评价结果，表明项目是否具有较理想的财务内部收益率（是否达到了同类项目的社会平均收益率标准）、是否有较强的贷款偿还和自身平衡能力、较强的抗风险能力，以及项目是否可行。

【延伸阅读】

舟山市滨海星城项目一期项目可行性研究报告

第一章　开发商概况

一、公司名称

舟山浩耀置业有限公司

二、公司地址

舟山市普陀区平阳浦舟渔物资大楼2楼和3楼。

三、公司经营范围

开发建设舟山市普陀区A-4-3地块住宅项目，包括房屋的建设、出租、出售及经营管理等业务。

四、公司注册资金

注册资金人民币1 800万元。

第二章　项 目 概 况

该项目所在的舟山市普陀区勾山街道是舟山主要的工业乡镇（街道）之一。根据《舟山市城市近期建设规划》（2003—2005）显示，勾山街道作为临城—浦西工业区的居住生活服务基地，是普陀城区拓展和旧城改造的重点区域。

一、项目名称

滨海星城。

二、项目地点

舟山市普陀区勾山街道A-4-3地块。

三、项目开发单位

舟山浩耀置业有限公司。

四、项目性质

住宅区。

五、四至范围

东至：定沈公路。

西至:24 m 大路。

南至:现状河流。

北至:329 国道。

六、用地指标

规划用地面积:67 482.78 m^2。

总建筑面积:　168 880 m^2(含地下车库 13 000 m^2)

容积率:　　　2.0≤容积率≤2.5。

建筑密度:　　28%。

绿地率:　　　>28%。

第三章　项目定位

一、项目市场定位

舟山最优秀的经济型现代化居住小区。

二、目标客户定位

• 舟渔区域内需要改善居住条件的人(舟渔宿舍居住条件较差,房型狭窄,有改善居住条件的迫切需求)。

• 成家立业,需要购房的年轻人。

• 地块附近,及国道北侧的原住居民。

• 迁入市区的海岛居民。

• 为改善子女就学环境的乡镇居民。

三、项目价格定位

由于本项目附近没有在售项目,所以采用本区域五年房龄以内的二手房市场交易均价 3 750 元/m^2 作为定价参考,在考虑了多方面的因素后,本项目均价定为多层 3 850 元/m^2、高层、小高层 4 000 元/m^2、这是一个符合市场实际且富有吸引力的价格。

第四章　项目市场分析

一、房地产市场宏观环境分析

随着国家对房地产市场的调控政策陆续出台,投机性购买需求逐渐退出市场;而居民自住型消费则受到国家政策的激励和扶持,需求依然强劲。在未来较长的一段时期内,自住型消费将成为中国房地产市场的主流,谁能抓这一机会必能带来丰厚的回报。这一点已被杭州、上海、北京等大中城市的市场变化所证明。

二、舟山市房地产市场分析

随着城市经济实力的增长,居民收入不断的提高,从 2000 年起,舟山的房地产市场开始走上了蓬勃向上的通道。

截止到 2006 年第一季度为止,舟山市的房价经历了近 6 年的上涨期。而进入第二季度后,由于中央宏观调控政策的力度加强,价格出现了回落,销售量也开始回落。主要体现在高端物业销售受投资客离场影响,出现滞销;而经济型住宅则受到本地居民自住需求的支撑,在经历了起初一段时间的萎缩后,成交量开始放大。

目前舟山四大住宅板块中,定海板块(不包括临城)商品住宅售价保持在 4 800～7 000 元/m^2;东港板块商品住宅售价保持在 4 500～4 800 元/m^2;普陀板块(不包括东港)商品住宅售价保持在4 000～6 000元/m^2；临城板块商品住宅售价保持在4 300～4 500元/m^2。

由于舟山是一个岛屿型城市，可开发土地量较少；而随着国民经济的不断增长和城市化进程的加快，居民自住型购房需求还将不断增长，因此在未来几年内舟山市房地产价格将呈现稳中带升的格局，但不同的楼盘之间将有较大的差异。

三、项目优势分析

1.区域经济发达

舟山是中国最大的海水产品生产、加工、销售基地，有"中国渔都"的美称。勾山街道位于舟山市普陀城区西侧，区位优势明显、交通便利、市场繁荣，是普陀城区拓展的重点区域，也是舟山主要的工业乡镇(街道)之一。街道陆域面积44.1 km^2，辖20个行政村和1个社区，总人口约3.2万人。2004年，街道实现工农业总产值20.5亿元，地方税收收入1 800万元，农民人均纯收入5 818元。

2.交通便利

本项目区域交通十分便利：距宁波国际机场86 km、普陀山机场7 km；329国道贯穿全境，并通过海峡轮渡与沪杭甬高速公路相接；7路、11路、12路、13路、29路等十路线在此中转和经过。

3.基础设施完善

本区域内基础设施完善，供电、供水、供气、通信、排污等各类设施均能满足需求。

4.规划设计领先

本项目是舟山市在国家实施"两个70%"调控条款后第一批通过规划审批的项目，是为满足舟山市广大居民自住购房需求而打造的经济型现代化住宅区。本公司已邀请国内顶尖的设计机构和策划机构对本项目进行定位策划和规划设计，务求使本项目成为舟山最优秀的、最受消费者欢迎的住宅区。

5.购买需求强劲

(1)地块毗邻舟渔宿舍区，该区域内有较为完整的生活配套，能满足一般的生活需求；同时也较能吸引舟渔职工的购买欲望。

(2)老城区内可供开发空间有限，随着城区人口的增长，往外迁移是必然的。本项目在规划、定位，特别是价格上的优势将会有吸引大量外迁人口。

(3)舟山一般家庭在子女长大后，通常习惯分户而居，这势必会催生出一批新的购房群体。这些人对价格和楼盘品质较为关注，而对地段要求不高，正符合了本项目的特质。

(4)本项目处于旧城改造重点区域及临城—浦西工业区的居住生活服务基地，在未来的几年内将对经济型住宅有大量的需求。

(5)舟山是一个群岛组成的城市，主城区与周边海岛的生活环境、教育质量有较大的差距。随着社会经济的发展，从周边海岛迁徙到主城区或为了解决子女就学问题而在主城区购房的居民呈逐年上升之势。

6.未来城市中心区块

根据舟山市的社会经济发展规划和"以港兴市，打造海洋大市"战略实施计划，本项目正处于连接城市未来的行政金融中心——临城和主要商业中心——沈家门、东港的枢纽部位。随着本地块东边的岳泉隧道开通，西边的中心渔港和船舶市场形成，本项目区域将成为舟山城市中心的黄金区块。

7.价格优势明显、性价比高

本项目秉承让利于民、合理利润、快速销售的原则，以高品质、低价格来赢得市场。不但与同类楼盘相比价格优势十分明显，而且也低于本区域二手房的市场价格，性价比较高。

8.国家政策推动

2006年8月1日开始二手房交易征收个税，这对本项目的销售是个很大的推动。

四、项目劣势分析

从项目的环境、区域、价格、定位等方面分析，本项目相对其他楼盘的劣势在于：一是从项目所在地抵达定海、临城、沈家门等中心区域步行距离较远，非传统城市中心区。二是项目地块周边环境一般，除北侧部分较好外，其余都有待改造。

五、结论

综上所述，本项目作为一个为本地服务、面向普通购房者的低价位、高品质的经济型现代化居住小区，具有强大的市场竞争力和优势，其市场前景十分乐观。

第五章　项目开发计划

一、项目开发计划概述

本项目计划分两期开发，目前先实施一期工程建设。2006年初开始筹备，预计到2009年交付使用，总建设周期预计为3年。总建设面积为112 200 m^2，其中住宅部分95 200 m^2，商铺部分5 250 m^2，地下室部分10 500 m^2，物管用房1 300 m^2。

二、项目开发计划节点

1.前期筹备

本项目已于2005年7月15日完成土地摘牌手续，现已付清全部土地出让金及税款并取得《国有土地使用权证》。从2006年年初开始进行前期筹备，计划到2006年12月上旬完成全部前期筹备工作，为期12个月。

工作项目	时间	备注
土地勘测	2006年初	已完成
规划设计	2006.1—2006.6	已通过会审
扩初设计	2006.6—2006.8	2006年8月通过会审
施工图设计	2006.9—2006.10	2006年10月底完成
施工图报批等	2006.11—2006.12	含其他审批及招标手续

2.一期项目建设

一期项目建设分A、B两个区块实施。

A区块为多层住宅及底层商铺，加1幢11层小高层连俱乐部会所，考虑到施工难度及节约投资成本，B区块桩基施工和地下室土建部分与A区同步实施。从2006年12月底正式交付使用，建设周期为28个月。

项目节点	时间	备注
正式开工建设	2006.12	
基础施工	2007.1	2007.5 基础施工全部完成
部分结构封顶	2007.10	
全部结构封顶	2008.2	
单体竣工验收	2008.6	合格后转入设备安装和内部装潢
全部市政配套、园林施工完成	2008.12	
竣工验收	2009.1	
交付使用	2009.3	

B 区块为四幢 16～18 层高层加 2 幢 11 层小高层组成，下部为地下室人防工程。从 2007 年 7 月地上部分正式开工建设到 2009 年 3 月底正式交付使用，建设周期为 21 个月。

项目节点	时间	备注
桩基及地下室		一期施工时已完成
地上部分开始施工	2007.7	
主体结构封顶	2008.2	
单体竣工验收	2008.7	合格后转入设备安装和内部装潢
全部市政配套、园林施工完成	2008.12	
竣工验收	2009.1	
交付使用	2009.3	

第六章　资金使用计划

一、项目投资额概算

一期项目预计总投资额为：32 392.01 万元。

序号	项目	单价	数量	金额/万元
1	土地出让金(含税)	91 万元/亩	101 亩	**9 471** (含税 280)
2	建设管理费			
2.1	建设单位管理费	按工程概算的 5%收取		662
2.2	工程监理费	按工程概算的 1%收取		130
2.4	小计			792
3	勘测、设计费			
3.1	勘测费(含初堪和净勘费用及施工图设计费)	按工程概算的 2%收取		250
3.2	可行性研究费			50
3.3	前期策划费	5 元/m^2	112 200 m^2	56.1
3.4	设计费	55 元/m^2	112 200 m^2	617.1

续表

序号	项目	单价	数量	金额/万元
3.5	小计			**973.2**
4	建安工程费			
4.1	桩基工程费			1 442
4.2	土建和安装工程费	923.58/m^2	112 200 m^2	10 362.6
4.3	交通标志和标识			85
4.4	会所装修			114
4.5	甲供料			1 236
4.6	小计	1 180/m^2	112 200 m^2	**13 239.6**
5	基础设施及公共配套设施费			
5.1	基础设施费			157.3
5.2	公共配套设施费			264
5.3	小计			421.3
6	不可预见费	按以上5项之和的3%计算		**746.91**
7	开发期间税费			
7.1	市政公用基础配套费	50元/m^2	112 200 m^2	561
7.2	教育附加费	按国家规定计税额的5%计		312
7.3	营业税	按销售收入的5%计算		2 161
7.4	印花税	按规定税额3/10 000计算		15
7.5	城市建设附加费	按规定税额的7%计算		151
7.6	其他税费			1 160
7.7	小计			**4 360**
8	营销推广费			
8.1	广告宣传费	按销售收入的1%计算		430
8.2	销售代理费	按销售收入的1.5%计算		650
8.3	其他销售费用	按销售收入的0.5%计算		200
8.4	小计			**1 280**
9	财务费用			
9.1	贷款利息	1亿元转贷三年，按年息6.3%计		1 890
9.2	其他			200
9.3	小计			**2 090**
合计				**33 374.01**

其中：土地费用——9 471万元

A区期项目土建安装费用——5 575.5万元

B区期项目土建安装费用——7 664.1万元

其他费用——10 663.41 万元

按项目总投资测算，本项目一期建设成本为每平方米 2 974.51 元。(含二期土地成本费用)

二、资金取得与融资计划

本项目一期项目总投资约为 33 374.01 万元。其中开发商资本金为 13 200 万元，占总投资额的 39.55%；计划融资 10 000 万元，占总投资额的 29.9%；项目预售回笼转建设资金 10 174.01 万元，占总投资额的 30.55%。

项目融资预计贷款期为 3 年，利率参照商业银行标准计算，逐年付息，到期还本。

三、资金使用计划

1. 已使用资金列表(截至 2006 年 7 月 31 日)

序号	项目	金额/万元	支付时间
1	建设管理费	280	2006.1—2006.7
2	土地出让金(含税)	9 471	已付清
3	勘测设计费	250	已付清
合计		10 001	

2. 计划使用资金列表(截至 2009 年 3 月 31 日)

2006 年资金使用计划(2006.8—2006.12)

序号	项目	金额/万元	支付时间
1	设计及策划费等	723.2	2006.10
2	前期规费	1 442	2006.10—2006.12
3	建设管理费	512	2006.8—2006.12
合计		2 677.2	

2007 年资金使用计划(2007.1—2007.12)

序号	项目	金额/万元	支付时间
1	A 区项目首期工程款	3 176	2007.1-10
2	不可预计费预提	400	2007.1-10
3	营销推广费	500	2007.6-12
4	B 区项目首期工程款	1 986	2007.7-12
5	其他费用	2 839.54	按实际发生时间结算
合计		8 901.54	

2008 年资金使用计划(2008.1—2008.12)

序号	项目	金额/万元	支付时间
1	A 区项目二期工程款	1 840	2008.2-12
2	B 区项目二期工程款	4 294.8	2008.2-12

续表

2008年资金使用计划(2008.1—2008.12)			
序号	项目	金额/万元	支付时间
3	营销推广费	400	2008.4-10
4	不可预计费	346.91	2008.10
5	其他费用	1 402.46	按实际发生时间结算
合计		8 284.17	

2009年资金使用计划(2009.1—2009.12)			
序号	项目	金额/万元	支付时间
1	A区项目工程款尾款	559.5	2009.1-10
2	B区项目工程款尾款	1 383.3	2009.1-10
3	营销推广费	380	2009.3
4	其他费用	1 187.3	按实际发生时间结算
合计		3 510.1	

四、资金说明

每个自然年度资金需求量如下:2006年7月前已投入资金10 001万元,到2006年12月底还需投入资金2 677.2万元;2007年投入约8 901.54万元;2008年投入约8 284.17万元;2009年投入约3 510.1万元。

开发商资本金和银行贷款共计23 200万元,按计划使用至2007年后需资金21 579.74万元,尚节余1 620.26万元,2007年项目销售可回笼资金有18 919.8万元,两者相加后结余20 540.06万元,已超过2008年所需建设资金8 284.17万元,且2008年销售可回笼资金17 464.95万元。两者相抵后尚余可使用资金29 720.84万元,远远超过2009年所需建设资金3 510.1万元。而且还不计2009年的销售回笼资金。因此可充分保障项目的顺利运作和支付贷款本金和利息。

第七章　项目销售与资金回笼

一、项目销售计划

	A区物业	B区物业
开盘时间	2007.6	2007.10
销售指标/%		
2007年度	60	30
2008年度	35	45
2009年度	5	25
合计	100	100

二、项目销售收入

一期项目预计销售收入为:43 221万元

项目	数量/m²	价格/(元/m²)	金额/万元
A区物业			
住宅(多层)	42 000	3 850	16 170
商铺	5 250	7 000	3 675
B区物业			
住宅(高层)	53 190	4 000	21 276
车库	10 500	2 000	2 100

三、资金回笼计划表

万元

销售年度	A区物业	B区物业	合计
2007年度	11 907	7 012.8	18 919.8
2008年度	6 945.75	10 519.2	17 464.95
2009年度	992.25	5 844	6 836.25
合计	19 845	23 376	43 221

四、利润指标

1. 项目总投资　33 374.01万元
2. 项目总销售收入　43 221万元
3. 毛利润　9 846.99万元
4. 应交利税　3 163万元
5. 净利润　6 683.99万元
6. 净利润率　20.03%

第八章　融资偿还计划

一、偿还期限及偿还方式

本项目融资期限拟为3年(2006年年底至2009年年底),按照银行贷款利率计息,逐年付息,第3年本息一起清偿。

二、融资偿还计划

从项目的销售情况来看,在融资偿还期之前本项目物业将全部被出售,共可回笼资金43 221万元,除去需要转入项目建设的10 174.01万元外,尚有33 046.99万元,完全有能力偿还贷款本息。

【实训任务】

整合第三章至第六章内容,做出完整的项目地块房地产开发可行性研究报告。

Chapter 8

第 8 章 房地产开发项目建设过程

【导入案例】

房地产开发流程

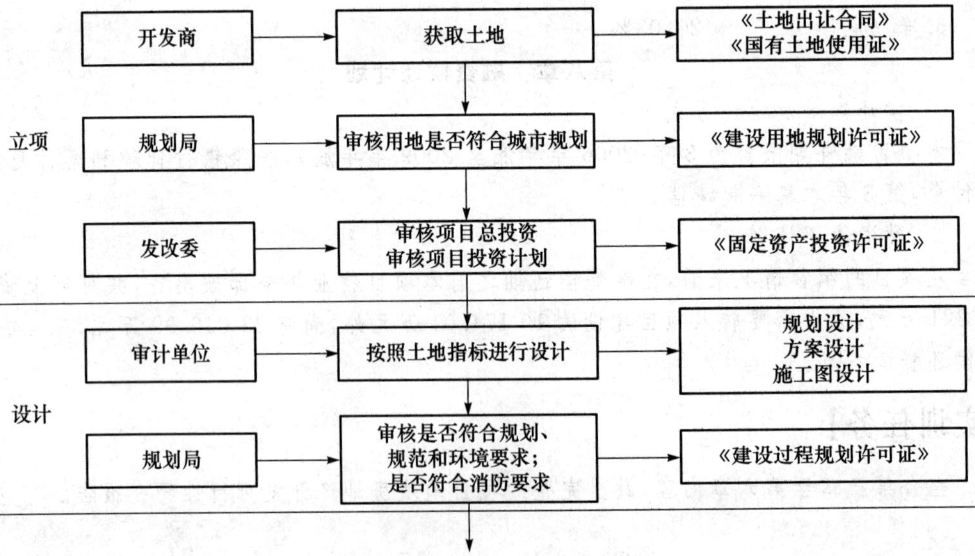

图 8-1　房地产开发流程(一)

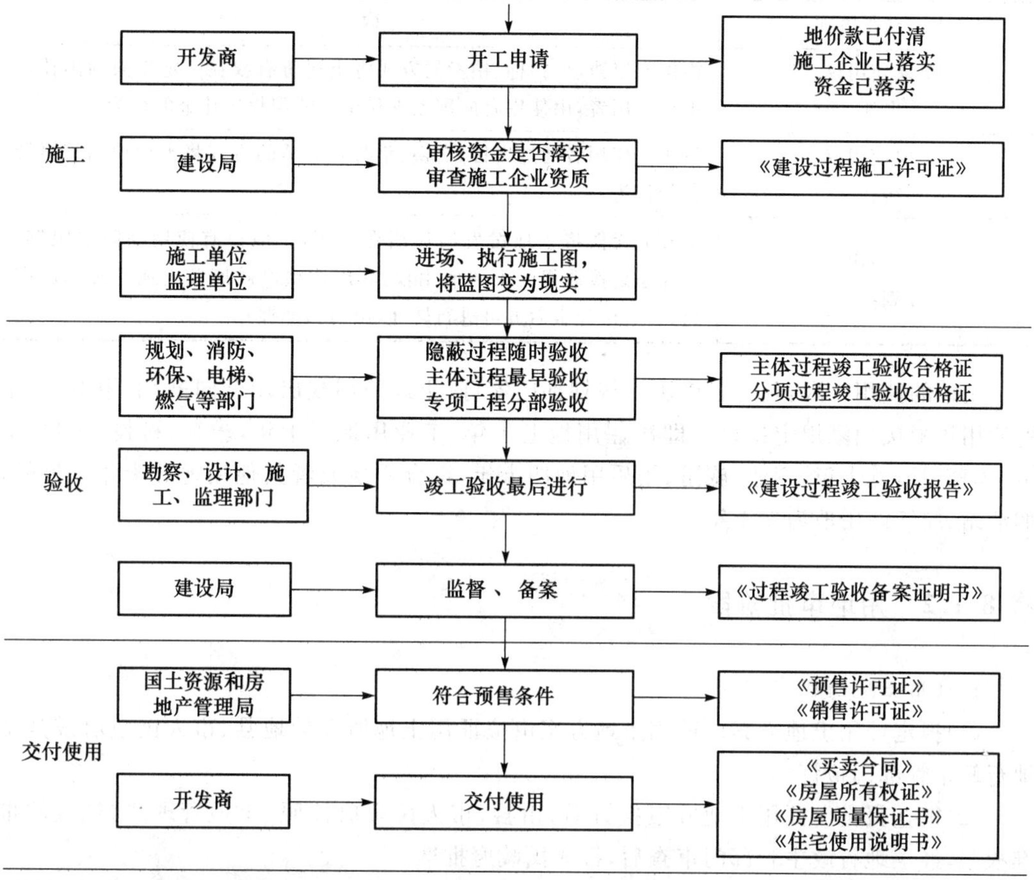

总结：五证：《国有土地使用证》《建设用地规划许可证》《建设过程规划许可证》《建设过程施工许可证》《预售许可证》《销售许可证》

两书：《住宅质量保证书》《住宅使用说明书》

图 8-1　房地产开发流程(二)

【知识内容】

8.1 房地产项目开发流程

8.1.1 获取土地阶段

土地所有权是指国家或集体经济组织对国家土地和集体土地依法享有的占有、使用、收益和处分的权能。土地使用权主要有以下三种取得方式见表 8-1。

表 8-1　土地使用权取得方式

土地获得方式	内容
土地使用权出让	指国家以协议、招标、拍卖的方式将土地所有权在一定年限内出让给土地使用者，由使用者向国家支付土地使用权出让金的行为
土地使用权转让	指土地使用者通过出售、交换、赠与和继承的方式将土地使用权再转移的行为
土地使用权划拨	指政府无偿将土地拨发给使用者使用，一般没有使用期限的限制。以无偿划拨取得的土地使用权，其出让须经政府及土地管理部门同意，补交出让金后方可进行转让、出租和抵押

土地的使用年限：凡与省市国土规划部门签订《土地使用权出让合同书》的用地，其土地使用年限按国家规定执行。即居住用地七十年，工业用地五十年，教育、科技、文化、卫生、体育用地五十年，商业、旅游、娱乐用地四十年，综合用地或者其他用地五十年。另外，加油站、加气站用地为二十年。

8.1.2　用地审批阶段

1. 征用土地的程序

(1)拟定征用土地方案。征用土地方案由拟征用土地所在的地县、市人民政府或其土地行政主管部门拟订。

(2)审查报批。征用土地方案拟订后，由县、市人民政府按照《土地管理法》规定的批准权限，经土地行政主管部门审查后，报人民政府批准。

(3)征用土地方案公告。征用土地依法定程序批准后，由县级以上人民政府在当地予以公告。

(4)制定征地补偿、安置方案。

(5)公告征地安置方案并组织实施。

(6)清理土地和实施征用土地。

2. 城市建设用地的审批程序

在土地利用总体规划确定的城市建设用地区内使用土地的，由市、县人民政府统一规划、统一征用、统一开发，审批程序如下。

(1)由县、市人政府土地行政主管部门根据土地利用总体规划、城市规划、土地利用年度计划和现有建设用地的利用情况，拟订城市建设用地统一开发方案，向省级人民政府土地行政主管部门提出申请，其中直辖市城市建设用地统一开发的，向国土资源部申请；涉及农用地转用、征用土地的，应当同时拟订农用地转让、征用土地和占用耕地补偿方案，一并上报。

(2)省级以上人民政府土地行政主管部门对农用地转用、征用土地和占用耕地补偿方案及现有建设用地利用情况等进行审查，报同级人民政府批准。

(3)农用地转用、征用土地和占用耕地补偿方案经依法批准后，由县、市人民政府土地行政主管部门组织实施。将农用地转用、征用土地和供地方案予以公布，按批准的用途和范围一次或分期实施，并设定各类建设用地的具体用途及供地方式等，按建设项目实行供地。采用招标、拍卖方式提供土地使用权的，由市、县人民政府土地行政主管部门会同有关部门拟订招标、拍卖方案，报市、县人民政府批准后，由市、县人民政府土地行政主管部门组织实施，并与土地使用者签订国有土地有偿使用合同。

采用招标、拍卖以外方式提供土地的，由建设单位或者个人向市、县人民政府土地行政主管部门提出建设用地申请，经审查报市、县人民政府批准后，由市、县人民政府土地行政主管部门办理国有土地划拨或者有偿使用手续。

(4)建设项目竣工后，由市、县人民政府土地行政主管部门对建设用地进行验收，并办理土地登记，核发国有土地使用证。

3.乡镇企业使用农民集体所有土地的审批程序

(1)农村集体经济组织或建设单位持有关建设项目批准文件，向县、市人民政府土地行政主管部门提出建设用地申请。

(2)土地行政主管部门对建设用地按照国家有关规定进行审查后，按省、自治区、直辖市的规定，报有批准权的人民政府批准。涉及占用农用地的，还应当先取得省级人民政府或者省级人民政府授权的设区的市、自治州人民政府的农用地转用审批。

(3)建设用地依法批准后，由县、市人民政府土地行政主管部门通知申请用地单位，并组织实施。申请用地单位应当按照有关规定缴纳有关费用，并履行规定的开垦耕地的义务。

(4)工程竣工后，由县、市人民政府土地行政主管部门负责对建设用地及开垦耕地等情况进行验收，并办理土地登记，核发《集体土地使用证》。申请使用国有建设用地的，按使用国有土地的有关规定办理。

4.乡(镇)村公共设施、公益事业建设用地审批程序

(1)由农村集体经济组织或者建设单位提出，经乡(镇)人民政府审核，向县、市人民政府土地行政主管部门提出建设用地申请。

(2)土地行政主管部门按照国家有关规定对建设用地进行审查后，按照省、自治区、直辖市的规定报有批准权的人民政府批准。涉及占用农用地的，应当先行按照《土地管理法》的规定办理农用地转让手续。

(3)建设用地经依法批准后，由县、市人民政府土地行政主管部门通知申请用地单位，并组织实施。申请用地应当按照国家有关规定履行开垦耕地义务和缴纳有关费用等。

(4)工程竣工后，由县、市人民政府土地行政主管部门负责对建设用地和开垦耕地等情况进行验收，并办理土地登记，核发《集体土地使用证》。

乡(镇)村公共设施、公益事业建设涉及占用国有土地的，按照使用国有土地的有关规定办理。

5.临时使用土地的审批程序

(1)临时用地单位就临时用地征得土地所有者或国有土地使用者同意，并就补偿和使用后土地恢复等事项初步达成协议。

(2)临时用地单位向当地县、市人民政府土地行政主管部门提出临时用地申请，并附

建设单位与土地所有者或国有土地使用者的原则协议。在城市规划区的,还应当取得城市规划行政主管部门的同意。

(3)县、市人民政府土地行政主管部门对临时用地的用途、使用方式、土地权属、补偿、复垦措施及退还时间等进行审查后,做出是否批准临时用地的决定。

(4)临时用地经依法批准后,临时用地单位根据土地权与土地行政主管部门或者农村集体经济组织或者村民委员会正式签订临时使用土地合同,并按照合同的约定支付临时使用土地补偿费。

办理有关手续后,临时用地单位可以按照批准的用途和期限合理使用土地。

8.1.3 规划报建阶段

项目报建必须取得"一书四证","一书"是指"选址规划意见书","四证"是指"用地规划许可证"和"工程规划许可证""建筑工程施工许可证""商品房预售许可证"。

1.新征划拨土地类《建设项目选址意见书》核发

报建部门:规划局。

报送资料如下。

①申请报告。

②建设项目规划选址申请表。

③发改部门批准的立项文件。

④建设单位上级主管部门用地选址的意见。

⑤法人委托书(法人签名、单位盖章的原件)。

⑥其他与建设项目有关的附加说明材料。

⑦平面位置示意图(八份)。

2.国有存量土地类《建设项目选址意见书》核发

报建部门:规划局

报送资料如下。

①申请报告。

②建设项目规划选址申请表。

③原批准总平面规划图。

④相关土地手续的复印件(核原件,有其中一样即可)。包括土地使用证(附宗地图及界点坐标)、土地批复和土地出让合同。

⑤法人委托书(法人签名、单位盖章的原件)。

⑥平面位置示意图(八份)。

⑦发改部门立项文件(政府投资的固定资产项目)。

⑧根据项目情况需要提供的相关资料(会议纪要、承诺书、领导批示等)。

3.新征出让土地类

(1)第一阶段:总平面规划设计方案审查。报建部门:规划局。

报送资料如下。

①总平面规划方案图纸(首次申报三个以上方案,1∶500比例尺,用地过大时可采用1∶1 000比例尺)。

②设计院出具的设计说明文本(每一个方案须单独说明)。

③出让土地提供土地出让合同(核原件)。

④现状地形图。

⑤勘测定截图及勘测定截报告(原件)。

⑥鸟瞰图(不小于A2尺寸)。

⑦重要地段及大型建设项目,须同时报送街景效果图、独幢建筑须报送相应方案的效果图(效果图必须标明材质、开发公司、设计单位名称)。

备注:此阶段需要注意的是,可以提前在勘测院购买项目地形图,以节省报建时间。

(2)第二阶段:总平面规划设计方案联审。

报建部门:各有关单位(如规划、园林、环保、地震、民防、房管局、消防、交警等)。

申报资料如下。

①总平面规划方案图(十份)。

②总平面规划图电子版(dwg格式光盘)。

备注:此阶段需注意园林局绿化率一般不少于35%,如绿化率达不到相关标准,需缴纳异地绿化费(一类地区1 800元/m^2,二类地区1 400元/m^2,三类地区1 000元/m^2),环保局需申报环境影响评价审批;地震局需做地震安评报告;公安局需按要求设计足够停车位数量。

(3)第三阶段:总平面图批准。

报建部门:规划局、园林局。

申报资料:盖有园林审查专用章的总平面图纸(八份)。

(4)第四阶段:发改委核准批复。

报建部门:发改委。

申报资料如下

①申请报告(内容需写明建设四至范围、总占地面积、总建筑面积、主要建设内容、总投资、资金来源、建设周期)。

②项目用地预审意见或土地证(宗地图)。

③项目环境影响评价审批意见(商品房开发不需要提供)。

④审核通过的总平面规范方案图(核原件)。

⑤法人身份证明。

⑥相关资质、批文、协议等文件。

(5)第五阶段:《建设用地规划许可证》核发。

报建部门:规划局。

申报资料如下。

①建设用地规划许可申请表。

②国有土地使用权出让合同(核原件)。

③建设项目的核准或备案文件(核原件)。

(6)第六阶段:建筑设计方案的审查。

报建部门:规划局(专委会讨论)。

申报资料如下。

①建筑设计方案(三个以上含三个)。

②方案设计说明文本。

③方案效果图(至少两个方向以上立面,如南北立面、街景立面等,并注明色彩、材料做法、建设单位、项目名称等)。

④住宅建筑户型比例说明表(住宅项目)。

方案同意后提供如下资料。

①统一的建筑设计效果图(A4 两份)。

②平、立、剖面建筑单体图纸(3 套)。

③规划公示图(两份 A3 及电子图 JPG 格式)。

备注:此阶段需要提前报审图中心审核施工图纸,并取得审图合格书及审图报告。这样为后续报批节省时间。

(7)第七阶段:施工图审核(核算城市基础设施配套费)。

报建部门:规划局。

申报资料如下。

①建设工程规划申报表(两份)。

②审图合格书(核原件)。

③光盘(含批准的总图、效果图、建施部分)施工图。

④经批准的平、立、剖面图原件一套(审核完毕后退回)。

⑤经批准的总图、建筑单体图原件各一份、盖有审图专用章的建施部分施工图一套(审核完毕后退回)。

⑥发改委部门出具的核准批复文件。

⑦办理减、免、缓、抵各项手续须提供相关证明。

备注:城市基础设施配套费的核算是按照建安成本的 5%计算。

(8)第八阶段:办理建设工程放线通知单。

报建部门:规划局、执法大队、勘测院、档案馆。

申报资料如下。

①配套费缴费单(原件)。

②竣工档案移交责任书(一式三份,原件)。

③开具放线通知单(由规划局、执法大队、勘测院三家到项目地放线)。

(9)第九阶段:建设工程验线。

报建部门:规划局、执法大队、勘测院。

申报资料:验线申请单(由三家单位到现场验线,如符合要求签字确认,并出验线回执单)。

(10)第十阶段:《建设工程规划许可证》核发。

报建部门:规划局。

申报资料如下。

①建设工程(建筑类)规划许可申请表。

②建设用地规划许可证复印件(核原件)。

③国有土地使用证(核原件)。

④验线回执单(经规划局建管处、执法大队、勘测院三方签字)。

⑤环境影响评价、安全性评价批复。

⑥根据项目情况需要提供的相关资料(会议纪要、承诺书、领导批示等)。

(11)第十一阶段:《建设工程施工许可证》的核发。

报建部门:住建局(建筑行业管理处:执法大队、节能办、劳保基金科、招标办)。

申报资料如下。

①工程类别确认单(建筑行业管理处办理)。

②施工、监理招投标(市招标办)。

③建设工程用地许可证、建设工程规划许可证(核原件)。

④拆迁许可证或施工现场是否具备施工条件(在项目达到三通一平,规划手续齐全的时候,需要提前在建筑行业管理处办理开工报告)。

⑤施工、监理单位中标通知书。

⑥合同审查(提供资料:中标通知书、施工合同、监理合同原件复印件各十份)。

⑦建筑工程施工图设计文件审查合格书(需在审图中心审核盖章)。

⑧施工组织设计(施工组织设计方案报审表原件)。

⑨监理合同或建设单位工程技术人员情况。

⑩安全措施审查及安全报监手续(需提供安全监督申报书四份)。

⑪质量报监(需提供工程报建表、中标通知书、立项批准计划书、施工合同原件、监理合同原件、质监申报书四份、审图合格书复印件)。

⑫统计登记。

⑬建筑节能备案(报建部门:节能办;提供资料:民用建筑节能审查备案登记表四份、施工图建施、暖施部分、施工图审查报告、居住建筑热工计算书)。

⑭城水手续(审查工程给排水设计图纸、鉴定审批验收合同书三份)。

⑮人防手续(施工图审图报告、发改委核准批复、总平面规划图;如没有建造人防地下室,需缴纳人防异地建设费,商业30元/m^2、住宅15元/m^2)。

⑯需缴纳的费用如下。

劳保基金(中标通知书、建设单位缴纳工程总造价的3%);墙改基金(中标通知书、填写墙体材料登记表一式四份,缴纳金额为10元/m^2);散装基金(中标通知书、填写建设工程应用散装水泥审核表一式三份,缴纳金额为1元/m^2);农民工工资保证金(中标通知书、填写农民工工资保证金承诺书一式两份、甲乙双方各缴纳中标价的2%);安全防护、文明施工措施费(中标通知书、安全措施费收缴通知单、建设单位缴纳中标价的2.48%);保险手续(中标通知书、施工合同、由施工单位缴纳)。

⑰施工许可证的取得(提供建筑工程施工许可申请表一式三份及以上16项所办理的全部资料)。

(12)第十二阶段:《商品房预售许可证》的办理。

报建部门:房管局、物价局、物业办、供热办、民政局。

报建资料如下。

①国有土地使用权证或监管协议(需要银行、建设单位、房管局三方签署商品房预售款监管协议书)。

②房地产开发企业的资质证书、建设工程用地规划许可证、建设工程规划许可证、建筑工程施工许可证、发改委核准批复。

③商品房预售审批表(一式两份)。

④《住宅质量保证书》《住宅使用说明书》(需在住建局购买)。

⑤建设项目总平面图、预售商品房分层平面图(顶层带阁楼的须提交剖立面图)刻盘并复印成 A3 大小。

⑥《房地产开发项目手册》(一式两份)。

⑦商品房预售方案和楼盘表(需加盖公章)。

⑧地名命名申报表(报建部门:民政局窗口办理,需提供单位介绍信)。

⑨商品房销售价格备案表(报建部门:物价局)。包括项目申请报告、商品房价格审核填报表、商品房价格审核表和价格公示表。

⑩物业前期介入证明(报建部门:物业办)。

议标申请书(需提前向物业办申请物业公司确定申请书);前期物业服务合同备案。

提供资料:前期物业服务合同备案登记表、物业管理企业资质证复印件、建设工程规划许可证及规划总平面图复印件、前期物业服务合同、业主临时公约、物业服务方案、物业服务成本测算、中标通知书(或议标申请批复)。

供热入网协议(以项目开始报建时房管局批复的供暖方式为主,如改变供暖方式,需提前向物业办申请变更)。

物业管理前期介入证明申请表(提供资料:物业管理前期服务合同备案单、物业专项维修资金缴存开户备案单、供热入网协议)。

⑪商品房预售许可证的取得(提供商品房预售审批表一式两份及以上 10 项所办理的所有资料)。

8.1.4 施工许可证阶段

1.申请条件

在中华人民共和国境内从事各类房屋建筑及其附属设施的建造、装修装饰和与其配套的线路、管道、设备的安装,以及城镇市政基础设施工程的施工,建设单位在开工前应当依照本办法的规定,向工程所在地的县级以上地方人民政府住房城乡建设主管部门(以下简称发证机关)申请领取施工许可证。

工程投资额在 30 万元以下或者建筑面积在 300 m^2 以下的建筑工程,可以不申请办理施工许可证。省、自治区、直辖市人民政府住房城乡建设主管部门可以根据当地的实际情况,对限额进行调整,并报国务院住房城乡建设主管部门备案。

(1)依法应当办理用地批准手续的,已经办理该建筑工程用地批准手续。

(2)在城市、镇规划区的建筑工程,已经取得建设工程规划许可证。

(3)施工场地已经基本具备施工条件,需要征收房屋的,其进度符合施工要求。

(4)已经确定施工企业。按照规定应当招标的工程没有招标,应当公开招标的工程没有公开招标,或者肢解发包工程以及将工程发包给不具备相应资质条件的企业的,所确定的施工企业无效。

(5)有满足施工需要的技术资料,施工图设计文件已按规定审查合格。

(6)有保证工程质量和安全的具体措施。施工企业编制的施工组织设计中有根据建筑工程特点制定的相应质量、安全技术措施。建立工程质量安全责任制并落实到人。专业性较强的工程项目编制了专项质量、安全施工组织设计,并按照规定办理了工程质量、安全监督手续。

(7)按照规定应当委托监理的工程已委托监理。

(8)建设资金已经落实。建设工期不足一年的,到位资金原则上不得少于工程合同价的50%,建设工期超过一年的,到位资金原则上不得少于工程合同价的30%。建设单位应当提供本单位截至申请之日无拖欠工程款情形的承诺书或者能够表明其无拖欠工程款情形的其他材料,以及银行出具的到位资金证明,有条件的可以实行银行付款保函或者其他第三方担保。

(9)法律、行政法规规定的其他条件。县级以上地方人民政府住房城乡建设主管部门不得违反法律法规规定,增设办理施工许可证的其他条件。

3. 申请程序

(1)建设单位向发证机关领取《建筑工程施工许可证申请表》。

(2)建设单位持加盖单位及法定代表人印鉴的《建筑工程施工许可证申请表》,并附本办法第四条规定的证明文件,向发证机关提出申请。

(3)发证机关在收到建设单位报送的《建筑工程施工许可证申请表》和所附证明文件后,对于符合条件的,应当自收到申请之日起十五日内颁发施工许可证;对于证明文件不齐全或者失效的,应当当场或者五日内一次告知建设单位需要补正的全部内容,审批时间可以自证明文件补正齐全后作相应顺延;对于不符合条件的,应当自收到申请之日起十五日内书面通知建设单位,并说明理由。建筑工程在施工过程中,建设单位或者施工单位发生变更的,应当重新申请领取施工许可证。

8.1.5　预收许可阶段

商品房预售许可阶段,此阶段办理以下一般事项。

(1)由房地产管理部门办理预售登记,核发《商品房预售许可证》。

开发企业申请办理《商品房预售许可证》应当提交下列证件(复印件)及资料。

①已交付全部土地使用权出让金,取得土地使用权证书。

②持有建设工程规划许可证和施工许可证。

③按提供预售的商品房计算,投入开发建设的资金达到工程建设总投资的25%以上,

并已经确定施工进度和竣工交付日期。

(2)开发企业的《营业执照》和资质等级证书。

(3)工程施工合同。

(4)商品房预售方案。预售方案应当说明商品房的位置、装修标准、竣工交付日期、预售总面积、交付使用后的物业管理等内容,并应当附商品房预售总平面图、分层平面图。

8.1.6 竣工验收阶段

建设工程竣工综合验收备案阶段,此阶段办理以下一般事项。

(1)建筑工程质量监督站(机构)对建设单位提供的竣工验收报告进行备案审查。

(2)财政部门对建设项目应缴纳的行政事业性收费和基金进行核实验收。

(3)规划部门、市政部门、水利局、环保局、文化局、卫生局、公安消防支队、园林局以及其他需要参加验收的部门,按照法律、法规、规章的有关规定对相关专业内容和范围进行验收。规划部门根据上述部门和本部门验收情况核发《建设工程规划许可证》(正本)。

(4)建委综合各部门验收、审查意见,对符合审核标准和要求的,出具建设工程项目竣工综合验收备案证明;不符合标准或要求的,作退件处理并要求限期整改。

8.1.7 交楼办证阶段

根据国务院颁布的《城市房地产开发经营管理条例》规定,房地产开发项目竣工后,经验收合格方可交付使用,如今购房者接房时一定要查看三书一证一表,齐全后才能接房。三书是指《住宅质量保证书》《住宅使用说明书》《建筑工程质量认定书》。一证是指《房地产开发建设项目竣工综合验收合格证》;一表是指《竣工验收备案表》。"两书",即《住宅质量保证书》和《住宅使用说明书》。《住宅质量保证书》是开发企业对销售的商品住宅承担质量责任的法律文件,其应当按《住宅质量保证书》的约定,承担保修责任。同时市房产管理局要求开发企业在售楼处对项目的《商品房面积测绘技术报告书》(盖测绘队公章)进行公示。

8.2 房地产开发项目工程勘察

8.2.1 勘察工作的主要任务和目的

勘察、设计是房地产开发项目前期准备工作至关重要的一步,它是规划设计、基础设施建设及项目建设的基础。

工程勘察是指为满足工程建设的规划、设计、施工、运营及综合活动等方面的需要,对地形、地质及水文等状况进行测绘勘探、测试,并提供相应成果和资料的活动。岩土工程中的勘测、设计、处理、监测活动也属工程勘察范畴。勘察工作是设计前必须做好的准备工作，它是设计、施工的基础，是工程建设的先行工作。

根据工程性质、规模以及勘察地区的具体情况，因地制宜地采用科学的勘察手段和评价方法，在保证原始资料准确的基础上，如实反映勘察到的地质情况，提出明确的结论、建议和合理的评价，并从保护环境的角度，做好环境地质的评价。

勘察工作的主要任务是正确反映地形、地质情况，确保原始资料数据的准确性，结合实际地质情况和开发项目的具体要求，提出明确的评价、结论和建议；体现国家可持续发展的战略，做好环境地质的评价工作。

勘察工作的目的就是为设计、施工提供精确的原始资料、数据，使设计、施工工作得以顺利进行，在保证开发项目结构安全、质量优良的前提下，最大限度地节省投资，降低造价，为项目开发创造良好的经济效益。

8.2.2　工程勘察对房地产开发项目的主要作用

工程勘察对房地产开发项目的作用主要体现在以下几方面。

(1)为房地产开发项目的选址、规划、设计、施工、综合治理等许多工作提供基础资料和依据。

(2)在房地产项目建设诸重要环节中居先行地位。由于工程建设必须坚持先勘察、再设计、后施工的原则，所以，没有符合要求的工程勘察结果是不能选定建设地点，不能开展设计，更不能进行施工的。

(3)为准确估计房地产投资奠定基础。地下设施工程和地基基础工程是房地产开发项目的重要组成部分，它们的工程量大小和施工难易程度，都是与工程地质情况密切相关的。所以，这部分投资的多少都是需要结合工程勘察成果来估算的。对于房地产开发项目的工程勘察工作，房地产开发企业都是通过委托和发包的方式，交由专业工程勘察单位来完成的。

8.2.3　勘察过程的分类与勘察工作的主要程序

1. 勘察过程的分类

房地产开发项目的工程勘察，其工作阶段的划分，应与规划、设计、施工阶段的划分相适应。一般分为现场勘察、初步勘察、详细勘察、施工勘察四个阶段。

由于勘察数据用途不同，可将勘察过程分为以下几类。

(1)现场勘察。其任务是通过现场调查、测绘、勘探和资料分析，对工程地质的稳定性和适应性做出评价，并编制出1∶5 000的反映地形地貌的地形图，为选址定点提供可靠的地质资料。这类勘察亦称为资料分析。开发商一般可通过规划部门的地形图获知。

(2)初步勘察。初步勘察一般在选择场址勘察之后进行。其任务是适应初步设计(或扩大初步设计)的需要，针对场地内建设地段的稳定性，是否适宜建设做出地质评价，做出进一步评价，并提交1∶2 000的地形图，为建筑总平面图布置、主要地基基础设计方案以及不良地质现象的防治工程方案等提供工程地质资料。

(3)详细勘察。详细勘察是在初步勘察的基础上对建筑场地进行进一步勘察，做出工程地质详细评价，并绘制 1∶1 000 的地形图，为地基基础设计、地基处理与加固以及不良地质现象的防治工程等提供工程地质资料。

(4)施工勘察。其主要任务是对大型或地质条件复杂的工程，做好施工阶段的勘察配合、地质编录和勘察资料验收等工作。如发现有影响设计的地质、地形问题，应进行补充勘察。多数开发项目都不会进行施工勘察，只有在地质比较复杂、工程要求高的情况下，对与施工有关的工程地质问题进行勘察，为制定施工方案提供相应的工程地质资料。

2. 勘察工作的主要程序

各阶段工程勘察工作一般按下列程序进行。

(1)承接勘察任务，签订工程勘察合同。

(2)搜集已有资料，包括与该区相邻地质资料，以备校核。

(3)现场踏勘，编制勘察纲要。

(4)出工前的准备。

(5)野外调查、测绘、勘探。

(6)试验、整理数据、分析资料。

(7)编制图样及勘察报告。

8.2.4 勘察工作的具体内容

工程勘察工作要完成许多内容，主要有以下五方面。

1. 地形测量

依据国家相关规范、标准、规定，使用测量工具，运用测量方法，将地表面上的各种地形沿铅垂方向投影到水平面上，按一定比例尺缩小绘制成图，称之为地形图。地形图的绘制是地形测量中的重要组成部分。地形测量的范围应包括整个建筑工地及全部有关的重要地段。在地形测量中，要特别注意搜集区域地质、地形、地貌、地震、矿产及附近地区的工程地质资料，并进行全面分析，最好能够从以往的工程施工中汲取经验和教训，以便及早采取相应措施。

2. 工程勘察

地质钻探、挖探槽是工程地质勘察常用的两种方式。通过这两种方式，可以查明建筑场地的土质、构造、地层和地基的承载能力及稳定性状况、岩石的性质、土壤的性质、地下水、地基承载力、地基稳定性等方面的情况。为开发项目的总体规划和建筑物地基基础设计及管网规划提供依据。

3. 地下水、地表水的勘探

在施工前，必须查明地下水在不同时期的水位变化、流动方向，水的化学成分，能否与混凝土发生化学反应，是否会引起钢筋锈蚀，以及地层的透水性，以确定施工方案。同时也应搜集附近河流、湖海的水系、流量、水位等资料，为在夏季施工时的防洪排水提供依据。

4. 气象调查

气象调查是因地区不同、季节变化而会有大相径庭的结果的。其内容应该包括空气的湿度、温度及风向、风力、雨雪、不冻季节长短、土壤冻结厚度等资料，为规划、设计、施工提供依据。

8.2.5　房地产开发企业对工程勘察工作的管理

房地产开发企业在委托有资格的勘察单位进行工程勘察过程中，应主要做好以下管理工作。

1. 树立重视工程勘察工作的观念

房地产开发企业的全体成员都必须清楚地认识到：工程勘察资料是房地产开发一切工作的基础依据。没有足够充分的勘察资料，选址、规划、设计、施工等许多关键工作都无法进行。如果不考虑工程勘察资料而盲目进行，也必定会受到挫折，甚至造成重大损失。

2. 选择好的工程勘察单位

建设工程勘察应当依照《招标投标法》的规定，实行招标发包。要选择信誉好、工程勘察能力强、收费经济合理、能按时按质交付勘察成果的工程勘察单位，委托其进行工程勘察工作。

3. 签订好工程勘察合同

通过工程勘察合同的签订，明确双方权利义务关系以及违约责任，约束对方按协议条款履行义务，从而保证满足房地产开发过程中各项工作对工程勘察资料的要求。

4. 督促协助勘察单位开展工程勘察工作

房地产开发企业不应该签订合同后就撒手不管，还应该督促并协助勘察单位按协议要求开展工作，以保证开展其他房地产工作不会因工程勘察问题而耽搁。

5. 亲自到现场踏勘

虽然工程勘察工作委托勘察单位去完成，但是房地产开发企业的有关人员必须亲自到现场进行踏勘，以便对开发地块有一个完整真实的认识和掌握。

8.3　房地产开发项目工程设计

工程设计是指运用工程技术理论及技术经济方法，按照现行技术标准，对新建、扩建、改建项目的工艺、土建工程、公用设施、环境保护等进行综合性设计及技术经济分析，并提供作为建设依据的设计文件和图纸的活动。

开发商一般以各种方式参与设计工作的全过程，同时把自己的精神和理念贯彻于设计之中，因而设计工作是房地产开发成果“具体化”和“形象化”最为重要的步骤。设计工作一般通过委托或招标等方式选择技术力量雄厚、设计质量优良的设计单位来完成。

8.3.1 设计工作的原则和依据

1. 设计工作的原则

(1)要遵守国家的法律、法规,贯彻执行国家经济建设的方针、政策和基本建设程序,特别应贯彻执行提高经济效益和促进技术进步的方针。

(2)要采取节约能源的措施,对北方需要供暖设施的开发项目要提倡区域性供热,重视余热利用。

(3)应积极改进工艺,采用行之有效的技术措施,防止各种有害因素对环境的污染,并进行综合治理和利用,使设计符合国家规定的标准。

(4)开发项目的选址必须因地制宜,提高土地利用率。应尽量利用荒地、劣地,不占或少占耕地。总平面图的布置要紧凑合理。

(5)引进国外先进技术必须符合我国国情,着眼于提高国内技术水平和制造能力。凡引进技术、进口关键设备能满足需要的,就不应引进成套项目;凡能自行设计或合作设计的,就不应委托或单独依靠国外设计。

(6)要坚持经济适用、美观实用并保证安全的原则。

(7)要合理设计户型、日照间距、外立面等居民密切关心的内容,以有利于将来开发物业的出租出售。

2. 工程设计的依据

进行工程设计、编制设计文件应当以下列规定为依据:项目批准文件、城市规划、工程建设强制性标准和国家规定的建设工程勘察、设计深度要求。在有条件的情况下,设计单位应该积极参与项目建议书的编制、建设地址的选择、建设规划的制定及试验研究等设计的前期工作。对重点项目,在项目建议书批准前,可根据长远规划的要求进行必要的资源调查、工程地质和水文勘察、经济调查和多种方案的技术经济比较等方面的工作,从中了解和掌握有关情况,收集必要的设计基础资料,为编制设计文件做好准备。

8.3.2 工程设计阶段和内容

1. 工程设计阶段

工程设计的阶段可根据建设项目的复杂程度而决定。一般建设项目的设计可按初步设计和施工图设计两个阶段进行。技术上复杂的建设项目,可增加技术设计阶段,即按初步设计、技术设计、施工图设计三个阶段进行。设计各阶段内容及深度如下。

(1)初步设计。初步设计一般应包括以下文字说明和图样:设计依据、设计指导思想、产品方案、各类资源的用量和来源、主要建筑物和构筑物、公用及辅助设施、新技术采用情况、外部协作条件、占地面积和土地利用情况、综合利用和“三废”治理、抗震和人防措施、各项技术经济指标、建设顺序和期限、总概算等。初步设计的深度应满足以下要求:设计方案的比较选择和确定、主要设备和材料的订货、土地征用、基建投资的控制、施工图设计的编制、施工组织设计的编制、施工准备等。

(2)技术设计。技术设计的内容,由有关部门根据工程的特点和需要自行制定。其深度应能满足确定设计方案中重大技术问题和有关实验、设备制造等方面的要求。

(3)施工图设计。施工图设计应根据已获批准的初步设计进行。其深度应能满足以下要求:设备、材料的安排和非标准设备的制作、施工图预算的编制、施工要求等。

2.工程设计工作的基本内容

(1)总体设计。总体设计一般由文字说明和图样两部分组成。其内容包括:建设规模、产品方案、主要建筑物及构筑物、公用和辅助工程、“三废”治理及环境保护方案。占地面积估计、总图布置、工程进度和配合要求、投资估算等。

(2)单体设计。单体设计应该在总体设计的指导下,以统一规划为前提,对建筑物的立面造型、使用功能、装饰装修等方面进行具体的设计。其内容包括建筑层数、层高、户型、各种管线及通道走向、建筑物外立面颜色、玻璃幕墙的选择应用等。单体设计要在可能的条件下注意美观的原则。

(3)建筑构造设计。建筑材料的选择、建筑结构形式等都属于构造设计。以住宅建筑工业化体系为例,其结构形式大致可分为三大类。

第一类是全装配式结构,包括大板建筑、砌块建筑、预制框架轻板建筑和盒子结构建筑等。这种结构的优点是工业化程度高,施工速度快,受季节影响小,有利于利用工业废料;它的缺点也很明显,主要是一次投资量大,运费高,造价也高。

第二类是大模结构,包括大模板、滑模、隧道模和升板等建筑结构。整体性好、工艺灵活、节省运费是这种结构的优点。其缺点是钢筋、水泥用量较多,造价较高。

第三类是装配式整体结构,包括内浇外砌、内浇外挂和“一模三板”等建筑结构。这种结构整体性好,造价也较低,适应性强,能因地制宜,且可与大模板结合,为各城市所乐于采用。

(4)抗震设防。地震烈度为6度及6度以上地区和今后有可能发生破坏性地震地区的所有新建、改建、扩建工程都必须进行抗震设防。工程项目的设计文件应有抗震设防的内容,包括设防的依据、设防的标准、方案论证等。工程勘察、设计单位应按规定的业务范围承担工程项目的抗震设计,严格遵守现行抗震设计和规范的有关规定。新建工程采用新技术、新材料和新结构体系,均应通过相应级别的抗震性能鉴定,符合抗震要求,方可采用。

8.4 房地产开发项目招投标与合同管理

8.4.1 招标投标的概念和方式

1.招标投标的基本概念

招标投标是一种市场交易行为,是商品经济发展到一定阶段的产物。房地产开发项目的招投标则是指房地产开发商设定“开发项目建设”这一标的,招请若干个承建单位进行秘密报价竞争，由开发商从中选择优胜者，并与之达成协议，签订合同，按合同实施。

开发商通过招标方式发包工程，其目的在于选择“适当”的承建单位。因而开发商在招标时必须考虑投标单位的技术实力、经济实力、管理经验、效率的高低、价格是否合理、信誉是否良好。对于众多的投标者，开发商只能按照一定标准，如技术先进、质量最佳、工期最短、造价最低等方面选择中标者，再把建设工程发包给中标者。

为了真正选择到合适的单位承包建设项目，开发商在招标之前应制定统一的招标文件，以确定统一条件，保证投标者能够在平等的基础上竞争。这些招标文件包括设计图纸、工程数量、技术规范要求、合同条件等。所有参加投标的承包商都在同一限制条件下公平竞争，都按照规定的招标文件投标，以便开发商进行对比分析，做出公平合理的评价。

需要说明的是，招标投标是开发商与承建单位双方的事，双方必须坚持自愿、公平、等价、有偿的原则，诚实守信，讲求职业道德。双方行为不仅受到法律制约，同时还受到法律保护。

在项目建设阶段，除了工程施工可以通过招标发包外，其他内容如项目设计、设备供应均可通过招标发包，甚至可以通过招标由资质较好的单位总承包，亦即所谓“交钥匙工程”。

2. 开发项目招标方式

在国际市场上，招标方式主要有公开招标、邀请招标和议标三种。我国《招标投标法》则规定，招标的方式只有两种，即公开招标和邀请招标。开发商可结合项目的建设规模、复杂程度等具体情况选择其中某种方式。

(1)公开招标。公开招标是指开发商本身或其委托招标单位，通过海报、报刊、广播、电视等手段，在一定范围内(如全市、全国，对于大项目甚至可在全世界)公开发布招标公告，或直接将招标通告寄给具有投标潜力的某些企业，以招揽具备相应条件而又愿意参加的一切单位前来投标。

公开招标使开发商有较大的选择范围，开发商可以在众多的投标单位之间选择报价合理。工期短、信誉良好的承包商，同其达成承包合同，将工程委托其负责完成。这种公开竞争的方式会促使承包商努力提高开发项目的建设质量，缩短工期并降低成本造价。

公开招标通常适用于工程项目规模较大、建设周期较长、技术复杂的开发项目建设。此时开发商不易掌握确定的造价和控制工期，因而可以通过公开招标方式，从中选择提供合理标价和较短工期的单位作为承包单位。

开发商在公开招标时，应在招标文件中规定开标日期、时间和地点，并在评标委员会和投标人在场的情况下当众开标。开标后，各投标人的报价和投标文件的有效性均应公布，并由开发商或委托招标单位负责人在承包商的每份标书上的报价总表上签字，从此时到授标前任何人不得修改报价。

公开招标应遵循规定的程序(程序将在下文详细叙述)。开发商的评标准则应当公开合理。在评标期间，开发商与评标组织可以要求投标人回答或澄清某些含糊不清的问题，但不能要求投标者调整报价。开发商若希望调整价格，只能在评选出中标者后，在议标和签订合同时，通过双方协商，适当调整最后的合同价。

按常规，开发商公开招标项目应授标给最低报价者，除非该最低报价者的标价是不合理的或根本无法实现的。

总之，公开招标是目前建筑市场所通行应大力推行的招投标方式。开发商应尽量采用该方式发包开发项目的建设任务。

尽管公开招标可以在较大范围内选择最有竞争力的承包商，但由于申请投标人较多，资格审查、评标的工作量都较大，所以公开招标需要经历的时间较长，招标支出费用也较高。

(2)邀请招标。邀请招标是指招标人以投标邀请书的方式邀请特定的法人或者其他组织投标。也称选择性招标，是由开发商或其委托的招标代理机构向所信任的，具有相应资格的承包商发送招标通知书或招标邀请函，要求其参加开发项目建设投标竞争的一种发包方式。邀请招标是非公开招标方式的一种。被邀请参加投标的单位通常在三个以上。

开发商或其委托招标单位可以在自己熟悉的承包商之间进行选择，或者在一定范围发布通知，邀请承包商报名，经过资格预审后再选定邀请对象。

采用邀请招标方式，由于被邀请参加竞争的投标单位有限，开发商不仅可以节省招标费用，而且可以提高招投标工作的效率，节省时间。但是这种招标方式限制了竞争范围，把许多可能的竞争者排除在外，这样也就缩小了开发商的选择余地。

邀请招标方式一般适用于那些工程性质比较特殊，要求有专门经验的技术人员和专用技术，只有少数承包商能够胜任的建设项目。或者是公开招标的结果未产生出中标单位，以及由于工期紧迫或保密的要求等原因而不宜公开招标的建设工程。

一般的房地产开发项目都不是上述类型的工程，所以开发商较少采用"邀请招标"方式。

(3)议标。议标，也称谈判招标或指定招标。它是由业主直接选定一家或几家承包商进行协商谈判，确定承包条件与标价的方式。它的特点是节约时间，容易达成协议，迅速开展工作，但无法获得有竞争力的报价。该方式适用于工期紧、工程总价较低、专业性强的工程，或业主与某些承包商是长期合作伙伴关系，有良好的合作基础。我国《招标投标法》排除了议标的方式，对房地产这类涉及公共利益、公众安全的项目必须采用公开或邀请招标的方式选择承包商。

8.4.2　招标程序

招标是开发商选择建筑商(承包商)并与其签订合同的过程，而投标则是投标人力争获得实施合同的竞争过程，招标人和投标人均需遵循招投标法律和法规的规定进行招标投标活动。按照招标人和投标人参与程度，可将招标过程粗略划分成招标准备阶段、资格预审阶段、招标投标阶段和决标成交阶段。

1. 招标准备

招标准备阶段的工作由招标人单独完成，投标人不参与。主要工作包括以下几方面。

(1)选择招标方式。首先，根据工程特点和招标人的管理能力确定发包范围。其次，依据工程建设总进度计划确定开发项目建设过程中的招标次数和每次招标的工作内容。

再次，按每次招标前准备工作的完成情况、选择合同的计价方式。最后，依据工程项目的特点，招标前准备工作的完成情况、合同类型等因素的影响程度，最终确定招标方式。

(2)办理招标备案。如果房地产开发项目列入了城市年度开工计划，开发商获得了土地使用权，领取了建设用地许可证和建设工程规划许可证，完成了房屋征收工作，施工现场具备了"三通一平"或"七通一平"的建设条件，并且施工图纸齐备，资金和主要建筑材料已落实，开发商即可向当地建设主管部门办理建设工程开工审批手续。

招标人向建设行政主管部门办理申请招标手续。招标备案文件应说明：招标工作范围，招标方式，计划工期，对投标人的资质要求，招标项目的前期准备工作的完成情况，自行招标还是委托代理招标等内容。获得认可后才可以开展招标工作。

(3)编制招标有关文件。招标准备阶段应编制好招标过程中可能涉及的有关文件，保证招标活动的正常进行。这些文件大致包括：招标广告、资格预审文件、招标文件、合同协议书以及资格预审和评标的方法。

当开发商的招标申请获得批准后，即应着手准备招标文件。招标文件是开发商向投标人介绍工程情况和招标条件的重要文件，也是签订工程承包合同的基础。招标人应当根据招标项目的特点和需要编制招标文件。招标文件应包括：工程综合说明，招标方式及对发包单位的要求，招标项目的技术要求，钢材、木材、水泥及其他主要材料(包括特殊材料)与设备的供应方式，工程款支付方式及预付款的百分比，合同条件和合同文本，投标须知，招标人认为应向投标人明确的问题，招标文件附件、对投标人资格审查的标准、投标报价要求和评标标准等所有实质性要求和条件以及拟签订合同的主要条款。

(4)编制招标工程标底。编制标底是开发商招标的一项重要准备工作。标底是招标工程的预期价格，是审核投标报价、评价、决标的重要依据之一。通过制定标底，使开发商预先明确自己在拟建工程中应承担的财务义务，从而安排资金计划。

招标工程的标底可由开发商邀请有资格的概预算人员编制，亦可委托有营业执照的招标代理机构代编，并在编制招标文件的同时进行。

(5)确定招标方式，发布招标公告或邀请投标函。招标文件编制好后，即可决定采取何种招标方式，并在招标申请书中提出，经当地招标管理部门批准后实施。开发商根据所批准的形式，发出投标公告或邀请投标函。

采取公开招标方式时，招标人应当发布招标公告。开发商可视工程性质和规模，通过国家指定的报刊、信息网络或者其他媒介发布招标公告。招标公告应当载明招标人的名称和地址，招标项目的性质、数量、实施地点和时间以及获取招标文件的办法等事项。

招标人采用邀请招标方式时，应当向三个以上具备承担招标项目的能力、资信良好的特定的法人或者其他组织发出投标邀请书。

2.对投标人进行资格预审

对投标人进行资格预审的主要目的是了解投标者的经历和过去履行类似合同的情况，人员、设备、施工方面的能力，财务状况，以确定有资格的企业名单，淘汰不合格的投标者，减少评标阶段的工作时间和评审费用，排除将合同授予不合格的投标者的风险，还要保证招标具有一定的竞争性，为业主选择一个优秀的投标者打下良好的基础。同时，还可以为不合格的投标者节约购买招标文件、现场考察及投标等费用。

资格预审的程序包括业主方编制资格预审文件，通过刊登广告等方式邀请承包商参加资格预审，向承包商出售资格预审文件，承包商填写资格预审文件并送交业主方，由业主方对所有的资格预审文件进行审查，最后确定通过资格预审的企业，并通知所有的申请人。

业主进行资格预审的根本目的是想寻找有资格、有能力的投标人，以顺利实现自己的项目目标。因此资格预审主要从以下几方面对投标者资格能力进行判断。

(1)财务状况。投标者的财务状况将依据资格预审申请文件中提交的财务报表以及银行开具的资金情况报告来判断。其中特别需要考虑的是承担新工程所需财务能力、未完工程合同的数量及其目前的进度，投标者必须有足够的资金承担新的工程。

(2)施工经验与过去履约情况。投标者应提供在过去几年中，所完成的相似类型和规模以及复杂程度相当的工程项目的施工情况。此外，资格预审时还要考虑投标者过去的履约情况。

(3)人员情况。投标者应认真填写拟选派的主要工地管理人员、技术人员以及监督人员的姓名与有关资料供审查。投标者不能派出有足够经验的人员将导致其资格审查不合格。

(4)施工设备。参加资格预审的投标者应清楚地填写拟用于该项目的主要施工设备，设备的类型应适合工程项目的具体情况，数量和能力应满足工程项目施工的需要。

3.招标阶段的主要工作内容

(1)招标文件的发售。招标人根据招标项目特点和需要编制招标文件。它是投标人编制投标文件和报价的依据，因此应当包括招标项目的所有实质性要求和条件。招标文件应对有资格的投标人进行发售活动。招标文件通常分为投标须知、合同条件、技术规范、图纸和技术资料、工程量清单几大部分内容。

(2)现场考察。招标人在投标须知规定的时间组织投标人自费进行现场考察。设置此程序的目的，一方面让投标人了解工程项目的现场情况、自然条件、施工条件及周围环境条件，以便于编制投标书；另一方面也是要求投标人通过自己的实地考察确定投标的原则和策略，避免合同履行过程中投标人以不了解现场情况为理由推卸应承担的合同责任。

(3)解答投标人的质疑。投标人研究招标文件和现场考察后会以书面形式提出某些质疑问题，招标人应及时给予书面解答。招标人对任何一位投标人所提问题的回答，必须发送给每一位投标人保证招标的公开和公平，但不必说明问题的来源。回答函件作为招标文件的组成部分，如果书面解答的问题与招标文件中的规定不一致，以函件的解答为准。

4.决标成交阶段的主要工作内容

从开标日到签订合同这一期间称为决标成交阶段，是对各投标书进行评审比较。最终确定中标人的过程。

(1)开标。公开招标和邀请招标均应举行开标会议，体现招标的公平、公正和公开原则。在投标须知规定的时间和地点由招标人主持开标会议，所有投标人均应参加，并邀请项目建设有关部门代表出席。开标时，由投标人或其推选的代表检验投标文件的密封情况。确认无误后，工作人员当众拆封，宣读投标人名称、投标价格和投标文件的其他主要内容。所有在投标致函中提出的附加条件、补充声明、优惠条件、替代方案等均应宣读，如果有标底也应公布。开标过程应当记录，并存档备查。开标后，任何投标人都不允许更改投标书的内容和报价，也不允许再增加优惠条件。投标书经启封后不得再更改招标文件中说明的评标、定标办法。

(2)评标。评标是对各投标书优劣的比较，以便最终确定中标人，由评标委员会负责评标工作。

评标委员会由招标人的代表和有关技术、经济等方面的专家组成，成员人数为5人以上单数，其中招标人以外的专家不得少于成员总数的2/3。专家人选应来自于国务院有关部门或省、自治区、直辖市政府有关部门提供的专家名册，或从招标代理机构的专家库中以随机抽取方式确定。与投标人有利害关系的人不得进入评标委员会，已经进入的应当更换，保证评标的公平和公正。

详评通常分为两个步骤进行。首先对各投标书进行技术和商务方面的审查。评定其合理性，以及若将合同授予该投标人在履行过程中可能给招标人带来的风险。评标委员会认为必要时可以单独约请投标人对标书中含义不明确的内容作必要的澄清或说明，但澄清或说明不得超出投标文件的范围或改变投标文件的实质性内容。澄清内容也要整理成文字材料，作为投标书的组成部分。在对标书审查的基础上，评标委员会依据评标规则量化比较各投标书的优劣，并编写评标报告。

由于工程项目的规模不同、各类招标的标的不同，评审方法可以分为定性评审和定量评审两大类。对于标的额较小的中小型工程评标可以采用定性比较的专家评议法，评标委员会对招标工作范围或招标文件的有关内容做出实质性修改后重新进行招标。

(3)定标程序。确定中标人前，招标人不得与投标人就投标价格、投标方案等实质性内容进行谈判。招标人应该根据评标委员会提出的评标报告和推荐的中标候选人确定中标人，也可以授权评标委员会直接确定中标人。中标人确定后，招标人向中标人发出中标通知书，同时将中标结果通知未中标的投标人并退还他们的投标保证金或保函。中标通知书对招标人和中标人具有法律效力，招标人改变中标结果或中标人拒绝签订合同的应承担相应的法律责任。

中标通知书发出后的30天内，双方应按照招标文件和投标文件订立书面合同，不得做实质性修改。招标人不得向中标人提出任何不合理要求作为订立合同的条件，双方也不得私下订立背离合同实质性内容的协议。

招标人确定中标人后15天内，应向有关行政监督部门提交招标投标情况的书面报告。

8.4.3 房地产开发项目建设工程合同

1.合同形式

建设工程合同是开发商(发包方)与承建单位(承包方)为了完成一定的建设工程任务而签订的一项旨在明确双方权利和义务的有法律效力的协议。建设工程合同的形式和类别非常多，不同种类的合同，有不同的应用条件，有不同的权利和责任的分配，有不同的合同风险。

(1)按计价方式不同划分。按计价方式不同划分,承包合同有三类:总价合同、单价合同和成本加酬金合同。总价合同分为固定总价合同和可调总价合同。

固定总价合同。就是按照商定的总价签订的承包合同。它的特点是以图纸和工程说明书为依据,明确承包内容和计算标价,并一笔包死。在合同执行过程中,除非开发商要求变更原定承包内容或者设计图纸,承包商一般不得要求变更包价。固定总价合同发包方式,对开发商而言,由于操作较为简单,因而是受欢迎的。对承包人而言,如果设计图纸和技术说明书相当详细,市场上材料价格稳定,并能据此比较精确地推算造价,则这种承包方式也是可以接受的。但是,由于固定总价合同对图纸和说明书不够详细,或因工程量、设备、材料价格、工资等变动和气候条件恶劣等原因引起费用增加或减少,合同双方都不得提出对合同总价调整的要求,这就意味着承包人要承担实物工程量变化、单价变化等因素带来的风险。因此承包人必然会在投标时对可能发生的造成费用上升的各种因素进行估计并包含在投标报价中,在报价中加大不可预见费。这样,往往会导致合同价更高,并不能真正降低工程造价,这最终对开发商是不利的。针对这种情况,房地产承包合同大多采用可调总价合同。

可调总价合同。可调总价合同是在固定总价合同中增加一些必要的条款,由开发商分担建设期的部分风险,从而降低承包人的不可预见费用,使总包价下降。这样做对开发商与建设工程承包人双方都是非常有利的。增价条款的种类很多,可按日计价的增价条款、重大增价的调整条款、延期增价条款。一般情况下,不采用第一种增价条款,因为按照该条款,开发商承担风险过多,而采用"重大增价的调整条款"和"延期增价条款"较好。需要说明的是,订立增价条款确实是增加了开发商所承担的风险,但承担风险是有回报的,此时开发商可以要求承包人削减不可预见费用,从而降低总包价。若开发商对工程建设中的不可预见因素把握良好,则订立增价条款是合适的,也是有益的。

单价合同是当准备发包的工程项目的内容和设计指标暂时不能十分确定,或是工程量可能出入较大,则采用单价合同形式为宜。这样可以避免由于工程量的不精确,而使得合同任一方承担过大的风险。单价合同又分为估算工程量单价合同、纯单价合同、单价与包干混合式合同。对业主方而言,单价合同的主要优点是可以减少招标准备工作,缩短招标准备时间,能鼓励承包人通过提高工效等手段从成本节约中提高利润,业主只按工程量表的项目开支,可减少意外开支,只需对少量遗漏的项目在执行合同过程中再报价,结算程序比较简单。但业主方存在的风险在于工程的总造价直到工程结束前都是个未知数,特别是当设计师对工程量的估算偏低,或是遇到了一个有经验的善于运用不平衡报价的承包人时,风险就会更大,因而设计师比较正确地估算工程量和减少项目实施中的变更可为业主避免大量的风险。对承包人而言,这种合同避免了总价合同中的许多风险因素,比总价合同风险小。

成本加酬金合同的基本特点是:按工程实际发生的成本(包括人工费、材料费、施工机械使用费、其他直接费和施工管理费及各项独立费,但不包括承包人的总管理费和应缴所得税),加上商定的总管理费和利润来确定总包价。这种合同方式主要适用于开工前对工程内容尚不十分清楚的情况,如边设计边施工的紧急工程或较为特殊的开发项目。成本加酬金的具体做法有成本加固定百分数酬金、成本加固定酬金、成本加浮动酬金。

(2)按照合同所包括的工程范围及承包关系的不同划分。如果开发项目较大,则承建单位往往不止一个。开发商可采取总包合同形式(由总承包人负责分包),或者由开发商直接发包的专业承包式。如果工程项目较小,则开发商可采用独立承包的合同方式发包。

总承包合同是指一个建设项目的全过程或某个阶段的全部工作由一个承包人负责组织实施,据此签订的合同称为总包合同。在这种情况下,由总承包人负责将若干专业工作分包给专业承包单位,并统一协调和监督他们的工作。在一般情况下,开发商只与总承包人直接联系而与各分包商不发生直接联系,这种总包合同形式便于开发商对项目建设进行管理和监督,降低工作量,有利于减少现场管理人员。在总承包条件下,分包商可由开发商指定或由总承包人自行选择,但最终均需与总承包人签订分包合同。

开发商直接发包的专业承包合同。这种方式是指在同一开发项目上,开发商直接把工程分包给各承包人,并由此签订正式合同。在这种情况下,开发商直接与各承包人联系,现场协调工作较为复杂。若开发商工作人员较多且具备此能力,则可由开发商自行负责,否则这样的合同管理模式对开发商是极为不利的,大量的协调管理工作会带来大量的索赔。

独立承包合同。当开发项目规模较小,技术要求较为简单时,则开发商可将开发项目的建设任务发包给一家承包人独立完成。这种承包方式对开发商的管理工作是有利的。

(3)按照是否包料划分

在房地产开发项目建设过程中,由于开发项目的性质不同,材料供应由谁来负责也决定了合同类型的不同。

包工包料合同指由承包人负责施工所用的全部人工和材料设备。通常情况下,这种方式是较为普遍的。

包工部分包料合同是指承包人只负责施工的全部人工和一部分材料,其余部分由开发商自己提供。如果开发项目的建造标准很高,如星级宾馆、高级公寓等,部分材料与配套设备需要进口,则这些材料和设备可由开发商自行负责提供,其余普通材料可由承包人负责提供。外商在国内开发房地产项目时往往采取这种方式。

包工不包料合同,也即劳务合同。即承包人仅提供劳务而不提供任何建筑材料,所有建筑材料均由开发商自行解决。这种合同方式在房地产开发建设中很少使用。

房地产开发项目建设的发包合同方式是多种多样的,房地产开发商应结合项目的具体特点选择采用。

2.房地产开发项目承包合同的一般条款

有关房地产开发商与建设项目承包人之间的权利义务关系的一般合同条款如下所述。

(1)一般义务。一般义务条款主要是笼统地规定承包人应承担的职责。具体内容包括:承包人责任、履约保函、工程应使工地监理人员满意、承包人应提交总进度计划、竣工时的现场清理。

(2)合同文件管理。合同图纸、投标书和合同条款,承包人和监理人各持一份,以备随时查阅。

开发商应向承包人免费提供合同条文、标书，两份合同图纸及两份规范，另外还需提供两份补充大样图。建筑工程完工后上述图纸及文件都应交还开发商。

(3)材料及设备供应。材料及设备若是由开发商自行提供，则应在合同中规定供货时间，以便承包人安排施工进度计划。

若材料及设备由承包人提供则应规定：一切材料和设备均应是合同中所规定的相应规格、等级、品质。承包人在购买材料与设备之前应按照工程监理人员的要求，在制造加工地点、现场或在合同可能规定的地点进行检验。对于材料，亦可提供样品，以供检验。提供样品的费用及检验费用由哪一方承担，应在合同中明确规定。

(4)开工、竣工时间及工期。合同中应明确规定开工及竣工时间及相应的工期。

工程的开工。承包人在接到开发商或其监理工程师有关开工的书面命令后，应在合同规定的期限内，在现场开工，并且应迅速且毫不拖延地继续施工。

竣工期限的延长。如果由于任何种类的额外或附加工程量，或者是由于合同中规定的原因，以及异常的恶劣气候条件、其他特殊情况造成竣工期限的拖延，则监理工程师应批准并确定该项目延长期限，并通知开发商和承包人。

施工进度。如果工程实际进度落后于计划进度，不能在预定的工程竣工期限内完工时，则承包人应采取必要的措施，以便加快工程的施工进度，使工程能在预定的工期内竣工。此时，承包人无权要求增加为采取这些措施而支付的附加费用。

(5)变更与增减。在合同中应规定变更和增减的项目及处理办法。

开发商或其委托监理工程师认为有必要，可以对工程或其任何部分的形式、质量或数量做出变更。这些变更包括：一是增加或减少合同中所包括的工作数量；二是削减任何这类工作；三是改变任何这类工作的性质或质量及种类；四是改变工程任何部分的标高、基线、位置和尺寸；五是完成工程竣工所必要的某些附加工作。

对于额外或追加的工作，或已取消的工作，应以合同中规定的单价予以估价。如果合同中未规定用于该项额外或追加工作的单价应由合同双方协商确定。

(6)转让与分包。建设工程承包合同一般不允许转让。建设项目的分包也需经开发商同意。分包人可由开展商指定、推荐，或者由总包人自己选定。

(7)竣工验收与维修。竣工工程验收应以国家颁布的施工验收规范、质量检验标准及施工图为依据。在验收时，承包人应提供隐蔽工程验收记录、中间交工验收记录及竣工图纸。当项目验收后，由开发商签发工程竣工证书。

合同中还需规定维修期。维修期一般从竣工证书签发之日起算。在合同规定的维修期内，如果工程出现缺陷，则承包人应负责修复。如果该缺陷被判定是由于承包人所采用的材料、施工工艺不符合合同要求，或由于承包人的疏忽造成的，则由承包人承担此项维修费用。如果该缺陷是由于其他原因造成的，那么对维修费用应进行核实，并作为附加工作予以付款。

(8)支付方式。工程款的支付一般按时间大致划分为预付款、工程进度款、最终付款和退还保留金四个阶段。

预付款。预付款用来支付承包人初期费用。支付时间一般在签订正式承包合同后的一个限定时间内，由承包人提供一笔相当数额的履约保函之后，开发商即可支付现款。预付款也可用初期动员费替代。预付款一般在以后的工程进度中扣除,但扣除的进度可协商确定,并载入合同。预付款也可以按月等分扣回。

工程进度付款。工程进度付款随着工程的实施按月支付。工程进度款包括当月完工的工程价款,若还需包括运到现场的合格材料与设备,则应在合同中明确规定。如果是固定总价合同,工程进度款可按完工工程占工程全部的百分比予以支付。若是固定单价合同,则应按已完成的单位工程数量和单价计算支付。如果是成本加酬金合同,可按发生的直接费用加规定的百分比的管理费和利润支付。承包人月末编报每月的工程进度付款单,并经监理工程师认可后方能得到进度款。

最终付款。最终付款是指工程完工的结算付款。当工程竣工并签发竣工证书后,开发商应付清全部工程合同价款中尚未付清的款项。如果合同中规定了缺陷责任期,则保留金在缺陷责任期满后退还。

退还保留金。保留金是开发商从每次工程进度款中扣留的一定金额。保留金在缺陷责任期满后,全部退还。

(9)风险与保险。工程建设过程中不可避免地存在着风险,对应“意外风险”对工程造成的破坏、毁损,承包人不承担责任。所谓“意外风险”是指战争、敌国入侵、国内暴乱或军事政变等政治因素,或者纯属工程设计的原因,或者是有经验的承包人也不能预见或适当预防的自然灾害。“意外风险”在FIDIC合同中指“业主风险”和“特殊风险”。除了“意外风险”之外,其他风险应由承包人承担并负责保险。保险内容包括以下几方面。

工程的保险。承包人应以开发商和承包人的联合名义对除“意外风险”之外的任何原因引起的,按合同规定应由承包人负责的一切损失或损坏进行保险。对目前施工的工程按其现行合同估算价连同按其重置价格计算的现场材料费用进行投保。对承包人运至现场的施工机械设备与其他物品,则按其重置价投保。

工人人身保险。承包人应对其在工程中雇用的工作人员连续办理保险,直至工程竣工。如果承包人未进行该项保险,则开发商可代其投保,但在支付工程进度款时将扣除这笔保险费。

第三方保险。在工程开工之前,承包人应就其工程施工中所造成的,对包括开发商或其工作人员在内的任何人的财产损坏、损失或损伤所负的责任进行保险。

(10)中断合同。中断合同分两种情况,即开发商中断合同和承包人中断合同。当开发商遇到下列情况,有权要求中断合同:一是承包人未按合同要求施工或中途无故停工;二是不能连续施工或不能按正常速度施工;三是不按监理人员的指示工作,工程质量、建筑材料不合格;四是承包人公司破产或尚未破产,但因资金周转慢,不能连续施工。

遇到上述情况,开发商要书面通知承包人,若在规定时间内承包人仍不改正,开发商可中断合同,因中断合同而对开发商造成的经济损失,应由承包人负责赔偿。

遇到下列情况,承包人有权要求中止合同:一是开发商不按时支付工程款;二是监理工程师要求长期停工,又总不给予复工通知;三是施工过程中发生意外事故(如地震、火灾等);四是监理工程师要求停工,影响了整个工程成本;五是图纸等技术资料不清、不全,要求开发商提供,未能满足而无法施工;六是开发商破产或将地产、房产转卖给他人。

(11)经济责任。经济责任条款中规定奖罚办法。

由于承包人责任未按合同规定的日期竣工(以竣工验收合格日期计算),则承包人应向开发商支付合同中规定的金额,作为延误工期的违约金。由于开发商提出提前竣工要求,承包人又采取措施提前竣工时,开发商应付给合同中规定的奖励金额。合同双方均不得借故拖欠各种应付款项,如拖期不付,则责任一方必须支付违约金。违约金计算方法应在合同中明确规定。

3. *房地产开发项目的合同管理*

工程项目的合同管理工作,主要是对承包合同的签订、履行、违约、变更、解除等进行监督、检查,对合同双方的争议进行有效解决,以保证合同的全面、适当履行。房地产开发项目建设实施的合同管理工作主要有以下几项。

(1)合同分析。它是对合同各类条款进行分门别类地认真研究和解释,并找出合同的缺陷和容易引起争议的内容,并提出解决的思路。同时,对可能引起合同变化的事件进行分析研究,以便采取相应的措施。合同分析对促进合同各方履行义务和正确行使合同赋予的权利,对监督工程的实施,对解决合同争议,对预防和处理索赔等工作都是必要的。

(2)建立合同目录、编码和档案。合同目录和编码是采用图表方式进行合同管理的很好工具,它为合同管理自动化提供了基础,使计算机辅助合同管理成为可能。合同档案的建立可以把合同条款分门别类地加以存放,为查询、检索、分析合同条款提供方便。合同资料的管理应当起到为合同管理提供总体性服务的作用。

(3)合同履行的监督、检查。通过检查发现合同执行中存在的问题,并根据法律、法规和合同的规定加以解决,以提高合同的履约率,使开发项目能够顺利建成。合同监督、管理就是要常念"合同经",以促使承包商能够严格地按照合同要求实现工程进度、工程质量和费用要求。合同监督需要经常检查合同双方往来的文件、信函、记录、纪要等,以确认其是否符合合同的要求和分析其对合同的影响.以采取相应的对策。

(4)索赔。索赔是合同管理工作的重中之重,因为它是关系合同双方切身利益的问题。开发项目的索赔管理,一方面是要认真做好合同要求的各项工作,并通过各种预防措施,尽可能避免索赔事件的发生。另一方面,对一个大型的工程项目,索赔事件是不可能完全避免的,作为项目管理者应正确对待承包商的索赔,以合同为依据,公平合理地处理索赔。

8.5 房地产开发项目基础配套设施建设

房地产基础配套设施(以住宅小区为例)主要是指住宅工程配套而言,是指保证住宅使用功能,为小区服务的一系列附属设施。它包括两方面内容,即地下工程配套和地上公益设施配套。地下工程配套包括六大系统:给水、排水、供热、供电、燃气、电信及防盗系统。地上公益设施配套包括:住宅区内道路、有线电视系统、自行车库、环卫设施、邮政设施、绿化、景点、小区路灯、托幼、社区、小学、中学、储蓄所、商业饮食网点、文化娱乐设施、派出所、公厕、医疗卫生点等。近年来,其内容又不断扩展,如会所、游泳池、网球场、健身馆等等。

8.5.1 房地产基础配套设施建设的主要内容

房地产基础配套设施建设主要包括管线工程和道路工程两方面的内容。

1. 管线工程

(1)管线工程布置。居住区内的管线工程一般包括给水、排水、煤气、供热、供电等,这些管线的布置与房屋道路和绿化等关系密切,应互相配合,同时必须符合城市总体规划的要求。

给水。居住区内的给水管网有树枝状和环状两种布置方式。采取哪种方式取决于地形、地质、建筑和道路的规划布置等因素。水管的直径通常采用 25 mm、32 mm、40 mm、50 mm、100 mm 和 150 mm 等数种规格,管径的大小取决于水的需求量。水管的埋设深度根据管径的大小、管材的强度、外部载荷和气候等因素确定。

排水。居住区内的排水主要是雨水和生活污水的排除。排水系统有分流制和合流制两种:雨水和污水分别由两套管线汇集排放的称为分流制;合在一个管网内排放的称为合流制。采用何种方式取决于城市排水规划的要求及原有的排水方式等,新建的排水系统一般多采用分流制,管网的布置一般采用枝状管网,由于排水一般是靠重力自流的,故须有一定的坡度。

供电。居住区内用电的电压一般是 220 V,故必须将城市送来的高压电通过变压设施变为低压电,配电线路的布置方式有架空和地下直埋电缆两种,一般采用电缆直埋方式敷设。

煤气。城市煤气靠压力通过管道输送到用户。居住区内采用中、低两级系统,将煤气通过调压站将中压调至低压,然后供应各户使用。煤气管网布置有树状或环状两种,一般两种方式同时采用。煤气管线可架空或埋设地下。因煤气有毒和有爆炸危险,故多采用地下埋设,并与其他管线保持一定距离,以保证安全和施工方便。

集中供热。集中供热有两种方式,即热电厂供热和区域锅炉房供热。居住区内供热管道一般为地下敷设。根据不同的情况可采用通行地沟、半通行地沟、不通行地沟或无沟敷设。

(2)管线综合。管线综合是将各单项管线工程的规划设计进行综合安排,以解决它们之间在平面、空间及建设时间的先后及施工维修等方面的矛盾,基本要求如下。一是尽量使管线线路短捷,以节约投资,但应注意避免片面缩短长度而任意穿越切割可用之地。二是应尽量将管线埋设在道路红线内,但也避免过分集中在交通频繁的城市干道下面,以免施工检修时,开挖路面,影响交通。三是地下管线的排列次序一般从建筑物外墙向外排列,各地区规定不一。在道路下面布置管线时,首先应考虑在人行道和非机动车下面,其次将检修次数少的一些管线布置在车行道下面,自道路红线向道路中心线方向平行布置各种管线的次序,要根据管线的性质、埋深等确定,一般次序是电力电缆、电信电缆、煤气、热力、给水、雨水和污水管道。四是应尽量减少管线转弯和分叉,避免平行重叠,并尽可能与房屋、道路平行或垂直。五是当管线布置发生矛盾时,一般采取尚未修建的让建成的管线,临时的让永久性的管线。小管线让大管线,压力管让重力自流管线,易弯曲的让不易弯曲的管线。六是应充分利用原有管线，基础施工的临时管线尽可能与永久性管线相结合，同时还要考虑为今后建设的管线预留用地。七是管线工程要与人防地下工程相结合。八是架空线应不影响交通运输，避免与绿化种植发生矛盾，同时还需考虑环境美观。

2.道路工程

房地产开发项目的道路工程，是指在项目建设过程中和工程完成后居住小区内使用的道路及与之配套的其他工程。它由下列几个部分组成。

(1)车行道。供各种车辆行驶的道路。机动车行驶的部分叫机动车道，非机动车辆行驶的部分称非机动车道。

(2)人行道。包括地下过街道和架空天桥，供行人步行。

(3)分车带和方向岛。它的功能是把不同行驶方向和速度的车辆划分在不同车道上行驶和在叉口处用以引导不同方向车辆驶入不同车道。

(4)街道绿化。包括行道树、路侧小片绿地、林荫带等。它起着卫生防护、减少噪声和美化街景等作用。

(5)道路的排水设备。包括地面雨水进水口、窨井和地下纵横向管道等。

(6)道路的地上设备和辅助性交通设备。地上设备，如照明灯柱、架空电杆、消防栓、邮筒和清洁箱等。辅助性交通设备，如交通信号灯、交通标志杆柱和护栏等。

(7)路下的各种管线。此外，还有道路交叉口、交通广场、停车场和公共交通车辆的停靠站台等。它们的功能还包括通风、日照、战备、防震和建筑艺术等。

8.5.2 房地产基础配套设施施工许可证的申请

建设部《建筑工程施工许可管理办法》第2条规定："中华人民共和国境内从事各类房屋建筑及其附属设施的建造、装修装饰和与其配套的线路、管道、设备的安装，以及城镇市政基础设施工程的施工，建设单位在开工前应依照本办法的规定，向工程所在地的县级以上人民政府建设行政主管部门(以下简称发证机关)申请领取施工许可证。"这是实施开工许可证制度的法律依据。房地产开发企业在取得了《建设用地规划许可证》和《建设工程规划许可证》后，才能取得施工许可证。建筑工程未取得施工许可证的，一律不得开工。任何单位和个人不得将应该申请领取施工许可证的工程项目分解为若干限额以下的工程项目，规避申请领取施工许可证。

1.申领施工许可证所须具备的条件

建设单位申请领取施工许可证，应当具备下列条件，并提交相应的证明文件。

(1)已经办理该建筑工程用地批准手续，获得《建设用地规划许可证》。

(2)在城市规划区的建筑工程，已经取得《建设工程规划许可证》。

(3)施工场地已经基本具备施工条件，需要进行房屋征收的，其征收进度符合施工要求。

(4)已经确定施工企业。按照规定应该招标的工程没有招标，应该公开招标的工程没有公开招标，或者肢解发包工程，以及将工程发包给不具备相应资质条件的，所确定的施工企业无效。

(5)已满足施工需要的施工图样及技术资料、施工图设计文件已按规定进行了审查。

(6)有保证工程质量和安全的具体措施。施工企业编制的施工组织设计中有根据建筑工程特点制定的相应质量、安全技术措施;专业性较强的工程项目编制的专项质量。安全施工组织设计;并按照规定办理了工程质量、安全监督手续。

(7)按照规定应该委托监理的工程已委托监理。

(8)建设资金已经落实。建设工期不足1年的,到位资金原则上不得少于工程合同价的50%;建设工期超过1年的,到位资金原则上不得少于工程合同价的30%。建设单位应当提供银行出具的到位资金证明,有条件的可以实行银行付款保函或者其他第三方担保。

(9)法律、行政法规规定的其他条件。

2.申请办理施工许可证的程序

申请办理施工许可证,应当按照下列程序进行。

(1)建设单位向发证机关领取《建筑工程施工许可证申请表》。

(2)建设单位持加盖单位及法定代表人印鉴的《建筑工程施工许可证申请表》并附规定的其他证明文件,向发证机关提出申请。

(3)发证机关在收到建设单位报送的《建筑工程施工许可证申请表》和所附证明文件后,对于符合条件的,应当自收到申请之日起7日内颁发施工许可证;对于证明文件不齐全或者失效的,应当限期要求建设单位补正,审批时间可以自证明文件补正齐全后作相应顺延;对于不符合条件的,应当自收到申请之日起15日内书面通知建设单位,并说明理由。

建筑工程在施工过程中,建设单位或者施工单位发生变更的,应当重新申请领取施工许可证。

3.有关施工许可证的注意事项

(1)建设单位申请领取施工许可证的工程名称、地点、规模,应当与依法签订的施工承包合同一致。施工许可证应当放置在施工现场备查。

(2)施工许可证不得伪造和涂改。

(3)建设单位应当自领取施工许可证之日起3个月内开工。因故不能按期开工的,应当在期满前向发证机关申请延期,并说明理由;延期以两次为限,每次不超过3个月;既不开工又不申请延期或者超过延期次数、时限的,施工许可证自行废止。

(4)在建的建筑工程因故中止施工的,建设单位应当自中止施工之日起1个月内向发证机关报告,报告内容包括中止施工的时间、原因、在施部位、维修管理措施等,并按照规定做好建筑工程的维护管理工作;建筑工程恢复施工时,应当向发证机关报告;中止施工满1年的工程恢复施工前,建设单位应当报发证机关核验施工许可证。

8.5.3 房地产基础配套设施建设管理

对房地产基础配套设施的基本要求是:做到与开发项目建设竣工交付使用同步到位,某些与居民生活及工作关系不是十分密切的公建配套允许稍晚一步。为此,应做好以下管理工作。

(1)在项目规划和方案设计阶段,向水、电、煤、下水、电讯、环卫等市政部门征询配套意见,了解实施的可能性,尽早争取配套单位(部门)的支持和配合。在得到上述有关单位提出明确的书面意见后,项目可进入后面的技术设计或施工图设计阶段。

(2)建设单位在完成技术设计后,应及时召开有各配套单位参加的审批会,对项目的工程技术及市政配套的设施进行技术性审查。对不做技术设计的项目,可向各配套单位送审施工设计图纸。发现问题,应及时解决。在通过技术性审查基础上,建设单位可委托有关部门进行配套规划、管线工程的设计。

(3)项目土建完工前,要抓好配套工作计划、落实配套工作条件、协调各配套单位、环节。在项目建筑安装工程接近竣工时,应抓紧抓实市政及公用设施配套的协调工作,特别是要克服各种困难,努力创造施工现场的配套工作条件和做好各配套单位、环节的疏通工作。在施工阶段抓好与配套工作的协调安排,对整个建设工期影响很大。抓得好,工期可提前许多,否则工期可能推后很多。

8.6 房地产开发工程项目管理

承担房地产开发建设任务的承包商在与开发商签订了承包合同后,就要按合同要求组织施工,按质、按量、按期完成工程项目任务,对工程质量和合同约定承担责任。对开发商而言,房地产开发项目建设过程管理的最终目标是以最短的工期、最低的成本达到最优的工程质量。因此,从本质上讲,开发项目的实施管理就是对项目工期、成本、质量三个目标进行有效控制,以使开发项目的整体效益达到最优。

为了实现项目控制目标,必须加强合同管理和信息管理工作,因为工程承包项目本身就是一个合同,项目目标就是合同目标,项目的所有要求都由合同来约定,因此只有通过有效的合同管理,才能最终实现项目目标。同时,工程建设过程中会产生大量的信息,这些信息是项目实施管理的产物,也是项目实施管理的依据,没有有效的信息管理,就不会有有效的项目管理。因此,可以说合同管理、信息管理是贯穿于项目管理全过程、实现项目目标必不可少的内容。此外,一个房地产开发项目是不可能独立于社会而孤立存在的,项目实施过程中必须与有关各方(诸如水、电、煤气、道路、当地政府、居民等)不断协调,否则内部管理再好,项目也很难顺利完成。因此,开发项目实施管理的主要内容概括为:“三控”“两管”“一协调”。

8.6.1 房地产开发项目实施控制目标之间的关系

开发项目建设投资、进度(或工期)、质量三大目标两两之间存在既对立又统一的关系。对此,首先要弄清在什么情况下表现为对立的关系,在什么情况下表现为统一的关系。从开发商的角度出发,往往希望该工程的投资少、工期短(或进度快)、质量好。如果采取某种措施可以同时实现其中两个要求(如既投资少,又工期短),则这两个目标之间就是统一的关系;反之,如果只能实现其中一个要求(如工期短),而另一个要求不能实现(如质量差),则这两个目标(即工期和质量)之间就是对立的关系。下面具体分析开发项目建设三大目标之间的关系。

1.开发项目建设三大目标之间的对立关系

开发项目建设三大目标之间的对立关系比较直观,易于理解。一般来说,如果对开发项目建设的功能和质量要求较高,就需要采用较好的工程设备和建筑材料,需要投入较多的资金;同时,还需要精工细作,严格管理,不仅增加人力的投入(人工费相应增加),而且需要较长的建设时间。如果要加快进度,缩短工期,则需要加班加点或适当增加施工机械和人力,一方面,这将直接导致施工效率下降,单位产品的费用上升,从而使整个工程的总投资增加;另一方面,加快进度往往会打乱原有的计划,使开发项目建设实施的各个环节之间产生脱节现象,增加控制和协调的难度,不仅有可能"欲速不达",而且会对工程质量带来不利的影响或留下工程质量隐患。如果要降低投资,就需要考虑降低功能和质量要求,采用较差或普通的工程设备和建筑材料;同时,只能按费用最低的原则安排进度计划,整个工程需要的建设时间就较长。应当说明的是,在这种情况下的工期其实是合理工期,只是相对于加快进度情况下的工期而言,显得工期较长。

以上分析表明,开发项目建设三大目标之间存在对立的关系。因此,不能奢望投资、进度、质量三大目标同时达到"最优",即既要投资少,又要工期短,还要质量好。在确定开发项目建设目标时,不能将投资、进度、质量三大目标割裂开来,分别孤立地分析和论证,更不能片面强调某一目标而忽略其对另外两个目标的不利影响,而必须将投资、进度、质量三大目标作为一个系统统筹考虑,反复协调和平衡,力求实现整个目标系统最优。

2.开发项目建设三大目标之间的统一关系

对开发项目建设三大目标之间的统一关系,需要从不同的角度分析和理解。例如,加快进度、缩短工期虽然需要增加一定的投资,但是可以使整个开发项目建设提前投入使用,从而提早发挥投资效益,还能在一定程度上减少利息支出。如果提早发挥的投资效益超过因加快进度所增加的投资额度,则从经济角度来说,加快进度就是可行的。如果提高功能和质量要求,虽然需要增加一次性投资,但是可能降低工程交付使用后的运行费用和维修费用,从全寿命费用分析的角度看则是节约投资的。在不少情况下,功能好、质量优的工程(如宾馆、商用办公楼)投入使用后的收益往往较高。此外,如果在实施过程中进行严格的质量控制,保证实现工程预定的功能和质量要求(相对于由于质量控制不严而出现质量问题而言,可认为是"质量好"),则不仅可减少实施过程中的返工费用,而且可以大大减少投入使用后的维修费用。另外,严格控制质量还能起到保证进度的作用。如果在工程实施过程中发现质量问题并及时进行返工处理,虽然需要耗费时间,但可能只影响局部工作的进度,不影响整个工程的进度;或虽然影响整个工程的进度,但是比不及时返工而酿成重大工程质量事故对整个工程进度的影响要小,也比留下工程质量隐患到使用阶段才发现而不得不停止使用进行修理所造成的时间损失要小。

8.6.2 房地产开发项目实施控制的内容

1.质量控制

质量控制是指项目管理机构以合同中规定的质量目标,以国家标准、规范为依据所进行的监督与管理活动。质量控制的任务主要是在施工过程中及时发现施工工艺是否满足设计要求和合同规定，对所选用的材料和设备进行质量评价，对整个过程中的工作质量水平进行评估，将取得的质量数据和承包商履行职责的程度，与国家有关规范、技术标准、规定进行比较，并做出评判。工程质量控制工作主要包括以下几方面。

(1)对原材料的检验。材料质量的好坏直接影响工程的质量，因此为了保证材料质量，应当在订货阶段就向供货商提供检验的技术标准，并将这些标准列入订购合同中。有些重要材料应当在签订购货合同前取得样品或样本，材料到货后再与样品进行对照检查，或进行专门的化验或试验。未经检验或不合格的材料切忌与合格的材料混装入库。

(2)对工程中的配套设备进行检验。在各种设备安装之前均应进行检验和测试，不合格的要避免采用。工程建设中应确立设备检查和试验的标准、手段、程序、记录、检验报告等制度；对主要设备的试验与检查，可考虑到制造厂进行监督和检查。

(3)确立施工中控制质量的具体措施，主要包括如下几方面。

一是对各项施工设备、仪器进行检查，特别是校准各种仪器、仪表，保证在测量、计量方面不出现严重误差。

二是控制混凝土质量。混凝土工程质量对建筑工程的安全有着极其重要的影响，必须确保混凝土浇注质量。应当有控制混凝土中水泥、沙、石和水配比的严格计量手段，应当制定混凝土试块制作、养护和试压等管理制度，并有专人监督执行；试块应妥善保存，以便将来的强度检验。在浇灌混凝土之前，应当有专职人员检查挖方、定位、支模和钢筋绑扎等工序的正确性。

三是对砌筑工程、装饰工程和水电安装工程等制定具体有效的质量检查和评定办法，以保证质量符合合同中规定的技术要求。

(4)确立有关质量文件的档案制度。汇集所有质量检查和检验证明文件、试验报告，包括分包商在工程质量方面应提交的文件。

按照我国政府倡导推行建设监理制的要求，建设监理机构现已成为房地产开发项目“三大控制”实施的主要力量。在质量控制中监理机构委派的监理工程师应按合同要求协助房地产开发商做好施工现场准备工作，为施工单位提交质量合理的施工现场；确认施工单位资质；审查确认施工分包单位；做好材料和设备检查工作，确认其质量；检查施工机械和机具，保证施工质量；审查施工组织设计；检查并协助搞好各项生产环境、劳动环境、管理环境条件；进行质量监督，行使质量监督权，认真做好质量签证工作，行使质量否决权；协助做好付款控制；组织质量协调会，做好中间质量验收准备工作；做好项目竣工验收工作；审核项目竣工图等。

2. 工程进度与工期控制

工程项目的进度控制是施工现场管理最为重要的工作。工程进度控制包括：对项目建设总周期目标进行具体的论证与分析，编制项目的进度计划，编制其他配套进度计划；监督建设项目进度计划的执行，施工现场的调研与分析。

建设项目总周期的论证与分析，就是对整个项目进行通盘考虑、全面规划，用以指导人力、物力的运用和时间、空间的安排，最终确定经济合理的施工方案。

(1)工程进度计划的编制。将全部工程内容分解和归纳为工程单项或工序。单项或工序分解的细致程度，可以根据工程的规模大小和复杂程度确定。一个建设项目首先可分为房屋建设工程、室外道路、各种室外管道工程等较大的子项工程，而后每一子项工程又分为土方工程、基础工程、钢结构制作与安装工程、屋面工程、砌筑工程、地面工程、其他建筑工程、设备安装工程等。

统计计算每项工程内容的工作量。一般情况下用工程量表中的计量单位来表示工作量，例如，土方工程和混凝土工程用立方米(m^3)表示，管道工程用延米(m)表示，钢筋加工用吨(t)表示。另外，工程进度也可用完成的投资额占总投资额的比例来表示。

计算每个单项工程工作量所需时间，可用天数表示。此处的工作时间是指按正常程序和施工总方案中所选用的施工设备的水平，以熟练工人正常工效计算。

按正常施工的各个单项工程内容的逻辑顺序和制约关系，排列施工先后次序。从每项施工工序的可能最早开工时间推算下去，可以得出全部工程竣工所需的周期。再逆过来，从上述竣工日期向前推算，可以求出每一施工工序的最迟开始日期。如果最早可能开工日期早于最晚开工日期，则说明该项工序有可供调节的机动时间。该项工序只要在最早开工和最迟开工时间之间任何时候开工，均不会影响项目的竣工日期。

根据上述内容，即可绘制一份保证竣工日期的工程进度计划。

(2)进度管理及计划调整。进度计划管理通常采用横道图和网络图法，下面做以简单分析。

横道图法。这是一种用直线线条在时间坐标上表示出单项工程内容进度的方法。由于横道图制作简便，明了易懂，因而在我国各行各业进度管理中普遍采用，对一些并不十分复杂的工程，采用这种图表是比较合适的，见图 8-2。

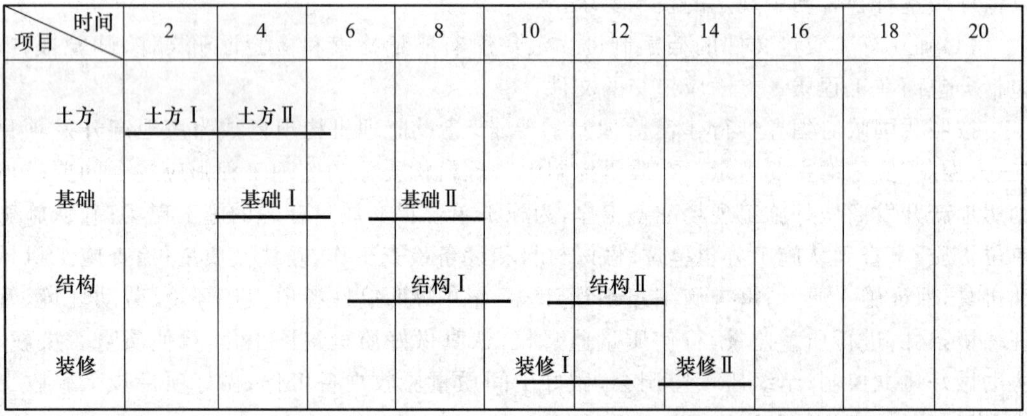

图 8-2　某小型项目工程进度计划横道图

以图 8-2 为进度计划，在工程实际进行中，可以把进度用虚线表示在图中，与计划进度做一对比，以便调整工程进度。横道图的缺点是：从图中看不出各项工作之间的相互依赖和相互制约的关系，看不出一项工作的提前或落后对整个工期的影响程度，看不出哪些是关键工作。

网络图法(图 8-3)。网络图法的基本原理是首先应用网络形式来表示计划中各项工作的先后顺序和相互关系；其次是通过计算找出计划中的关键工作和关键线路，在计划执行过程中进行有效的控制和监督，保证合理地使用人力、物力、财力，完成目标任务。

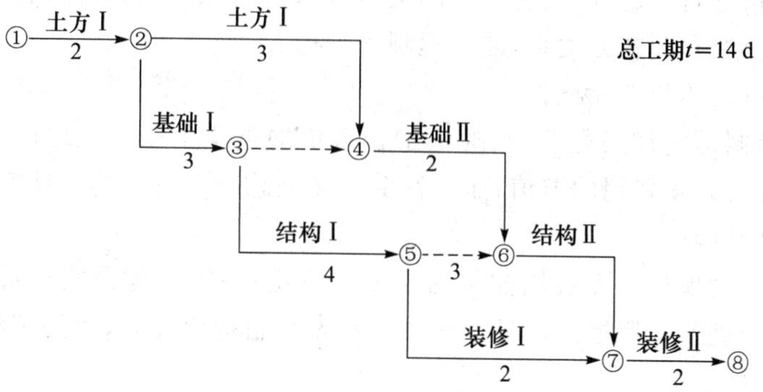

图8-3　某小型项目施工进度计划网络图

说明：该工程分为两段施工，即Ⅰ段、Ⅱ段；施工为四个工序：土方工程、基础工程、结构工程、装修工程；其他配套进度计划。

除了工程进度计划外，还有其他与之相关的进度计划。例如，材料供应计划、设备周转计划、临时工程计划等，这些进度计划的实施情况影响着整个工程的进度。

材料供应计划。根据工程进度计划，确定材料、设备的数量和供货时间以及各类物资的供货程序，制订供应计划。

设备周转计划。根据工程进度的需要制订设备周转计划，包括模板周转、起重机械、土方工程机械的使用等。

临时工程计划。临时工程包括工地临时居住房屋、现场供电、给排水等。在制订了工程进度计划后也应制订相应的临时工程计划。

(3)进度控制中应关注的因素。影响工程进度的因素很多，需要特别重视的有以下几方面。

一是材料、设备的供应情况。包括各项设备是否完成，计划运到日期；各种材料的供货厂商是否落实、何时交货、检验及验收办法等。

二是设计变更对进度的影响。设计的修改往往会增加工作量，延缓工程进度。

三是劳动力的安排情况。工人过少会完不成进度计划中规定的任务，而工人过多则会由于现场工作面不够而造成窝工，因而也完不成任务，所以要适当安排工人。

四是气象条件。应时刻注意气象条件，天气不好(如下雨、下雪)，则安排室内施工(如装修)，天气晴朗时，加快室外施工进度。

在施工过程中，监理机构委派的监理工程师的进度控制的主要任务是：通过完善项目控制进度计划、审查施工单位施工进度计划、做好各项动态控制工作、协调各单位关系、预防并处理好工期索赔，以求实际施工进度达到计划施工进度的要求。

为完成施工阶段的进度控制任务，监理工程师应当做好以下工作：根据施工招标和施工准备阶段的工程信息，进一步完善项目控制性进度计划，并据此进行施工阶段进度控制；审查施工单位施工进度计划，确认其可行性并满足项目控制性进度计划要求；制定开发商材料和设备供应进度计划并进行控制，审查施工单位进度控制报告，督促施工单位做好进度控制;掌握施工动态,研究制定预防工期索赔的措施并及时处理索赔;做好对人力、材料、机具、设备等的投入控制及转换控制工作,做好信息反馈和对比纠错工作,做好进度协调工作,及时协调有关各方关系,使工程顺利进行。

3. 工程费用(或称投资)控制

工程费用控制是监督工程费用、降低工程造价的重要手段。房地产开发商的利润来自于租售收入和总开发费用的差值,而工程费用又是总开发费用的主要组成部分,所以降低费用就能增加利润。

(1)房地产开发项目工程费用控制的主要方法是:在项目建设实施过程中,按预算费用分阶段、分部位进行费用控制。具体来讲是首先编制费用计划,因为工程费用是随着工程进度逐期发生的。

根据工程进度计划可以编制费用计划。为了便于管理,费用计划可分解为五方面:一是材料设备费用计划;二是施工机械费用计划;三是人工费费用计划;四是临时工程费用计划;五是管理费用计划。

根据上述成本计划的总和,即能得出成本控制总计划,在工程实施中,应严格按照费用计划实施。对于计划外的一切开支,应严格控制。如果某部分项目有突破费用计划的可能,应及早提出警告,并及时采取措施控制该项费用。

(2)施工阶段监理机构委派的监理工程师的工程费用控制的主要任务是:通过工程付款控制、新增工程费控制、预防并处理好费用索赔、挖掘节约投资潜力来努力实现实际发生的费用不超过计划投资。

为完成施工阶段投资控制的任务,监理工程师应做好以下工作:制定本阶段资金使用计划,做到不多付、不少付、不重复付;严格控制工程变更,力求减少变更费用;研究确定预防费用索赔措施,及时处理费用索赔并协助开发商进行反索赔;根据开发商责任制和有关合同要求,做好工程计量工作;审核施工单位提交的工程结算书,协助开发商完成相关工作。

8.6.3 开发项目实施目标控制的措施

为了取得目标控制的理想效果,应当从多方面采取措施实施控制,通常可以将这些措施归纳为组织措施、技术措施、经济措施、合同措施、信息管理和协调工作。

所谓组织措施,是从目标控制的组织管理方面采取的措施,如落实目标控制的组织机构和人员,明确各级目标控制人员的任务和职能分工、权力和责任、改善目标控制的工作流程等。组织措施是其他各类措施的前提和保障,而且一般不需要增加什么费用,运用得当可以收到良好的效果。尤其是对由于业主原因所导致的目标偏差,这类措施可能成为首选措施,故应给予足够的重视。

技术措施不仅对解决开发项目建设实施过程中的技术问题是必不可少的,而且对纠正目标偏差也有相当重要的作用。任何一个技术方案都有基本确定的经济效果。不同的技术方案就有着不同的经济效果。因此,运用技术措施纠偏的关键,一是要能提出多个不同的技术方案,二是要对不同的技术方案进行技术经济分析。

经济措施是最易为人接受和采用的措施。需要注意的是，经济措施决不仅仅是审核工程量及相应的付款和结算报告，还需要从一些全局性、总体性的问题上加以考虑，往往可以取得事半功倍的效果。另外，不要仅仅局限在已发生的费用上。通过偏差原因分析和未完工程投资预测，可发现一些现有和潜在的问题，将引起未完工程的投资增加，对这些问题应以主动控制为出发点，及时采取预防措施。由此可见，经济措施的运用决不仅仅是财务人员的事情。

由于投资控制、进度控制和质量控制均要以合同为依据，因此合同措施或合同管理就显得尤为重要。对于合同措施，要从广义上理解，除了拟定合同条款、参加谈判、处理合同执行过程中的问题，防止和处理索赔等措施之外，还要协助业主确定对目标控制有利的开发项目建设组织管理模式和合同结构，分析不同合同之间的相互联系和影响，对每一个合同做总体和具体分析等。这些合同措施对目标控制更具有全局性的影响，其作用也就越大。

如前所述，项目的实施管理是离不开信息的。在项目实施管理活动中对所需要的或产生的各种信息进行搜集、整理、处理、存储、传递、应用等一系列工作总称为信息管理。信息管理对项目的实施管理是至关重要的。在项目的实施过程中，管理者要不断预测或发现问题，要不断地进行规划、决策、执行和检查，做好这些工作都离不开相应的信息，进行目标控制同样是以信息为基础，任何控制只有在信息的支持下才能有效地进行。

协调工作指的是施工监理的组织协调。具体工作内容：施工活动与政府有关部门之间的协调；业主与承包商之间的协调；工程施工生产要素（如劳务、材料、设备、资金供应等）方面的协调；项目各施工单位、各施工工序在时间、空间上的配合与协调等。工程项目内部关系与外部关系的协调一致是工程项目顺利进行的必要条件。

8.7 房地产开发项目竣工验收

8.7.1 房地产开发项目竣工验收概述

工程项目的竣工验收是建设过程的最后一个程序，是全面检验设计和施工质量、考核工程造价的重要环节。房地产开发项目经过建设施工、设备安装及配套设施建设，达到设计文件要求的质量和使用功能，就要进行竣工验收。

房地产开发项目竣工验收就是指房地产开发项目经过承建单位的施工准备和全部的施工活动，已经完成了项目设计图纸和承包合同规定的全部内容，并达到了建设单位的使用要求，向使用单位交工的过程。它标志着项目的施工任务已全面完成。

在房地产开发项目的竣工验收的过程中，承建单位将项目及与该项目有关的资料移交给建设单位，由建设单位（或监理单位）对建设质量和技术资料进行一系列的审查验收，如果房地产开发项目已达到竣工验收的标准，就可以解除签订的合同双方各自承担的义务、经济和法律责任。

从投资者的角度来看，竣工验收必不可少。通过竣工验收，可以使投资者对房地产开发项目的投资、进度、质量三大目标的实现程度进行全面的检验，从而可以对项目的目标进行更好的控制，使之符合其要求，符合设计和使用的要求；通过竣工验收，可以全面综合考察工程质量，保证交工项目符合设计、标准、规范等规定的质量标准要求；质量合格的建筑物即可投入使用，出租或出售给客户，令房地产开发商回收投资。对于预租或预售的房地产开发项目，通过投入使用，开发商就此可以得到预付款外的款项。做好施工项目竣工验收，可以促进房地产项目及时投产，早日发挥投资效益。

从承包商的角度来看，竣工验收同样必不可少。通过竣工验收，可以督促房地产项目的承包商抓紧收尾工程，自觉地按照合同全面履行规定的义务，注意施工质量，抓好成本控制，按期交工，并配合投资者组织好资料整理归档、竣工工程移交手续的活动，从而总结经验教训，提高在以后承建项目里的管理水平。

因此，房地产开发商对于确已符合竣工验收条件的开发项目，都应按有关规定和国家质量标准，及时进行竣工验收。对竣工的开发项目和单项工程，应尽量建成一个验收一个，并抓紧投入经营和交付使用，使之尽快发挥经济效益。

1.竣工验收的要求

《城市房地产开发经营管理条例》规定，房地产开发项目竣工，经验收合格后，方可交付使用；未经验收合格的，不得交付使用。房地产开发项目竣工后，房地产开发企业应当向项目所在地县级以上地方人民政府房地产开发主管部门提出竣工验收申请。房地产开发主管部门应当自收到竣工验收申请之日起30日之内，对涉及公共安全的内容，组织工程质量监督、规划、消防、人防等有关部门或者单位进行验收。

当开发项目完工并具备竣工验收条件后，由承包商按国家工程竣工验收有关规定，向开发商提供完整竣工资料及竣工验收报告，并提出竣工验收申请。之后，开发商负责组织有关单位进行验收，并在验收后给予认可或提出修改意见。承包商按要求修改，并承担由自身原因造成修改的费用。

在正式办理竣工验收之前，开发商为了做好充分准备，需要进行初步检查。初步检查是指在单项工程或整个开发项目即将竣工或完全竣工之后，由开发商自己组织统一检查工程的质量情况，隐蔽工程验收资料、关键部位施工记录、按图施工情况及有无漏项等。根据初步检查情况，由工程项目的监理工程师列出需要修补的质量缺陷“清单”，这时承包商应切实落实修复这些缺陷，以便通过最终的正式验收。进行初步检查对加快扫尾工程，提高工程质量和配套水平，对加强工程技术管理，促进竣工和完善验收都有好处。

2.竣工验收范围

凡新建、扩建、改建的开发建设项目，按批准的设计文件和合同规定的内容建成；对住宅小区的验收还应验收土地使用情况和单项工程、市政、绿化及公用设施等配套设施。符合验收标准的，必须及时组织验收，交付使用，并办理固定资产移交手续。

3.竣工验收的内容

房地产项目竣工验收包括项目竣工资料和工程实体复查两部分内容，其中项目竣工资料主要包括如下内容。

(1)立项文件。包括项目建议书批复、项目建议书、可行性研究报告审批意见、可行性研究报告、项目评估文件、计划任务书批复、计划任务书、建设用地审批文件、房屋征收合同(或协议)、建设工程规划许可证等。

(2)竣工文件。包括项目竣工验收的批复、项目竣工验收报告、安全卫生验收审批表、竣工验收单、卫生防疫验收报告单、工程消防验收意见单、人防竣工验收单、建设工程监督检查单、工程决算汇总表等。

(3)设计文件。包括初步设计的批复、工程概算、工程水文、地质勘探报告及地质图、设计计算书或代保管说明书等。

(4)监理文件。包括监理大纲、监理合同、监理总结、监理业务联系单、基建单位工程评价报告等。

(5)施工技术文件。这部分内容很多,需要施工单位分项、分部地详细准备,包括竣工验收证书,开工、竣工报告,隐蔽工程验收记录,工程质量事故报告,设计图纸交底会议记录,技术核定单(包括设计变更通知、补充图)等。

(6)竣工图。总平面图,室外管线总平面图,建筑竣工图,结构竣工图,给排水竣工图,电力、照明通风竣工图,电讯竣工图,桩基(位)竣工图等。

4.竣工验收的依据

开发项目或单体工程,其竣工验收的依据是:经过审批的项目建议书、年度开工计划、施工图纸和说明文件、施工过程中的设计变更文件、现行施工技术规程、施工验收规范、质量检验评定标准以及合同中有关竣工验收的条款。工程建设规模、工程建筑面积、结构形式、建筑装饰、设备安装等应与各种批准文件、施工图纸、标准保持一致。具体包括如下内容。

(1)可行性研究报告。

(2)施工图设计及设计变更通知和补充图。

(3)技术设备说明书。

(4)现行的施工验收规范、质量检验评定标准。

(5)主管部门有关项目建设和批复文件。

(6)工程承包合同。

(7)建筑安装工程统计规定及主管部门关于工程竣工的规定。

从国外引进的新技术和成套设备的项目,以及中外合资房地产项目,还要按照签订的合同和国外提供的设计文件等进行验收。

5.竣工验收的一般标准

(1)工程项目按照工程合同规定和设计图纸要求已全部施工完毕,且已达到国家有关规定的质量标准,能满足使用要求。

(2)交工工程达到窗明、地净、水通、灯明,有采暖通风设备的项目,应达到正常运转。

(3)设备调试、试运转达到设计要求。

(4)建筑物四周2 m以内场地整洁。

(5)技术档案资料齐全。

8.7.2　房地产开发项目竣工验收程序

1.竣工验收备案

开发商应当自建设工程竣工验收合格之日起15日内,将建设工程竣工验收报告和规划、公安消防、环保等部门出具的认可文件或者准许使用文件报建设行政主管部门或者其他有关部门备案。办理工程竣工验收备案应提交的文件如下。

(1)工程竣工验收备案表。

(2)工程竣工验收报告。竣工验收报告应当包括工程报建日期,施工许可证号,施工图设计文件审查意见,勘察、设计、施工、工程监理等单位分别签署的质量合格文件及验收人员签署的竣工验收原始文件,市政基础设施的有关质量检测和功能性试验资料以及备案机关认为需要提供的有关资料。

(3)法律、行政法规规定应当由规划、公安消防、环保等部门出具的认可文件或者准许使用文件。

(4)施工单位签署的工程质量保修书。

(5)法规、规章规定必须提供的其他文件。商品住宅还应当提交《住宅质量保证书》和《住宅使用说明书》。

在组织竣工验收时,应对工程质量的好坏进行全面鉴定。工程主要部分或关键部位若不符合质量要求会直接影响使用和工程寿命,应进行返修和加固,然后再进行质量评定。工程未经竣工验收或竣工验收未通过的,开发商不得使用、不得办理客户入住手续。

2.房地产开发项目的竣工验收程序

根据房地产开发项目的规模大小和复杂程度,整个房地产项目的验收可分为初步验收和竣工验收两个阶段进行。规模较大、较复杂的房地产开发项目,应先进行初验,然后进行全部房地产开发项目的竣工验收。规模较小、较简单的开发项目,可以一次进行全部开发项目的竣工验收。

房地产开发项目在竣工验收之前,由建设单位组织施工、设计及使用等有关单位进行初验。初验前由施工单位按照国家规范,整理好文件、技术资料,向建设单位提出交工报告。建设单位接到报告后,应及时组织初验。

房地产开发项目全部完成,经过各单项工程的验收,符合设计要求,并具备竣工图表、竣工决算、工程总结等必要文件资料,由项目(工程)主管部门或建设单位向负责验收单位提出竣工验收申请报告。

为了保证房地产开发项目竣工验收工作的顺利进行,一般按图 8-4 所示的程序来进行房地产项目竣工验收。

在实际的施工和管理的过程中,房地产开发项目的竣工验收工作分为以下的几个阶段。

(1)施工收尾阶段。施工收尾阶段指的是工程施工临近竣工的阶段,此时大工程量的施工活动已经完成,所剩下的只是一些工程量不大,但头绪很多的工作,影响竣工验收的进行。这一阶段应抓好以下工作。

一是项目经理要组织有关人员逐层、逐段、逐部位、逐房间地进行查项,检查施工中有无丢项、漏项,一旦发现,必须立即交由专人定期解决,并在事后按期进行检查。

二是保护成品和进行封闭,对已经全部完成的部位、查项后修补完成的部位,要立即组织清理。保护好成品,依可能和需要按房间或层段锁门封闭,严禁无关人员进入,防止损坏成品或丢失零件(这项工作实际上在装修工程完毕之时即应进行)。尤其是高标准、高级装修的建筑工程(如高级宾馆、酒店、精装住宅、公共建筑等),每一个房间的装修和设备安装一旦完毕,就要立即严加封闭,派专人按层段加以看管。

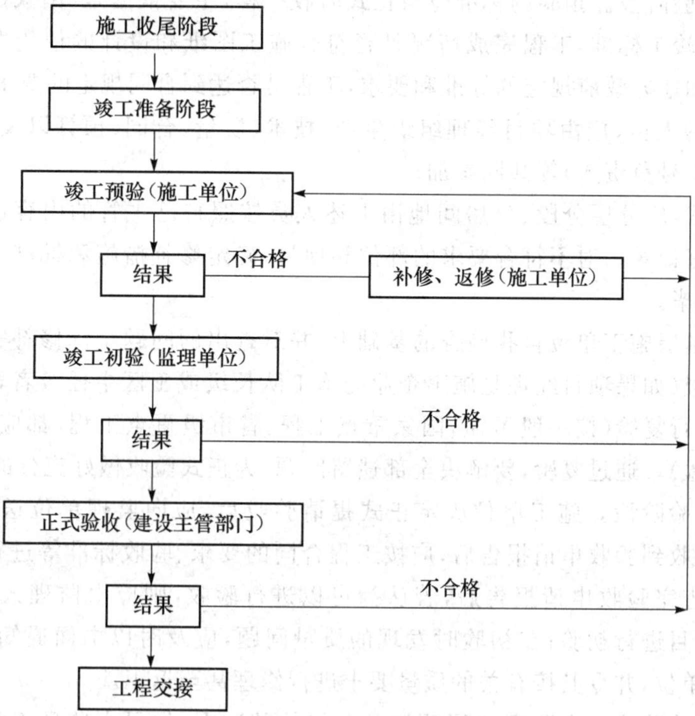

图 8-4　房地产项目竣工验收程序

三是有计划地拆除施工现场的各种临时设施和暂设工程,拆除各种临时管线,清扫施工现场,组织清运垃圾和杂物。

四是有步骤地组织材料、工具以及各种物资的回收、退库以及向其他施工现场转移和进行处理工作。

五是做好电气线路和各种管线的交工前检查,进行电气工程的全负荷试验。

(2)竣工准备阶段。组织工程技术人员绘制竣工图,清理和准备各项需向建设单位移交的工程档案资料,并编制工程档案资料移交清单。

组织以预算人员为主,生产、管理、技术、财务、材料、劳资等人员参加或提供资料,编制竣工结算表。

准备工程竣工通知书、工程竣工报告、工程竣工验收证明书、工程保修证书等。

组织好工程自验(或自检),报请上级领导部门进行竣工验收检查,对检查出的问题,应及时进行处理和修补。

准备好工程质量评定的各项资料。主要按结构性能、使用功能、外观效果等方面,对工程的地基基础、结构、装修以及水、暖、电、卫、设备安装等各个施工阶段所有质量检查资料,进行系统的整理,包括分项工程质量检验评定、分部工程质量检验评定、单位工程质量检验评定、隐蔽工程验收记录以及工程质量事故发生情况和处理结果等方面的资料,为正式评定工程质量提供资料和依据,亦为技术档案资料移交归档做准备。

建设单位、施工单位、设计单位等正式验收,应将工程施工技术资料送当地质量监督部门检查,并填写建筑工程竣工核定申请表,提出核定申请。

(3)竣工预验阶段。预验的标准应与正式验收一样,主要依据是:国家(或地方政府主管部门)规定的竣工标准,工程完成情况是否符合施工图纸和设计的使用要求,工程质量是否符合国家和地方政府规定的标准和要求,工程是否达到合同规定的要求和标准等。

参加自验的人员,应由项目经理组织生产、技术、质量、合同、预算以及有关的施工工长(或施工员、工号负责人)等共同参加。

自验的方式,应分层分段、分房间地由上述人员按照自己主管的内容逐一进行检查。在检查中要做好记录。对不符合要求的部位和项目,确定修补措施和标准,并指定专人负责,限期修理完毕。

复验。在基层施工单位自我检查的基础上,并对查出的问题全部修补完毕以后,项目经理应提请上级(如果项目经理是施工企业的施工队长级或工区主任级者,应提请公司或总公司一级)进行复验(按一般习惯,国家重点工程、省市级重点工程,都应提请总公司级的上级单位复验)。通过复验,要解决全部遗留问题,为正式验收做好充分的准备。

(4)竣工初验阶段。施工单位决定正式提请验收后,应向监理单位送交验收申请报告,监理工程师收到验收申请报告后,应按工程合同的要求、验收标准等进行仔细地审查。监理工程师审查完验收申请报告后,若认为可以进行验收,则应由监理人员组成验收班子,对竣工的项目进行初验;在初验时发现的质量问题,应及时以书面通知或以备忘录的形式告诉施工单位,并令其按有关的质量要求进行修理甚至返工。

(5)正式验收阶段。在监理工程师初验合格的基础上,便可由监理工程师牵头,组织业主、设计单位、施工单位等参加,在规定的时间内对房地产项目进行正式验收,具体流程如下。

首先,发出《竣工验收通知书》。在自验的基础上,确认工程全部符合竣工验收标准,具备了交付使用的条件后,即可开始正式竣工验收工作。施工单位应于正式竣工验收之日的前 10 日,向建设单位发送《竣工验收通知书》,通知书的基本格式如表 8-2 所示。

表 8-2　竣工验收通知书

(建设单位名称): 由我单位承建的__________工程,按照施工设计图纸和变更设计联系单的内容,已于____年____月____日竣工,请贵单位在接到本通知书 15 日内,约请并组织有关单位和人员进行验收。 此致 敬礼 (施工单位名称,盖章) 年　月　日

其次,成立竣工验收小组,组织竣工验收工作。工程竣工验收工作由建设单位邀请设计单位及有关方面参加,同施工单位一起进行检查验收。列为国家重点工程的大型房地产项目,往往由国家有关部委,邀请有关方面参加,组成工程验收委员会,进行验收。

再次，项目现场检查及项目验收会议。

最后，办理竣工验收证明书（表 8-3）。竣工验收证明书，必须有三方的签字、盖章方可生效。

表 8-3　项目竣工验收证明书

年　月　日

工程编号				建设单位		工程地点	
工程名称				监理单位		开工日期	
建筑面积/m^2		结构		设计单位		评定日期	
总造价/万元		层次		施工单位		检验日期	
验收意见	施工单位						
	设计单位						
	建设单位						
验收结论							
质量监督部门核检意见 及认定质量等级				建设单位	设计单位	施工单位	
（公章） 检验员				（公章） 负责人	（公章） 工程负责人	（公章） 工程负责人	

8.7.3　房地产开发项目竣工验收档案

房地产开发项目竣工档案是工程在建设全过程中形成的文字材料、图表、计算材料、照片、录音带、录像带等文件材料的总称。

技术资料和竣工图是开发建设项目的重要技术管理成果，是使用单位安排生产经营、住户适应生活的需要。物业管理企业依据竣工图纸和技术资料进行管理并进一步改建、扩建。因此，开发项目竣工后，要认真组织技术资料的整理和竣工图的绘制工作，编制完整的竣工档案，并按规定分别移交给房屋产权所有者和城市档案馆。

1. 技术资料的内容

(1)前期工作资料。开发项目的可行性研究报告、项目建议书及批准文件、勘察资料、规划文件、设计文件及其变更资料，地下管线埋设的实际坐标、标高资料，征地与房屋征收报告及核准图纸、原状录像或照片资料，征地与房屋征收的各种许可证和协议书，施工合同、各种建设事宜的请示报告和批复文件等。

(2)土建资料。开工报告、建(构)筑物及主要设备基础的轴线定位、水准测量及复核记录、砂浆和混凝土试块的试验报告，原材料检验证明、预制构件、加工件和各种钢筋的出厂合格证和实验室检查合格证，地基基础施工验收记录、隐蔽工程验收记录，分部分项工程施工验收记录、设计变更通知单、工程质量事故报告及处理结果，施工期间建筑物或构筑物沉降观测资料，竣工报告及竣工验收报告。

(3)安装方面的资料。设备安装记录，设备、材料的验收合格证，管道安装、试漏、试压的质量检查记录，管道和设备的焊接记录，阀门、安全阀试压记录，电气、仪表检验及电机绝缘、干燥等检查记录，照明、动力、电讯线路检查记录，工程质量事故报告和处理结果，隐蔽工程验收单，设计变更及工程资料，竣工验收单等。

2. 绘制竣工图

开发项目的竣工图是真实地记录各种地下、地上建筑物、构筑物等详细情况的技术文件，是对工程进行验收、维护、改建、扩建的依据。因此开发商应组织、协助和督促承包商和设计单位，认真负责地把竣工图编制工作做好。竣工图必须准确、完整。如果发现绘制不准或遗漏时，应采取措施修改和补齐。

技术资料齐全，竣工图准确、完整，符合归档条件，这是工程竣工验收的条件之一。在竣工验收之前不能完成的，应在验收后双方商定期限内补齐。绘制竣工图的做法如下。

(1)按施工图施工而无任何变动，则可在施工图上加盖"竣工图"标志后，直接作为竣工图。

(2)结构形式改变、建筑平面改变、项目改变以及其他重大改变，不宜在原施工图上修改、补充，要重新绘制竣工图。

(3)基础、地下构筑物、管线、结构、人防工程等，以及设备安装等隐蔽部位，都要绘制竣工图纸。

(4)竣工图一定要与实际情况相符，要保证图纸质量，做到规格统一、图面整洁、字迹清楚，一经施工技术负责人签认，不得任意涂改。

8.7.4 房地产开发项目保修

1. 建设工程质量保修办法

为保护建设单位、施工单位、房屋建筑所有人和使用人的合法权益，维护公共安全和公众利益，建设部于 2000 年 6 月发布了《房屋建筑工程质量保修办法》，适用于在中华人民共和国境内新建、扩建、改建各类房屋建筑工程(包括装修工程)的质量保修。

房屋建筑工程质量保修，是指对房屋建筑工程竣工验收后在保修期限内出现的质量缺陷予以修复。质量缺陷，是指房屋建筑工程的质量不符合工程建设强制性标准以及合同的约定。房屋建筑工程在保修范围和保修期限内出现质量缺陷，施工单位应当履行保修义务。

(1)房屋建筑工程质量保修期限。建设单位和施工单位应当在工程质量保修书中约定保修范围、保修期限和保修责任等，双方约定的保修范围、保修期限必须符合国家有关规定。

在正常使用下，房屋建筑工程的最低保修期限为：地基基础和主体结构工程，为设计文件规定的该工程的合理使用年限；屋面防水工程、有防水要求的卫生间、房间和外墙面的防渗漏，为 5 年；供热与供冷系统，为 2 个采暖期、供冷期；电气系统、给排水管道、设备安装为 2 年；装修工程为 2 年。其他项目的保修期限由建设单位和施工单位约定。房屋建筑工程保修期从工程竣工验收合格之日起计算。

(2)房屋建筑工程质量保修责任。房屋建筑工程在保修期限内出现质量缺陷,建设单位或者房屋建筑所有人应当向施工单位发出保修通知。施工单位接到保修通知后,应当到现场核查情况,在保修书约定的时间内予以保修。发生涉及结构安全或者严重影响使用功能的紧急抢修事故,施工单位接到保修通知后,应当立即到达现场抢修。

发生涉及结构安全的质量缺陷,建设单位或者房屋建筑所有人应当立即向当地建设行政主管部门报告,采取安全防范措施;由原设计单位或者具有相应资质等级的设计单位提出保修方案,施工单位实施保修,原工程质量监督机构负责监督。

保修完后,由建设单位或者房屋建筑所有人组织验收。涉及结构安全的,应当报当地建设行政主管部门备案。

施工单位不按工程质量保修书约定保修的,建设单位可以另行委托其他单位保修,由原施工单位承担相应责任。

保修费用由质量缺陷的责任方承担。

在保修期内,因房屋建筑工程质量缺陷造成房屋所有人、使用人或者第三方人身、财产损害的,房屋所有人、使用人或者第三方可以向建设单位提出赔偿要求。建设单位向造成房屋建筑工程质量缺陷的责任方追偿。因保修不及时造成新的人身、财产损害,由造成拖延的责任方承担赔偿责任。

房地产开发企业售出的商品房保修,还应当执行《城市房地产开发经营管理条例》和其他有关规定。

2.开发项目竣工后的服务

房地产项目竣工验收后,为使项目在竣工验收后达到最佳状态和最长使用寿命,承建单位在工程移交时,必须向建设单位提出建筑物使用和保养指导要领,并在用户使用后,实行回访和保修制度。

在房地产项目竣工验收投入运行之后的一定期限内,设计单位、施工单位、设备供应单位等,再次了解房地产项目的实际运行情况(如设计质量、功能实现程度、施工质量、设备运行状况等)和用户对维修的要求称为回访。通过回访了解项目在运行中暴露出来的各方面的问题,并根据用户的意见和要求,对需要进行处理的质量问题,在保修期内分别予以保修。

项目在竣工验收交付使用后,按照合同和有关的规定,在一定的期限,即回访保修期内,应由项目经理部组织原项目人员,主动对交付使用的竣工工程进行回访,听取用户对工程的质量意见,填写质量回访表,报有关技术与生产部门备案处理。

(1)保修。在项目施工完毕经竣工验收后,项目施工单位应向建设单位送交《建筑安装工程保修证书》。保修证书中应列明:工程简况、使用注意事项、保修范围、保修时间、保修说明、并附有工程保修情况记录栏。

在工程保修期内,如项目运行中发生质量问题影响项目正常运转时,用户可及时向有关保修部门说明情况,要求其派人进行检修。有关保修部门得到用户的检修请求后,须尽快派人前往,会同用户和监理工程师共同对发生的质量问题做出鉴别,拟定修理方案,并组织人力、物力进行修理。

当检修完毕并排除故障,项目进入正常运行后,保修人员须在保修证书的"保修情况记录”栏内填好检修记录，并经用户和监理工程师验收签证。

(2)回访形式。回访一般采用以下三种形式。

一是季节性回访。大多是雨季回访屋面、墙面的防水情况，冬季回访采暖系统的情况，发现问题，采取有效措施，及时解决问题。

二是技术性回访。主要是了解在工程施工过程中所采用的新材料、新技术、新工艺、新设备等的技术性能和使用后的效果，发现问题及时加以补救和解决。同时也便于总结经验，获取科学依据，为改进、完善和推广创造条件。

三是保修期满前的回访。在保修期内，属于施工单位施工过程中造成的质量问题，要负责维修，不留隐患。一般施工项目竣工后，承包单位的工程款保留 5%左右，作为保修金。按照合同在保修期满后退回承包单位。

(3)回访内容。在执行回访和保修制度的时候，施工单位应定期向用户进行回访。一般在保修期内每个项目至少要回访一次，若保修期为一年的，可半年左右回访一次；到一年时，进行第二次回访，回访的内容包括如下几方面。

一是记录项目回访卡，如表 8-4 所示。

表 8-4　项目回访卡

用户			接待人	
回访单位			回访人	
工程名称			回访时间	
用户意见				
处理意见				
处理结果	施工方面			
	用户方面			

二是听取用户意见。施工单位应针对不同的回访形式，有目的地询问用户的使用情况，并耐心地倾听他们的意见与建议。将这些记录在案后整理归档，再采取相应的措施。

三是查询和察看现场由施工原因而造成的问题，分析问题产生的原因。

四是商讨施工项目返修事宜。施工单位在接到用户来访、来信的质量投诉后，应立即组织力量维修，发现影响安全的质量问题，应组织有关人员进行分析，制定措施，作为进一步改进和提高质量的依据。同时，对所有的回访和保修都必须予以记录，并提交书面报告，作为技术资料归档。项目经理还应不定期地听取用户对工程质量的意见。对于某些质量纠纷或问题应尽量协商解决，若无法达成统一意见，则由有关仲裁部门负责仲裁。

(4)保修费用的规定。房地产项目施工完毕动用验收时，虽经过了各方面的严格检查，但仍可能存在如屋面漏雨、建筑物基础出现不均匀沉降、采暖系统供热不佳等质量问题或其他质量隐患。这些质量问题或隐患会在项目投入运行后在运行过程中逐渐暴露出来。为了确保房地产项目处于良好的运行状态，建设监理工程师应注意督促有关单位及时做好工程保修工作，同时做好工程保修期间的投资控制工作，要求监理工程师根据具体的工程质量问题，明确其责任与具体的返修内容，并与应返修单位协调质量问题的处理办法及有关费用的支付责任。常见的质量责任单位及处理方法包括如下几方面。

一是因设计原因造成的工程质量问题，应由原设计单位承担责任，由原设计单位修改设计方案，其所需费用由原设计单位自己负责。业主委托施工单位对工程进行施工处理，其所需施工费用由原设计单位负责。监理工程师还应认真确定由此而给业主造成的生产经营上的经济损失，向原设计单位提出索赔以便得到补偿。

二是因施工安装原因造成的工程质量问题，则应由施工安装单位承担责任。由施工安装单位进行保修，其费用由施工安装单位自己负责。监理工程师确定由此而给业主造成的经济损失，向施工安装单位提出索赔。

三是因设备质量原因造成的问题，则应由设备供应单位承担责任。由设备供应单位进行保修，其费用由设备供应单位自己负责，由监理工程师确定因此而给业主造成的经济损失，向设备供应单位提出索赔。

四是因用户使用不当而造成的问题，应由用户承担责任。由用户与施工单位协商进行修理，费用由用户负责支付。

五是住宅质量保证书和住宅使用说明书。房地产开发企业须在商品房竣工验收、交付使用时，向购买人提供住宅质量保证书和住宅使用说明书。

住宅质量保证书须列明工程质量监督单位核验的质量等级、保修范围、保修期和保修单位等内容，并承担保修责任。保修期内如因开发企业进行维修时造成房屋使用功能受到影响，给购买人造成损失的，须依法承担赔偿责任。

【延伸阅读】

锦联房地产开发有限公司的业务流程

锦联房地产开发有限公司权力架构可粗略分为为公司高层、公司房地产开发项目总部和公司项目分中心三级，公司高层通过对公司房地产开发项目总部直接任命高级管理人员，进而对公司房地产开发项目总部可完全掌握，房地产开发项目总部对其下属的项目分中心进行业务指导和其他项目审核及备案，确保各项目分中心能够领悟公司高层思路，并能够对项目进展进行全盘掌握。在这种模式下，总部有专门的项目管理部来管理业务。这样可以有效地部署公司的资源，对各项目分中心协调。目前锦联房地产开发有限公司成立了专门的如设计部门、工程管理部和客户服务部等多个部门，力争做到房地产领域的业务全覆盖，盈利更多的同时，可以更好地为客户服务。结合公司目前所具有的部门，公司总体业务流程体系可归纳为如图 8-5 所示。

总体上，锦联房地产开发有限公司的全体业务流程可以简化为对市场的前期考察、工程规划设计、工程施工、工程验收阶段、工程结算五大部分。

【实训任务】

通过互联网查找任意一个房地产开发公司的业务流程，并对业务流程设计和组织结构进行分析和评价。

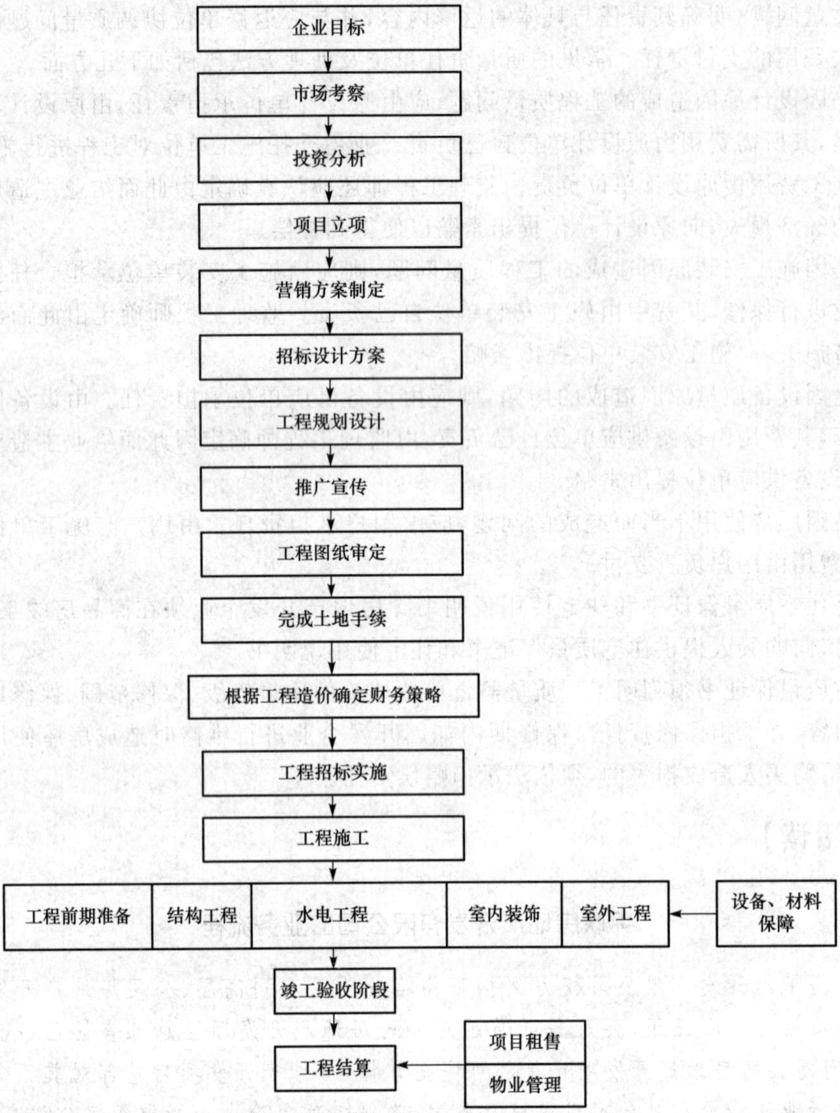

图 8-5 锦联房地产开发有限公司总体业务流程体系

参考文献

[1] 孔凡文,何红. 房地产开发与经营. 3 版[M]. 大连:大连理工大学出版社,2012.

[2] 何红. 房地产开发经营与管理[M]. 北京:化学工业出版社,2008.

[3] 陈林杰. 房地产营销综合实训[M]. 北京:中国建筑工业出版社,2014.

[4] 何红. 房地产开发经营与管理[M]. 北京:高等教育出版社,2009.

[5] 刘宁,周琳. 房地产投资分析[M]. 大连:大连理工大学出版社,2015.

[6] 陈林杰. 房地产开发与经营实务[M]. 北京:机械工业出版社,2014.

[7] 施建刚. 房地产开发与管理[M]. 上海:同济大学出版社,2007.

[8] 张红殷红. 房地产金融学[M]. 北京:清华大学出版社,2007.

[9] 董藩,王家庭. 房地产金融[M]. 大连:东北财经大学出版社,2009.

[10] 陈琳,谭建辉. 房地产项目投资分析[M]. 北京:清华大学出版社,2015.

[11] 施建刚. 房地产概论[M]. 上海:百家出版社,1995.

[12] 孔凡文,张沈生. 房地产开发与管理. 2 版[M]. 大连:大连理工大学出版社,2008.

[13] 天火同人房地产研究中心. 房地产开发流程管理工具箱[M]. 北京:化学工业出版社,2015.

[14] 郑华. 房地产产品策划:市场化的住区开发策划研究[D]. 长沙:中南大学,2008.

[15] 李虹. 房地产开发项目前期定位策划研究[D]. 重庆:重庆大学,2005.

[16] 张迪. 旅游房地产营销决策研究[D]. 重庆:重庆大学,2012.

[17] 赵延军,薛文碧. 房地产策划与开发[M]. 北京:机械工业出版社,2006.

[18] 党斌. 房地产开发项目定位与实践研究——以商洛“全兴紫苑”为例[J]. 价值工程,2014,12:93-96.

[19] 刘智全. 大连国泰帝柏湾建设项目策划分析[D]. 大连:大连理工大学,2009.

[20] 林海.“宝安·山水龙城”房地产项目融资分析[D]. 武汉:华中师范大学,2014.

[21] 杨亮. 扩张战略下的世联地产品牌延伸策略研究[D]. 武汉:华中科技大学,2010.

[22] 舟山市《滨海星城》项目一期项目可行性研究报告[DB/OL]. http://www.docin.com/p-1803463912.html,2017-7-13.

[23] 刘欢. 锦联房地产开发有限公司业务流程优化研究[D]. 长春:吉林大学,2016.

[24] 马健,吕东军. 建筑策划与房地产产品设计[J]. 建筑与文化,2009(12):74-77.